基于“教一学一评”一体化的高中英语课堂教学策略研究

孙长辉　朱　宇　著

东南大学出版社
SOUTHEAST UNIVERSITY PRESS
·南京·

图书在版编目（CIP）数据

基于"教—学—评"一体化的高中英语课堂教学策略研究 / 孙长辉，朱宇著．-- 南京：东南大学出版社，2024.9
ISBN 978-7-5766-1263-9

Ⅰ．①基… Ⅱ．①孙… ②朱… Ⅲ．①英语课－课堂教学－教学研究－高中 Ⅳ．① G633.412

中国国家版本馆 CIP 数据核字（2024）第 108359 号

责任编辑：褚　婧　**责任校对：**周　菊　**封面设计：**余武莉　**责任印制：**周荣虎

基于"教—学—评"一体化的高中英语课堂教学策略研究
Jiyu "Jiao—Xue—Ping" Yitihua De Gaozhong Yingyu Ketang Jiaoxue Celüe Yanjiu

著　　者　孙长辉　朱　宇
出版发行　东南大学出版社
出 版 人　白云飞
社　　址　南京四牌楼 2 号　邮编：210096
网　　址　http://www.seupress.com
经　　销　全国各地新华书店
排　　版　南京私书坊文化传播有限公司
印　　刷　广东虎彩云印刷有限公司
开　　本　787 毫米 ×1092 毫米　1/16
印　　张　15.75
字　　数　270 千
版 印 次　2024 年 9 月第 1 版第 1 次印刷
书　　号　ISBN 978-7-5766-1263-9
定　　价　78.00 元

前言

全球化的时代，英语作为一门国际性通用语言课程，在各国教育体系中占有较为重要的地位。高中英语教育作为青少年成长过程中学习英语知识的重要一环，对于培养学生的语言能力、文化意识、思维品质和学习能力具有深远意义。传统的英语教学方式往往过于注重知识灌输，而从某种程度上忽视了学生的学习主体地位以及实际应用能力的培养。为了解决这一问题，国内相关研究越来越多地将目光投向"教—学—评"一体化的课堂教学策略及应用。

"教—学—评"一体化是一种以教师为主导、学生为主体、评价为手段，旨在提高学生实际应用能力和综合素质的新型教学模式。"教—学—评"一体化教学策略具有很大的发展潜力和应用价值，通过对其深入研究和探讨，可以为高中英语教育提供一种更加科学、有效的教学策略，以培养学生的实际应用能力和综合素质，为他们未来的学习和职业生涯奠定坚实的基础。

本书基于编者多年的高中英语教学经验和对中学教育管理的认知，围绕高中英语课堂教学策略有针对性地展开研究，从"教—学—评"一体化的理论基础入手，探讨了"教—学—评"一体化设计与实施。内容首先对高中英语课堂教学进行总括，介绍高中英语课堂教学的模式，系统阐述了基于"教—学—评"一体化的高中英语课堂教学设计、基于"教—学—评"一体化的高中英语课堂教学策略，再对基于"教—学—评"一体化的高中英语课堂教学实践进行深入探讨。

本书由齐齐哈尔市齐齐哈尔中学英语学科教研室主任、齐齐哈尔市教育教学研究院高中英语学科兼职教研员孙长辉和齐齐哈尔市教育教学研究院高中英语学科教研员朱宇共同撰写完成。两位作者均为高级教师，有丰富的一线教学及研究经验，2021 年 11 月同时入选黑龙江省普通高中首批学科“教—学—评”一体化研究专家团队成员，自此开始高中英语学科“教—学—评”一体化教学实践与研究。在成书过程中，两位作者各自依托自己的研究专长，分工合作。其中，孙长辉撰写第一章、第二章、第五章和第七章的内容，朱宇承担了第三章、第四章和第六章的撰写工作。希望通过本书，能够为新时期高中英语课堂教育教学改革提供借鉴。

在本书的撰写过程中，笔者参阅了大量相关文献资料，在此谨向其作者们深表谢忱。

由于笔者团队水平有限与时间仓促，疏漏在所难免，希望广大读者批评指正，并衷心希望同行不吝赐教。

著　者

2023 年 12 月

目录

>>> 第四章

高中英语课堂教学的模式

>>> 第五章

基于“教—学—评”一体化的高中英语课堂教学设计

>>> 第六章

基于“教—学—评”一体化的高中英语课堂教学策略

>>> 第一章

“教—学—评”一体化的理论基础

第一节

“教—学—评”一体化概述

一、“教—学—评”一体化定义

（一）教学一体化概念

教学一体化是指将教学与学习相结合，使两者紧密融合在一起的教育方式和方法。它强调教学过程的整体性、连续性和协调性，旨在促进学生在课堂中的全面发展和实现终身学习的目标。

教学一体化注重将教学与学习紧密结合。传统的教学往往是以教师为中心的，教师传授知识，学生被动接受。而教学一体化则强调学生的主体地位，注重启发式教学和探究式学习，使学生积极参与课堂活动，主动探索问题，培养他们的创造性思维和解决问题的能力。

教学一体化追求教学过程的整体性。传统的教学常常将知识划分为孤立的知识点，学生只是逐个消化吸收。而教学一体化则强调将知识点有机地连接起来，形成知识体系。教师要注重知识点之间的内在联系，引导学生理解知识点之间的关系，帮助他们形成对知识的整体认识。

教学一体化强调教学过程的连续性。传统的教学往往是一次性的知识传授，学生学完一个知识点就进入下一个知识点，而教学一体化则注重知识的渗透和延伸。教师要将不同知识点之间的联系和发展过程呈现给学生，激发他们对学习的兴趣和学习的主动性。

教学一体化关注教学过程的协调性。在传统的教学中，不同教学环节之间存在孤立和割裂的现象，缺乏协调性和整体性。而教学一体化强调各教学环节之间的协调配合，注重教学目标、教学内容、教学方法和教学资源之间的统一和一致性。只有通过协调，才能使教学达到更好的效果。

（二）评价一体化概念

评价一体化旨在将教学评价与教学活动结合起来，使评价成为教学的有机组成部分，而不仅仅是对学生学习成绩的简单衡量。

评价一体化强调整体性。传统上，教学评价往往是孤立的、片面的，侧重于对学生知识掌握情况的测试和分数的评定。在评价一体化的理念下，教学评价被视为教与学过程中的一个环节，而不仅仅是结果的呈现。评价一体化要求教师在教学过程中，不断进行实时的、全面的评估，既重视知识和技能的掌握，也注重学生的思维能力、创新能力和解决问题的能力的培养。

评价一体化注重个性化。传统的评价模式往往只关注学生的总体表现，而忽视了每个学生的个体差异和特点。评价一体化强调个性化评价，充分考虑学生的不同学习风格、兴趣爱好和潜力，并提供差异化的支持和指导。评价一体化的目标是帮助每个学生实现其个人发展目标，激发其学习动力和潜能。

评价一体化倡导多元化。在评价一体化中，不再只依赖于传统的考试形式，而是鼓励使用多种评价方式和工具，包括项目作业、口头报告、展示性评价等。多元化的评价方式可以更全面地展示学生的综合能力和潜力，同时也能够更好地激发学生的学习兴趣和创新思维。

评价一体化强调反馈和提升。在传统的评价模式下，学生往往只在考试结束后才得到评价结果，而评价一体化强调及时的、具体的反馈和提升。教师应提供针对性的指导和建议，帮助学生发现自己的优点和不足，并提供相应的支持和改进策略。评价一体化的目标是持续地促进学生的学习和发展，让每个学生都能够发挥自己的潜力。

（三）“教—学—评”一体化定义

在教育教学领域，“教—学—评”一体化是指将教学过程与评价过程结合起来，使之成为一个有机的整体。“教—学—评”一体化的定义可以从两个方面进行解析。

“教—学—评”一体化可以理解为将评价作为教学的一部分，而不是仅仅作为教学结束后的检验。在传统的教育教学中，评价往往是教学活动之外的一个环节，教师在教学完成后进行评价，而学生则在接受教学之后接受评价。“教—学—评”一体化的概念强调了评价与教学的内在联系，评价不再单纯地检验学生对知识的掌握程度，而是融入教学过程中，旨在改善教学效果和促进学生的学习。

“教—学—评”一体化可以理解为将教学和评价的目标相统一。在传统的教育教学中，教学的目标往往是知识的传授和学生能力的培养，而评价的目标则是对学生知识掌握情况的检验和能力的衡量。“教—学—评”一体化的概念意味着教学和评价应该共同追求同一目标。教学目标和评价目标应该相辅相成，互为补充。评价作为教学的一部分应该与教学目标相一致，旨在帮助学生达到预定的学习目标，而不仅仅是对学生的成绩进行简单的量化和比较。

在“教—学—评”一体化的实践中，教师需要不断反思和调整自己的教学策略和评价方式，使之更好地适应学生的需求和学习情境。同时，学生也需要积极参与教学评价的过程，通过反思和自我评价来提高自身的学习效果。

二、“教—学—评”一体化的特点

（一）整体性特点

“教—学—评”一体化的整体性特点是指教学过程中的教与学以及评价相互贯通、相互融合，形成一个整体的教育教学评价体系。在这一体系中，教学和评价不再是孤立的环节，而是紧密联系、相互作用的关系。教师的教学活动和学生的学习过程被视为一个整体，教学目标和评价标准相互衔接，为学生提供全面的学习支持和个性化的评价反馈。

1. 教、学和评价之间的紧密衔接和互动

在传统的教学模式中，教学和评价往往被视为两个相对独立的过程。教师完成课堂教学后，通过考试或者作业来评价学生的学习效果。而在“教—学—评”一体化的模式下，教师将评价融入教学过程中，通过多种形式的评价手段来激发学生的学习积极性和兴趣，同时及时调整教学策略，确保学生的学习效果。学生在学习过程中，通过不断根据教师的指导和评价反馈来改进学习方法，从而提高学习成绩。因此，教学和评价是相互促进、相互影响的关系，体现了教—学—评的整体性特点。

2. 教学目标和评价标准的一致性

在传统的教学模式下，教师设定教学目标和要求，学生通过学习来实现这些目标，并接受评价来判断是否达到了要求。在“教—学—评”一体化的模式下，教学目标和评价标准是相互联系、相互影响的。教师在设定教学目标时，考虑到学生的学习特点和需求，同时也需要考虑评价的要求和标准。评价标准是在教学目标的基础上制定的，反过来也会促使教学目标进行调整和优化。这样，教学目标和评价标准之间就形成了一种内在的一致性，使教学和评价紧密结合，便于教师和学生共同追求教学目标。

3. 学生综合素养的培养

在“教—学—评”一体化的模式下，教师注重学生的综合素养的发展，不仅关注学生的学科知识掌握程度，还注重学生的创新思维、实践能力、合作精神等方面的培养。因此，“教—学—评”一体化更加注重全面评价学生的发展状况，鼓励学生全面、协调、健康地发展。“教—学—评”一体化提供了一个有利于培养学生综合素养的教学评价环境，促进学生全面发展。

（二）连续性特点

连续性体现了教学和评价之间的密切关系以及它们在教育过程中的相互交织。在“教—学—评”一体化中，连续性意味着教学和评价是相互贯通、相互促进的，二者之间不存在割裂或者分离。

1. 教学和评价环节之间的紧密联系

在传统的教学模式中，教学和评价往往被看作是两个独立的环节，在教学结束后才进行评价。在“教—学—评”一体化中，教学和评价是相互渗透、相互补充的。评价的结果会对教学产生直接的影响和指引，教学策略和方法也会受到监控和调整。这种连续性的联系使得教学和评价能够形成一个有机的整体，有效提高了教学的质量和效果。

2. 教学和评价之间的持续性反馈和改进

在传统的教学模式中，评价往往只是一个结果的反馈，教师很难及时掌握学生学习的情况和问题，也难以在教学过程中进行调整和改进。而在“教—学—评”一体化中，评价不仅仅是对学生学习成果的检测，更是对教学过程和教学方法的反馈。教师可以及时获知学生的学习情况、了解学生的掌握程度和存在的问题，从而不断地调整教学策略和方法，使得教学更有针对性和有效性。

3. 教学和评价之间的共同进步和发展

在传统的教学模式中，教师往往是唯一的主导者和决策者，学生的学习状态和需求较少得到关注。而在“教—学—评”一体化中，教学和评价是相互依存、相互促进的关系。教师可以通过评价的结果了解学生的学习情况和需求，从而调整和改进自己的教学，适应学生的学习需求。学生也可以通过评价了解自己的学习情况和不足之处，努力提高自己的学习能力。这种相互促进、共同进步的连续性特点有助于教学和评价的不断发展和创新。

（三）动态性特点

动态性指的是教学过程中的实时调整和反馈机制。在传统的教学模式中，教师往往是一个单向的传递者，学生则是被动接受者。而在“教—学—评”一体化下，教学过程更加灵活，能够根据学生的学习情况和反馈进行及时调整。

1. 动态性要求教师根据学生的学习情况进行实时调整

在传统的教学中，教师通常是按照预定的教学计划进行授课，无法针对每个学生的学习特点进行个性化的教学。而在“教—学—评”一体化中，教师可以根据学生的理解情况和学习进度进行课堂上的实时调整，并根据学生的掌握情况进行知识的延伸或复习。这种实时性的调整可以更好地满足学生的学习需求，提高学习效果。

2. 动态性要求教学过程中有及时的反馈机制

在传统的教学中，学生通常需要等到考试或者作业批改后才能得到教师的评价和反馈，而在“教—学—评”一体化下，教师可以通过各种手段获取学生学习的实时反馈，例如小测验、讨论活动、作业提交等形式。教师可以通过这些反馈及时了解学生的学习情况，有针对性地给予回馈和指导；学生也可以通过这种反馈机制及时了解自己的学习成果和不足之处，并进行调整和改进。

3. 动态性要求教学内容的更新和调整

随着社会的发展和知识的不断更新，教学内容也应该跟进，不断进行调整和更新。在“教—学—评”一体化中，教师应该及时了解最新的教学资源和研究成果，并将其融入教学中。这种动态的更新可以使教学内容更加贴近时代背景和学生的实际需求。

三、“教—学—评”一体化的目标

（一）提高教学质量

在实施“教—学—评”一体化的过程中，教学质量的提升能够直接影响教育的成效和学生的学习效果。因此，教师们需要持续地提升自己的教学能力，不断改进教学方法和策略。

教师可以通过不断探索和创新来提高教学质量。教育领域一直在发展变化，在这个日新月异的时代，传统的教学方式已经无法满足学生的需求。因此，教师们应该积极寻找新的教学方法，引入创新的教学技术和工具，以激发学生的学习兴趣。

提供个性化的教学是提高教学质量的重要手段之一。每个学生都有自己的学习特点和需求，因此，教师应该注重个性化的教学，根据学生的不同情况和能力，设计有针对性的教学方案。例如，采用分层教学法，根据学生的学习水平将他们分为不同的小组进行学习，满足每个学生的学习需求。

提高教学质量还需要教师的自我反思和专业发展。教师应时刻关注自己的教学效果，反思自己的教学方式和方法是否合适，并积极寻求改进教学的途径。同时，教师还应该多参加相关的培训和学习，不断提升自己的教学水平和专业能力，以更好地满足教学需求。

（二）促进学生全面发展

在“教—学—评”一体化的理念中，促进学生全面发展是一个重要的目标。学生的全面发展包括知识、能力、品德、情感等各个方面。通过将教学与评价融为一体，可以更有效地促进学生的全面发展。

1. 促进学生的知识和能力的全面提升

通过对学生进行全面的教学评价，教师可以了解到每个学生在知识掌握和能力发展方面的不足，并根据评价结果进行有针对性的教学。教师也可以及时发掘学生的优势和潜力，并帮助他们发展和提升。这种方式让学生的知识和能力得到了全面的培养和提高。

2. 注重学生的品德和情感的培养

在教学过程中，教师不仅关注学生的学业成绩，更注重培养学生的道德品质和情感素养。通过评价的结果，可以及时了解学生的品德表现和情感态度，帮助他们树立正确的人生观和价值观。在课堂中，教师还可以通过引导学生参与团队合作等活动，培养学生的社会责任感和互助精神。

3. 关注学生的个性特点和创新能力的培养

每个学生都有自己的个性和潜力，而传统的教学评价往往忽视了学生的个体差异。而通过“教—学—评”一体化的方式，教师可以更好地了解每个学生的个性特点，并为他们提供更加个性化的教学和评价。在评价中，教师需要重视学生的创新能力、解决问题的能力等方面的提升，激发他们的兴趣和积极性。

（三）提升教师教学水平

在“教—学—评”一体化的理念下，提升教师的教学水平这一目标的实现对于学校和教育系统的发展至关重要。

1. 注重教师的专业素养和教学能力的提升

教师需要不断学习和更新自己的知识，掌握最新的教育理论和方法。通过参加培训、研讨会以及与同行的交流，教师可以不断拓宽自己的视野，提高教学策略和方法的运用水平。

2. 建立有效的教师评估和反馈机制

学校可以通过定期的教学观摩、听课评估、学生评价等方式来对教师的教学进行评估和反馈。这样不仅可以帮助教师发现自己教学中存在的问题和不足，还可以为其提供具体的改进意见和建议。教师可以根据评估结果进行反思和调整，不断提升自己的教学水平。

3. 合理利用信息技术

现代教育已经进入了信息化时代，教师可以通过使用电子教案、多媒体教学等手段，更好地实施个性化教学和启发式教学。同时，教师还可以利用网络资源和在线学习平台进行学术交流和教学研究，从而提高自己的专业水平。

4. 建立支持和激励机制，激发教师的教学热情和创新精神

学校可以通过提供培训机会、奖励制度和教学成果的展示平台等方式，鼓励教师积极参与教学改革和教育研究。同时，学校还应该提供良好的工作环境和资源支持，为教师的教学工作提供有力保障。

（四）实现教育公平

教育公平强调每个学生都有机会享受优质的教育资源，并在教育中获得平等的机会和待遇。

实现教育公平需要确保每个学生都能够享受到良好的学习环境和资源。在“教—学—评”一体化的框架下，各个教学环节的评价指标将更加统一和公正，避免对学生的评价偏差。这样一来，不管是在教学资源丰富的学校还是在偏远地区的学校，每个学生都能够享受到公平的教育机会。通过消除学校间的差距，我们可以为每个学生提供平等的发展平台。

实现教育公平要求教师在教学中注重差异化的教学策略。每个学生都具有不同的学习特点和潜力，教师应该根据学生的实际情况进行个性化的教学设计。在“教—学—评”一体化的理念下，教师将更加关注学生的全面发展，关注每位学生的学术、艺术、体育等方面的潜力。通过有针对性的教学，激发学生的兴趣和潜力，让每个学生都能够得到充分的发展和成长。

实现教育公平也需要关注学生的家庭背景和社会资源的差异。在社会上，不同家庭的教育资源和机会并不均衡。但通过“教—学—评”一体化的推行，我们可以通过对学生综合素质的评价，对学生的家庭背景和社会资源进行更客观、全面的考虑。这样一来，在教育资源相对匮乏的地区，学生也有机会通过自身的努力获得公平的发展机会。

四、“教—学—评”一体化的价值

（一）“教—学—评”一体化对教师的价值

在“教—学—评”一体化的教育模式中，教师扮演着至关重要的角色。他们不再仅仅是知识的传授者，更是学生学习的引导者、评价的参与者。这种转变为教师带来了诸多价值。

教师在“教—学—评”一体化中体现了专业能力的价值。他们需要全面理解教育评价的理念、原则和方法，熟悉各类评价工具的使用和解读。通过深入了解学生的学习情况和能力水平，教师能够准确判断学生的学习进展和问题所在，并及时调整教学策略，提供有针对性的教学指导。

教师在“教—学—评”一体化中展示了专业素养的价值。他们需要具备良好的教学能力、沟通能力和团队合作能力。通过与学生的密切互动，教师能够促进学生的自主学习和合作学习，培养学生的创新思维和批判性思维。教师与其他教师、评价专家等的合作，能够形成良好的专业共同体，共同促进教育质量的提高。

教师在“教—学—评”一体化中体现出了个人发展的价值。通过参与教学评价的过程，教师可以反思和改进自己的教育教学方式，提升自身的专业水平和教育研究能力。他们可以借助评价工具的反馈信息，了解自己教学的优势和不足，有针对性地提升自己的教学效果。教师也可以通过教学评价的参与，获得专业认可和个人成就感，从而对教育事业的投入更加主动和深入。

（二）“教—学—评”一体化对学生的价值

通过“教—学—评”一体化的实施，不仅可以提高学生的学习动力和学业水平，还能促进学生全面发展和个性培养。

1. 提高学生的学习动力

传统的教育评价常常局限于对学生分数与成绩的评定，容易让学生产生功利性的学习目标和心态，而“教—学—评”一体化将教学和评价有机地结合起来，将评价的重点放在学生的学习过程和学习表现上。这样的评价方式可以激发学生的学习兴趣和自主学习能力，使学生能够获得更多的学习成就感和满足感，从而提高他们的学习动力。

2. 促进学生的学业水平提升

通过将教学与评价有机结合，教师能够根据学生的实际情况进行个性化的教学指导和评价反馈。这种个性化的教学和评价方式可以更好地满足学生的差异化需求，帮助他们充分发挥潜力，提高学习效果和学习深度。

3. 促进学生的全面发展和个性培养

以往的教学和评价往往只注重学科知识的传授和考核，忽视了学生的其他能力和素养的培养，而“教—学—评”一体化强调的是学生的综合素质和能力的培养。通过多元评价和综合评价的方式，可以更全面地了解学生的学习态度、学习能力、创新能力等方面的情况，帮助他们发展健康的人格特征、良好的思维方式和稳定的社会情感等。

（三）“教—学—评”一体化对教育系统的价值

“教—学—评”一体化作为一种全新的教育改革举措，不仅对教师和学生产生了积极的影响，同时也给整个教育系统带来了巨大的价值。在教育系统层面上，“教—学—评”一体化有如下几个方面的价值。

1. 提高教育质量和水平

传统的教学评价往往是一个独立的环节，与教学过程相对脱离，教师的教学行为和学生的学习效果很难得到及时的监控和反馈。而“教—学—评”一体化将教学评价贯穿于教学全过程，将评价作为教学的内在要求和驱动力，教师在教学中不断改进和调整，从而提高了教学的质量和水平。

2. 促进教育资源的合理配置

通过教学评价的全程跟踪和监控，教育系统工作人员可以及时发现教学中存在的问题和困难，进而对教师、教材、课程等教育资源进行重新调整和配置，使得教学资源得到最合理的利用。这样不仅提高了教育资源的效益，也为学生提供了更好的学习环境和条件。

3. 实现教育个性化发展

传统的教育评价普遍倾向于以标准化的方式来评价学生的学习成绩，而忽视了学生的个体差异和发展需求。而“教—学—评”一体化将评价设计为一个个性化的过程，注重每个学生个体特点与需求，通过量化和定性的评价方法，精确评估每个学生的学习状况和进步，有针对性地为其提供相应的教学和辅导，促进学生的个性化发展。

4. 促进教育改革的深入推进

教育改革需要有一个全面的评价体系和方法来支撑，“教—学—评”一体化提供了一种新的评价范式和路径，从传统的以结果为导向的评价模式，转变为以过程为导向的评价模式。这种转变能够促进教育改革的持续和深入，为实现教育目标和培养优秀人才提供更有力的支持。

第二节

“教—学—评”一体化的核心理念

一、以学定教

（一）学生需求的发现与定位

针对学生需求的发现与定位是以学定教的第一步，也是教学评价的前提。在教学过程中，教师应不断观察学生的学习状况和表现，通过多种手段深入了解学生的个性、特点以及学习需求。

教师可以通过开展课堂讨论、小组活动和个人问答等形式，与学生进行积极互动，了解他们的学习兴趣、学习习惯和学习困难。教师还可以通过观察学生的学习态度、学习能力和学习风格等方面的表现，来发现学生的学习需求。

教师可以利用问卷调查、学习日志、学习档案等工具，收集学生对于学习的反馈和意见。通过分析学生的回答和反馈，教师可以更加深入了解学生的学习需求和心理需求，从而更好地调整和设计教学内容和方法。

教师还可以鼓励学生主动参与选课、进行学业规划和自主学习，从而进一步了解学生对不同学科的兴趣和偏好及学习的优势和瓶颈。通过与学生的沟通和交流，教师可以获取更加全面和具体的学生需求信息。

在发现学生的学习需求后，教师还需要将其进行定位。教师可以将学生需求分为基础性需求和个性化需求，并根据学生的学习能力和学科特点，将学生需求与教学目标进行对照，确保教学的针对性和有效性。

（二）个性化教学方法的设计

个性化教学方法的设计是以学定教的核心理念在教学实施中的具体体现。在教学过程中，教师应当根据学生的个体差异和需求，设计适合他们的教学方法，最大限度地促进学生的学习效果和发展。在设计个性化教学方法时，教师可以采取以下几种策略。

教师可以通过了解学生的学习风格和偏好，以及他们的学习特点，来设计个性化教学方法。不同学生有着不同的学习方式和习惯，有些学生更倾向于听讲解，而有些学生更喜欢通过实地实践来学习。因此，教师可以根据学生的学习偏好，采用不同的教学策略，如讲解、实验、讨论等，以满足学生的个体需求。

教师可以通过使用多种教学资源和工具，来应对学生的学习差异。现代教学技术的不断发展为教师提供了丰富的教学资源和工具，如电子教材、教学软件、多媒体教学资源等。教师可以根据学生的兴趣和能力水平，选择适合他们的教学资源和工具，以达到个性化教学的效果。

教师可以采用分组合作学习的方式，促进学生之间的交流互动和合作学习。通过组织小组活动或项目实践，学生在小组中相互合作，互相学习和帮助，提高了学习的效果。同时，教师可以通过对学生的小组表现进行评估或者提供反馈，以激励学生更加积极地参与学习。

教师还可以通过个性化的辅导和指导，满足学生的个体学习需求。通过一对一的辅导，教师能够更好地了解学生的学习困惑和问题，并提供针对性的指导建议。这种个性化的辅导不仅能够帮助学生解决学习中的问题，还能够激发他们的学习动力和信心。

（三）教学实施与效果评估

在以学定教的教学模式中，教学实施是关键一环。教师需要根据学生的需求和特点，选择合适的教学方法，精心设计并有针对性地实施。同时，教学效果的评估也是评估教学质量和改进教学的重要手段之一。

针对每一个教学目标，教师应制定详细的教学方案，并在课堂上将其落实到具体的教学活动中。教学方案应该包括教学内容、教学方法、教学资源的选择等方面的内容，确保能够满足学生的学习需求。例如，在学习某个知识点时，可以通过引入案例分析、小组合作学习等个性化的教学方法，提高学生的学习兴趣和参与度。

教学实施需要关注教学过程中学生的反馈和互动。教师应该及时观察学生的学习情况，倾听他们的意见和建议，并根据学生的反馈及时进行调整和改进。例如，在课堂上引入问答环节，鼓励学生积极提问和思考，促进教师与学生之间的良性互动。

教学效果的评估是对教学实施的一种反馈和总结。评估结果可以通过不同的方式和工具获得，例如考试成绩、作业质量、学生反馈调查等。评估的目的是发现教学中存在的问题和不足，并为改进教学提供依据。教师可以通过分析评估结果，找到自己的教学优点和不足，进一步提高自己的教学水平。同时，评估结果也可以作为学校和管理部门对教师教学工作的评价依据。

二、以教导学

（一）教学方法与技巧的选择

在实施“教—学—评”一体化的教育理念中，教学方法与技巧的选择变得至关重要。教师的教学方法和技巧直接影响着学生的学习效果和学习动力。因此，在教学过程中，教师需要根据学生的特点和学习需求，恰当选择和运用多样化的教学方法和技巧，以提高教学效果和培养学生的学习兴趣。

1. 启发式教学方法

启发式教学方法要求教师以启发的方式引导学生思考并找出问题的解决方法。通过启发式教学，学生能够主动参与学习过程，发展自主学习的能力和创造性思维，提高解决问题的能力。例如，在教授某个数学概念时，教师可以给学生提供一些问题和线索，引导他们自己思考并找到答案。

2. 多媒体教学

在当今数字化时代，多媒体技术已经在教育领域发挥着重要的作用。教师可以利用多媒体教学工具，如投影仪、电子白板等，将知识呈现得更加生动形象，提升学生的兴趣和注意力，提升教学效果。例如，在讲解历史事件时，教师可以使用影片、图片等多媒体素材，让学生更直观地了解相关的历史背景和事件发展过程。

3. 合作学习

通过合作学习，学生可以相互交流、合作解决问题，培养团队意识和协作能力。教师可以设计一些小组活动，让学生共同参与和学习，共同完成任务。例如，在语文课堂上，教师可以组织学生进行小组讨论，让他们一起阅读、理解和分析一篇文章，提高学生的阅读理解和分析能力。

4. 个性化教学

教师应根据学生的个体差异和学习需求，针对不同的学生进行个性化教学。通过了解学生的学习风格、兴趣爱好和学习困难，教师可以采用不同的教学策略和教学资源，满足学生的个性化学习需求。例如，在英语课堂上，教师可以根据学生的语言水平和学习进度，为他们提供不同难度的阅读材料和练习，以促进个体学生的学习进步。

（二）教学过程的管理与指导

在“教—学—评”一体化的核心理念中，教学过程的管理与指导是实现有效教学的关键环节。教师在教学中必须灵活运用各种教学策略和技巧，以达到提高教学效果和促进学生学习的目标。

1. 设计合理的教学计划

教师应根据学生的学习特点、学科内容和教学目标，制订详细的教学计划。在教学计划中，教师可以明确教学内容的知识结构、学习目标和学习任务，以便有针对性地进行教学活动。教师还要考虑课程的连贯性和递进性，确保学生在不同阶段的学习中都能够得到有效的引导和指导。

2. 促进师生互动的教学方法

教师不仅仅是知识的传授者，更要成为学生学习的引导者和探究者。教师可以采用启发式教学、案例教学、问题导入式教学等有趣的方法，激发学生的学习兴趣和参与积极性。教师还要注重与学生的互动，通过提问、讨论、小组合作等方式，引导学生思考和交流，从而提高教学过程的质量和效果。

3. 组织有效的教学资源

教学资源包括教材、教具、多媒体设备等各种教学辅助工具。教师应充分利用这些教学资源，使其与教学目标紧密结合，提供多样化的教学内容和形式，以满足学生的学习需求。此外，教师还要及时更新教学资源，关注最新的教学方法和技术，不断拓展教学手段，以适应快速变化的教育环境。

（三）学生学习能力的培养

在以教导学为核心理念的教学实践策略中，学习能力的培养不仅仅是在知识传授的过程中，还包含培养学生的思维能力、解决问题的能力、合作能力等多方面的过程。

1. 培养学生的思维能力

通过引导学生进行思辨、分析和综合等思维活动，可以帮助他们提高对问题的理解和解决能力。例如，在教学过程中，可以采用启发式问题引导学生思考，激发他们的思维潜力，让他们能够运用所学知识解决实际问题。教师还可以组织学生进行小组讨论或课堂演讲，这样可以培养学生的表达能力和批判性思维，使他们能够更好地应用所学知识。

2. 培养学生的解决问题的能力

在课堂教学中，教师可以设计一些具有挑战性的问题或情境，激发学生积极思考和解决问题的动力。教师还可以引导学生关注解决问题的过程，让他们学会如何明确问题、收集信息、分析和评估解决方案的有效性。这样的训练能够培养学生针对问题的独立思考能力，从而提高学习能力。

3. 培养学生的合作能力

现实生活中，合作已经成为不可或缺的一项能力。因此在教学过程中，教师应该引导学生进行团队合作，让他们在合作中学会与他人沟通、协调和解决问题。通过合作学习，学生能够互相借鉴，共同完成任务，培养团队合作和领导能力。同时，教师还可以通过评估团队成员的表现，激励学生积极参与并发挥优势，促进学生学习能力的提高。

（四）教学效果的评估与反馈

通过对教学过程和学习结果的全面评估，能够及时了解教学效果，为进一步优化教学提供有力的参考依据。在教导效果的评估中，我们采用了多种方法和策略，以确保评估的准确性和科学性。

1. 注重定量评估和定性评估的结合

定量评估通过量化的方式收集和分析数据，如学生的成绩、考试表现等，可以直观地反映出教学效果的优劣。同时，我们也重视定性评估，通过观察、记录和访谈等方式，深入了解学生在学习过程中的感受、反应和理解程度，为教学改进提供宝贵的参考意见。

2. 采用反馈机制，及时将评估结果反馈给教师和学生

教师可以通过评估结果了解自己的教学效果，发现不足之处，并提出相应的改进措施。学生则可以通过评估结果了解自己的学习状况和进步程度，进一步调整学习策略和方法。同时，我们也鼓励学生参与评估过程，提供自己的意见和建议，以促进教学和学习的互动和共同发展。

3. 注重使用多种评估工具和技术

除了传统的考试和测验外，教师还可以采用项目作业、小组讨论、实践实验等多种形式进行评估。这些多样化的评估工具和技术能够更全面地触及学生的各类学习能力和表现方式，减少评估的主观性和单一性，更客观地评价教学效果。

4. 强调长期与短期的评估相结合

短期评估可以及时了解教学过程中的问题和难点，并进行教学调整和改进；而长期评估则可以全面了解教学效果在较长时间内的变化和发展，为持续改进和优化提供有力的支持。

三、以评促教、教评相长

（一）教学评价的形式与方法

在以评促教、教评相长的教学评价模式中，教学评价的形式与方法起着至关重要的作用。通过选择适当的评价形式和方法，可以更好地了解学生的学习情况，发现问题，为教学改进提供科学依据。

1. 一对一面谈

教师可以与学生进行面对面的谈话，了解他们的学习感受、学习困惑和学习进展等方面的情况。通过与学生的互动交流，教师可以更加深入地了解每个学生的情况，为他们提供个性化的教学指导和帮助。此外，一对一面谈也可以帮助学生培养良好的学习动机和自我反思能力。

2. 课堂观察

通过观察学生的课堂表现，教师可以对学生的学习情况做出判断。教师可以观察学生的注意力集中情况、参与讨论的积极性、问题解决能力以及合作与交流能力等方面。通过对学生的课堂表现进行观察和评价，教师可以及时发现学生存在的问题，从而调整教学策略，提供有针对性的帮助。

3. 作业评价

作业评价可以帮助教师了解学生对课堂内容的掌握情况、综合运用能力和自主学习能力等方面的水平。通过批改作业、给予评价和反馈，教师可以引导学生更加深入地理解和巩固所学知识，同时也可以鼓励他们形成良好的学习习惯和自主学习能力。

4. 小组讨论和项目评价

通过小组讨论，学生可以在组内互相交流和分享，通过集思广益提升他们的思维能力和合作能力。而项目评价则可以促使学生运用所学知识开展实践，培养他们独立思考和解决问题的能力。

（二）评价结果的反馈与调整

在“教—学—评”一体化的理念下，通过评价结果的及时反馈和有效调整，可以不断促进学生的学习成果和教师的教学水平的提升。

1. 评价结果的反馈应该及时准确

评价结果的及时反馈能够让教师了解学生当前的学习情况，及时发现问题，并采取相应的措施进行调整。这需要建立一个高效的反馈机制，例如通过评价报告、成绩单、实时数据分析等方式将评价结果及时准确地反馈给教师。同时，评价结果的反馈还应该具有可操作性，即提供具体的改进意见和建议，帮助教师明确下一步的教学目标和措施。

2. 评价结果的调整应该精准有效

基于评价结果的反馈，教师需要对自己的教学进行调整，以适应学生的需求和学习特点。针对评价结果中暴露出的问题和不足，教师可以采取多种方式进行调整，例如调整教学内容和方法、优化资源配置、增加个性化辅导等。关键是要根据评价结果提供的信息，有针对性地制定调整方案，并在实施的过程中开展监测。

3. 与学生和家长进行有效的沟通和互动

通过与学生和家长的有效沟通，可以让他们了解评价结果的含义和用途，增强他们对教学评价的认同度和参与度。同时，教师还可以通过与学生和家长的互动，获取更多关于学生学习情况和需求的信息，进一步优化评价结果的反馈和调整的方案。

4. 评价结果的反馈与调整是一个循环往复的过程

只有通过不断的反馈和调整，教师才能不断优化教学内容和方法，提升学生的学习效果和学习能力。因此，要构建一个持续的教评相长的循环机制，将评价结果的反馈和调整贯穿于整个教学过程。只有这样，我们才能真正实现以评促教，教评相长的目标。

（三）教评相长的实践与启示

在“教—学—评”一体化的理念中，教评相长被视为促进教学改进和提高的重要环节。在实践中，教评相长不仅仅是简单地进行教学评价和教师评估，更是一种相互促进、共同成长的激励和支持机制。

教师应积极参与教评活动，与评价者进行积极互动，了解自身的优势与不足，不仅要接受正向评价，还应敢于面对负面评价，并且从中获取改进的动力。教师评估的结果应被视为一种宝贵的反馈信息，用来指导教学的调整和改进。通过接受和利用评价结果，教师可以更好地定位自己的问题和不足，进而有针对性地进行专业发展和提升。

教评相长的实践强调充分利用评价反馈，开展师生间的反思和对话。教师应引导学生参与教学评价活动，并鼓励他们提出自己的看法和建议。教师也应主动向学生征求他们对教学的评价和反馈，以便更好地了解学生的需求和期望，进一步调整和完善教学设计和方法。通过与学生之间的深入交流和沟通，师生建立良好关系，从而使教评相长的效果也能够得到进一步的提升。

教评相长的实践需要积极倡导学科间的合作和交流。教师应与同事共同思考教学中的难题和挑战，分享经验和教学资源，合作提升教学水平。学校应定期举办教学研讨会和课题组讨论等活动，为教师提供一个展示和交流的平台，激发教师们的创新思维和教学热情。

在教评相长的实践中，应注重持续自我反思和改进。教师应建立自我评价的机制，通过反思自身的教学过程，发现问题和不足，并寻找解决的办法。同时，教师还应定期参加教师培训和进修，不断提高自己的教学能力和知识水平。通过持续的自我改进和专业发展，教师能够更好地应对学生的需求和挑战，从而实现教评相长的目标。

第三节

“教—学—评”一体化的理论依据

一、教育学理论依据

（一）教育学的基本理论

在教育学中，存在着一系列重要的基本理论，这些理论为“教—学—评”一体化提供了理论依据和支持。教育学的基本理论涵盖了教育目标、教育内容、教育方法等方面，对于实现“教—学—评”一体化具有重要意义。

教育学的基本理论探究了教育的目标与价值观。教育学研究了什么是优秀的教育目标，教育应该培养学生具备怎样的价值观和品质。这就为“教—学—评”一体化提供了明确的目标指向。通过明确教育的价值取向，可以使教学过程中的评价更加准确、客观，以促进学生综合素质的全面发展。

教育学的基本理论关注了教育内容的选择与设计。教育学探讨了教育的核心知识体系和培养学生核心能力的方法与策略。在“教—学—评”一体化中，教育学的基本理论提供了指导，使教学过程中的内容更加有针对性，能够更好地满足学生的学习需求。通过将教育内容与教学评价相统一，能够更有效地激发学生的学习兴趣，提高教学效果。

教育学的基本理论还研究了教育方法的选择与运用。教育学为教师提供了多种有效的教学方法与策略，其中包括个别教学、合作学习、问题解决等。这些方法的应用有利于教学与评价的有机结合，使得教学过程更加灵活多样，适应不同学生的学习需求，同时也能够更好地对学生的学习情况进行评价和反馈。

（二）“教—学—评”一体化在教育学中的表现

在教育学领域中，“教—学—评”一体化强调了教学过程中各个环节之间的紧密联系和相互依赖，旨在实现教学目标的有效达成。

教育学理论强调教学的目的是培养学生全面发展。这种全面发展不仅包括知识、技能的掌握，还涵盖了个性、价值观的形成与塑造。在“教—学—评”一体化的理念下，教师需要从教学的起始阶段就明确教学目标，并通过评估来考察学生是否实现了这些目标。这种目标导向的教学方式，能够促使教师更加注重对学生个体差异的尊重与发展，以满足学生个性化的学习需求。

（三）教育学理论对“教—学—评”一体化的支持与启示

教育学作为一门独立的学科，具有丰富的理论基础，为“教—学—评”一体化提供了重要的支持与启示。教育学理论对于实现“教—学—评”一体化的目标起到了指导和推动的作用。

教育学理论从教育的本质和目标出发，强调了教育过程中的个体发展与全面成长。教育学理论指出教育应当关注学生的个体差异，注重培养学生的能力和素质。在“教—学—评”一体化中，教育学理论提醒我们要重视学生的学习需求，关注每位学生的发展潜力，并且通过综合评价的方式全面了解学生的学习情况和个体差异。

教育学理论强调了教师的角色和教学过程的重要性。教育学理论认为教师应该具备专业知识和教育技能，能够根据学生的需求制订合适的教学计划和评价方法。在“教—学—评”一体化中，教育学理论提醒教师要注重教学过程的设计和组织，灵活运用各种教育手段和评价工具，以促进学生的有效学习和全面发展。

教育学理论关注学校和教育管理的问题。教育学理论认为学校是教育的重要场所，教育管理是实现优质教育的基础。在“教—学—评”一体化中，教育学理论为学校管理者提供了支持与启示。教育学理论指导学校管理者要关注教学评价的制度设计和实施，建立科学的评价体系，明确评价的目标和标准，促进学校教育的不断改进和发展。

二、社会学理论依据

（一）社会学的基本理论

1. 社会学强调社会系统的相互作用和影响

社会学家关注个体与社会之间的互动关系，研究社会结构和社会组织，以及社会行为的规律性。在"教—学—评"一体化中，教师、学生和评估者之间也存在着复杂的相互作用。教师的教学方式和评估方法会直接影响学生的学习过程和学习成果，而学生的反馈和表现也会对教师的教学和评估方法产生影响。社会学的基本理论为我们提供了分析和理解这种相互作用的工具和框架。

2. 社会学强调社会结构和社会角色的重要性

社会学家研究社会组织、社会等级和社会角色，探索不同角色在社会中的地位和功能。在"教—学—评"一体化中，教师、学生和评估者都扮演着不同的社会角色：教师作为知识的传授者和引导者，学生作为知识的接受者和主体，评估者作为对学习成果进行评价的权威。社会学的基本理论为我们理解教师、学生和评估者在"教—学—评"过程中的角色定位和互动提供了参考。

3. 社会学强调社会文化和社会化的影响

社会学家研究社会文化的传承和塑造，探究社会化过程中个体的价值观、信念和行为的形成。在"教—学—评"一体化中，教师的教学内容和方法、学生的学习态度和行为，以及评估者对学习成果的认可程度，都受到社会文化和社会化的影响。社会学的基本理论为我们分析和解读教育过程中的文化因素和社会化影响提供了理论支撑。

（二）"教—学—评"一体化在社会学中的表现

在社会学领域中，实施"教—学—评"一体化的理念体现了对社会发展和教育关系的深刻理解。

教育作为社会发展的重要组成部分，不仅仅是知识的传授，更是社会化过程的重要环节。通过"教—学—评"一体化，教师可以更好地将学科知识和社会现实相结合，使学生在学习过程中真正体验和理解社会的变化和挑战。这种教学方式能够激发学生的兴趣，培养学生的社会意识和责任感，使他们更好地适应社会的发展和变革。

社会学理论提供了对"教—学—评"一体化有益的启示。社会学研究关注社会的组织和变化，强调个体与群体之间的相互作用和影响。在教育过程中，教师可以借鉴社会学理论，深入了解学生的社会背景、文化背景和价值观念，从而更加关注学生的个体需求和关注点。通过了解学生的社会化经历和社会交往，教师能够更有效地与学生建立联系，提供个性化的教育和指导，激发学生的学习潜力和创造力。

实施“教—学—评”一体化可以促进学生的社会参与和公民素养的培养。社会学理论强调个体在社会中的地位和角色，强调社会责任和参与。通过“教—学—评”一体化的教育方式，学生可以更加深入地了解社会和面临的挑战，并发挥自己的作用。他们可以参与社区服务、社会实践活动，通过实际体验来学习和应用社会学理论。这种参与的过程不仅能够增强学生的社会意识和责任感，还能够培养他们的团队合作的意识和能力，使他们逐步具备积极的社会成员和公民的素养。

（三）社会学理论对“教—学—评”一体化的支持与启示

在构建“教—学—评”一体化的理论框架中，社会学理论发挥着重要的作用。社会学作为研究社会现象和社会关系的学科，可以为“教—学—评”一体化提供有力的支持，并提供有益的启示。

社会学理论强调社会环境对个体行为与教育过程的影响。社会学关注个体在社会交往和社会关系中的作用，并强调社会结构、社会网络以及社会规范等对教育活动的塑造作用。在“教—学—评”一体化实践中，了解和把握社会背景的变化对于教学设计和评估的有效性至关重要。社会学理论为我们提供了在教育实践中理解和分析社会因素的视角。

社会学理论强调教育作为社会机构的功能与效用。教育不仅是个体的发展和成长的过程，同时也是社会结构和社会秩序的维系者。社会学理论指出，教育对于社会的影响远远超过个体层面，它与社会的各个方面都有着紧密的联系。因此，在推动“教—学—评”一体化的实践中，社会学理论提醒我们要关注教育与社会的互动关系，以及教育所承担的社会功能。

社会学理论强调社会经济背景对教育不平等的影响。社会学理论揭示了不同社会群体在接受教育机会和资源上存在的差异，以及这些差异是如何与社会经济因素相互作用的。在“教—学—评”一体化的实践中，社会学理论提醒我们在评估中要关注教育的公平性，并努力消除社会背景导致的不平等。通过分析社会学理论，我们可以更深入理解教育的社会定位和其对社会变迁的作用，这对于促进“教—学—评”一体化的发展具有重要意义。

三、心理学理论依据

（一）心理学的基本理论

在教育理论中，“教—学—评”一体化的实践需要寻找合适的理论依据。心理学作为一门研究人类心理活动和行为的学科，为“教—学—评”一体化提供了重要的理论支持。

第一，认知理论是心理学中的基本理论之一，强调人类主动结构化认知过程的重要性。在“教—学—评”一体化中，认知理论提供了对学生思维过程的认知分析，帮助教师更好地理解学生的认知活动和学习机制。通过基于认知理论的教学设计，教师可以合理安排教学内容和策略，提升学生的学习效果。

第二，发展心理学理论关注个体在不同发展阶段的心理特征和变化规律。教育过程中，学生的个体差异和成长发展被广泛考虑。发展心理学理论的运用对于教师在“教—学—评”一体化中了解学生的个体差异，把握学生的发展特点至关重要。通过了解学生的认知、情感、社会关系和道德发展等方面的特点，教师可以更有针对性地进行教学设计，促进学生的全面发展。

第三，学习理论是心理学中的关键理论之一，强调学习的活动性和社会性。在“教—学—评”一体化中，教师经过学习理论的指导，会更加关注学生的主动参与和合作学习，更注重学习过程中的互动和合作。学习理论的应用帮助教师创建积极的学习环境，提供多样化的学习体验，激发学生的学习兴趣，进而提高学习效果。

（二）“教—学—评”一体化在心理学中的表现

心理学是研究人类心理和行为的科学，它对“教—学—评”一体化的实现起着重要的支持作用。在“教—学—评”一体化中，心理学理论为教育实践提供了从心理角度进行思考和指导的基础。

1.心理学强调学习者个体的差异性

根据心理学的观点，每个学生在认知、情感和学习风格方面存在不同。通过将“教—学—评”三个环节融合在一起，我们可以更好地理解学生的个体差异，并为他们提供个性化的教学和评价方法。例如，教师可以通过了解学生的学习风格和兴趣，采用多样化的教学策略来满足他们的需求，促进学习效果的提升。

2. 心理学理论强调学习者在社会互动中的重要性

根据社会学习理论，学生通过与他人互动和交流来建构和理解知识。在“教—学—评”一体化中，积极的学习社区和互动环境是必不可少的。教师可以通过设计合作学习活动和小组讨论等方式，促进学生之间的合作互助，并提供及时的反馈和评价，从而增强学习者的社会认同感和学习动机。

3. 心理学理论强调情绪对学习的重要影响

情绪与学习是密切相关的。积极的情绪可以促进学习者的参与和专注，而负面的情绪则可能影响学习效果。在“教—学—评”一体化中，教师可以通过情感教育和情绪调节等手段来创造积极的情绪环境，将学习过程变得更加有趣和愉悦。及时的情绪管理和支持可以为学生心理健康提供保障，从而增强他们的学习动力并提升效果。

（三）心理学理论对“教—学—评”一体化的支持与启示

心理学作为一门研究人类心理过程和行为的学科，为“教—学—评”一体化提供了重要的理论依据和支持。

1. 心理学研究的认知过程和学习理论

在教学过程中，学生的认知过程对于知识的获取和理解起着关键作用。心理学研究认为，学生的学习效果受到他们对所学内容的注意、记忆、理解和应用的能力的影响。因此，在课堂教学中，教师应该通过创设合适的教学环境和采取有效的教学方法，引导学生主动参与并积极思考，以提升他们的认知和学习效果。

2. 心理学的社会认知理论

社会认知理论强调了个体在社会环境中的学习、思考和行为塑造的过程。在教学过程中，教师可以利用社会认知理论中的概念和原理，帮助学生树立适当的学习目标、调节学习策略和解决学习困难。通过培养学生的自主学习能力和合作精神，教师可以提高学生的学习主动性和学习质量，从而实现“教—学—评”一体化的目标。

3. 心理学的人格理论和情绪管理理论

人格理论强调个体的个性特征和行为的一贯性。在教学中，教师应根据学生的个性差异和兴趣特点，采用不同的教学策略和评价方式，以满足个体学生的需求和发展潜力。情绪管理理论认为情绪对学习和行为的影响至关重要。在教学过程中，教师应关注学生的情绪状态，帮助他们理解和管理自己的情绪，以提升学习效果和教学质量。

（四）心理学理论对教学效果的影响

心理学理论提供了对学生学习心理过程的深入理解的可能，从而对教学效果产生积极影响。心理学研究指出，学习的过程涉及认知、情感和意志等多个方面，而这些方面在学生的学习过程中扮演着重要角色。通过基于心理学理论的教学策略和方法，教师能够更好地理解学生的认知特点、情感需求和学习动机，从而有针对性地设计和实施教学活动。这种个性化的教学方式有助于激发学生的学习兴趣和积极参与，促进他们学习效果的提升。

心理学理论强调了学习环境对学习效果的重要影响。心理学研究表明，学习环境的设计和组织对学生的学习效果有着直接的影响。通过借鉴心理学理论，教师可以创建积极的学习氛围，提供丰富的学习资源和适当的学习支持。例如，运用认知心理学理论，教师可以采用合理的教学布置和多媒体教育技术，激发学生的学习兴趣，提升他们的学习动力和学习效果。

心理学理论为教师提供了有效的评估手段，有助于评价教学效果。通过心理学理论的指导，教师可以制定和选择科学的评估策略和工具，准确地评价学生的学习成果，纠正学习过程中的问题。例如，教师可以利用行为主义心理学理论，设计测验和考试，评估学生的知识掌握程度。此外，教师还可以运用发展心理学理论，观察和评估学生的认知和情感发展状况。这些评估手段有助于教师全面了解学生的学习情况，及时调整和优化自己的教学策略，提升教学效果。

四、管理学理论依据

（一）管理学的基本理论

在教育教学活动中，管理学理论作为一种理论依据，对于实施“教—学—评”一体化有着重要的支持作用。管理学的基本理论，涉及组织与协调、决策与规划、领导与激励等方面的内容，为“教—学—评”一体化的实施提供了指导和借鉴。

1. 组织与协调

管理学理论强调组织结构的合理性和协调性，可以帮助教育者建立科学合理的组织框架，确保教学活动有序进行。通过有效的组织与协调，可以使教学资源得到充分利用，提高教学效果。

2. 决策与规划

在实施“教—学—评”一体化中，决策与规划起着引导和规范的作用。管理学理论为教育者提供了科学的决策方法和规划思路，可以帮助教育者制定明确的目标，合理安排教学计划，为教学活动提供系统性和持续性的支持。

3. 领导与激励

在实施“教—学—评”一体化中，领导与激励起着推动的作用。管理学理论强调领导者的角色与影响力和激励机制的设计与运用。在教育教学活动中，教育者需要发挥良好的领导能力，激发学生的参与积极性和学习动力，通过良好的领导与激励手段，实现“教—学—评”一体化的有效运行。

（二）“教—学—评”一体化在管理学中的表现

在管理学领域，实施“教—学—评”一体化有着诸多显著的表现。

首先，它通过整合传统的教育、培训和评估模式，实现了管理知识、技能和能力的全面发展。管理学理论提供了丰富的工具和方法，可以被应用于教学过程中，从而增强教师对管理学知识的理解和应用能力。

其次，管理学理论对于“教—学—评”一体化的实施提供了重要的指导。例如，经典的管理学理论如泰勒的科学管理和韦伯的理性法则等，都强调组织的目标导向和效率提升。这与“教—学—评”一体化的目标一致，即通过教学过程来促进学生的学习和发展，同时对其进行评估和反馈。管理学理论的实用性和可操作性也为“教—学—评”一体化的实施提供了有力支持。

再次，管理学理论还为“教—学—评”一体化的实施提供了启示。例如，现代管理学强调团队合作、领导力培养、决策能力等关键要素。在教学过程中，教师可以通过组织团队协作的项目、培养学生的领导素质和决策能力等方式，实现“教—学—评”的综合性目标。

最后，管理学理论还提供了基于数据和证据的决策方法。在教学过程中，教师可以利用学生的学习表现和评估结果，为教学内容和方法的调整提供依据。这种基于数据和证据的教学决策方法也是“教—学—评”一体化的核心要素之一。

（三）管理学理论对“教—学—评”一体化的支持与启示

在实现“教—学—评”一体化的过程中，管理学理论提供了重要的支持和启示。首先，管理学强调组织与力量的有效管理，这与教育环境中的教学过程和评价体系密切相关。管理学理论注重有效的组织结构和分工，可以为建立并优化“教—学—评”一体化提供有力的理论指导。

管理学理论关注员工的激励与发展，这对于教师的职业发展和教学质量的提升至关重要。通过运用管理学理论中的激励机制和员工培训体系，可以激发教师的积极性和创造力，从而促进他们在教学过程中的专业水平和教育教学质量的稳步提升。

管理学理论强调有效的沟通和协作，这对于构建良好的“教—学—评”一体化至关重要。通过管理学中的沟通理论和协作方法，可以加强教师之间、教师与学生之间以及教师与评价者之间的信息传递和意见交流，进而实现整个教学过程的有效组织和协同推进。

在管理学理论中，还需要关注教育环境的绩效评估和持续改进。通过管理学理论中的实施绩效评估、建立有效的反馈机制和持续改进体系，可以对“教—学—评”一体化进行全面的评估和优化，以提高整体教育质量和教育效果。

管理学理论在“教—学—评”一体化的实现中扮演着重要的角色。通过运用管理学理论中的组织管理、员工激励和发展、沟通协作以及绩效评估等方面的理论与方法，可以为建立合理的“教—学—评”一体化体系提供强有力的支持和启示。在实践中，我们应当充分借鉴管理学理论，结合实际情况，不断完善和发展教育管理的理论与实践，推动我国教育事业的可持续发展。

>>> 第二章

“教—学—评”一体化设计与实施

第一节

“教—学—评”一体化设计

一、“教—学—评”一体化设计的理念原则与要素

（一）“教—学—评”一体化的理念

“教—学—评”一体化作为一种新型的教学设计模式，旨在完善教学过程中的评价体系，并促进教学和评价的紧密结合，从而达到更高效、更有效的教学和评价目标。其理念主要体现在以下几个方面。

“教—学—评”一体化的理念强调教学和评价的无缝衔接。传统的教学中，教与评往往被分割为两个独立的过程，教学结束后才进行评价，而这种模式在一定程度上限制了教学效果的提升。而“教—学—评”一体化的理念是将教学和评价融为一体，通过教学的全过程来完成对学生学习情况的评价，使评价能够更好地指导和促进教学的进行。

“教—学—评”一体化的理念要求评价内容与教学目标相一致。评价内容应当与教学目标紧密关联，评价的指标应当能够全面反映学生在学习过程中的表现和学习成果。只有这样，教学评价才能真正发挥其指导教学的作用，使教学目标更加明确，学生的学习动力更加充沛。

“教—学—评”一体化的理念鼓励多样化的教学方法和评价方式。“教—学—评”一体化并不是要求唯一的教学方法和评价方式，而是要求教师有选择地运用不同的教学方法和评价方式。教师可以根据学生的特点和需求，灵活地调整教学和评价的方式，以提高教学效果。

“教—学—评”一体化的理念也意味着教学和评价的过程都是动态的、循环的。在“教—学—评”一体化的模式下，教学和评价并不是单向的，而是不断地互相促进和调整。教师通过评价结果的反馈，及时调整教学策略和方法，以提高教学

效果，而评价也会随着教学的推进而不断修订和改进。

因此，“教—学—评”一体化的理念与目标是在教学过程中实现教学与评价的紧密结合，使评价能够更好地指导和促进教学，并且注重评价内容与教学目标的一致性，鼓励多样化的教学方法和评价方式，同时强调教学和评价的动态性、循环性。只有真正理解和贯彻这一理念与目标，我们才能更好地设计和实施“教—学—评”一体化的方案，提高教学质量，促进学生的全面发展。

（二）“教—学—评”一体化的基本原则

1. 明确性原则

“教—学—评”一体化需要明确评价体系、评价标准和评价方法，确保评价内容具有明确的目标、规范的要求和可操作的指导性。仅凭主观评价或模糊的评价标准无法有效指导教学实践，因此明确性原则在设计过程中至关重要。

2. 全面性原则

评价设计需要全面考量学生的多维度发展，包括知识、能力、情感、价值观等方面。在评价过程中，不应偏重某一方面的考核而忽视其他方面的培养。全面性原则要求评价内容既要涵盖学科知识和技能的掌握情况，又要关注学生创新思维、学习策略和团队合作能力的培养。

3. 个性化原则

不同学生具有不同的特长、兴趣和学习风格，评价设计应尊重学生的个性特点，以促进每个学生的发展。因此，在“教—学—评”一体化设计中，可以采用多样化的评价方式，允许学生根据自己的学习特点选择适合自己的评价方式，激发学生的学习兴趣和主动性。

4. 合理性原则

评价设计应符合评价的公平、公正原则，避免评价结果受主观因素的影响，保证评价的客观性和科学性。合理性原则还要求评价内容与教学目标相一致，评价方式与教学过程相匹配，使评价成为教学的有机组成部分，而非孤立的考核。

5. 实践性原则

评价设计需要确保评价的可操作性和可实施性，使教师和学生在教学过程中能够积极参与评价活动，并从评价中获得有效的反馈和指导。实践性原则要求评价设计能够与教学实践相衔接，启发教师改进教学方法，鼓励学生积极参与学习。

（三）“教—学—评”一体化的关键要素

“教—学—评”一体化作为一种整合、统一的教学评价模式，在高效促进学生学习发展的同时，还需要构建一系列关键要素来支撑和推动其实施。

其一，明确评价目标与标准。“教—学—评”一体化需要明确评价的目标和评价标准，确保评价的准确性和可信度。目标的明确可以帮助教师和学生共同关注学习的重点和重要能力的培养，标准的明确则能够提供具体的表现标准和评价标准，使评价结果更加客观和科学。

其二，开展多元化的评价方式。“教—学—评”一体化应该鼓励并充分利用多元化的评价方式，例如学生自评、教师评价、同学评价、家长评价、课堂观察、作品评价等。通过多种评价方式结合使用，可以更加全面地了解学生的学习情况和能力发展，减少评价的主观性和片面性，增加评价的公正性和客观性。

其三，合理设计评价指标。“教—学—评”一体化需要设计合理的评价指标，以便准确地反映学生的学业水平和能力发展。评价指标要具备可操作性、可衡量性和可比较性，能够对学生的学习过程和学习成果进行科学的评价。同时，评价指标应该与教学目标和标准相匹配，以增加评价的公正性和客观性。

其四，建立有效的反馈机制。“教—学—评”一体化需要建立起有效的反馈机制，以便及时向学生和教师提供评价结果和改进意见。反馈可以激发学生的积极性和主动性，帮助学生了解自己的优势和劣势，促进学生的自我反思和自我调整。同时，通过反馈机制，教师也能够及时获得学生的学习情况和教学效果的反馈信息，进一步改进教学策略和方法。

二、“教—学—评”一体化目标设计

在实施“教—学—评”一体化设计时，目标的设计是至关重要的一步。通过具体的目标设计，可以明确教学活动的方向和目标，为教学评价提供明确的依据。

（一）明确教学任务和学习目标

教学任务是指教师需要完成的教学工作，学习目标则是学生需要达到的能力水平。在进行一体化目标设计时，需要对教学任务和学习目标进行明确的界定和区分。教学任务包括授课内容、教学方法等，学习目标则体现学生在知识、能力、情感等方面的发展。

（二）分析学生的特点和需求

不同学生可能具有不同的学习特点和需求，因此在目标设计的过程中，需要充分考虑学生的个体差异。通过分析学生的特点和需求，可以更好地调整教学目标，使其适应学生的发展需求。例如，对于学习能力较弱的学生，可以设置相应的目标来帮助他们提高学习成绩。

（三）确定教学目标的层次结构

目标的层次结构可以帮助教师以更系统和有序的方式进行教学。一体化目标设计通常包括整体目标、阶段目标和具体目标三个层次。整体目标是将教学任务和学习目标整合起来的总体目标；阶段目标则是在整体目标的基础上分解出来的中间目标；而具体目标则是对每个阶段目标进行更详细描述和分解的目标。

（四）制定评价方法和标准

一体化目标设计需要包括对学生学习成果的评价。在制定评价方法和标准时，应考虑教学任务和学习目标的实现情况，并采用多样化的评价方法，如考试、作业、项目报告等。同时，也需要明确评价标准，以便客观准确地评价学生的学习成果。评价方法和标准的规定应与目标的设计相一致，以确保评价的有效性和公正性。

三、“教—学—评”一体化内容设计

（一）“教—学—评”一体化内容设计的基本原则

在教学内容的设计过程中，我们应当遵循一些基本原则，以确保“教—学—评”一体化的设计能够达到预期的效果。以下是几项基本原则的详细说明。

1. 目标明确原则

教学内容的设计首先要明确教学目标，即明确学生应该达到的知识、技能和态度等方面的目标。只有明确了目标，我们才能有针对性地设计内容，确保在教学过程中能够有效地实现这些目标。因此，在设计内容时，要充分考虑学生的需求和课程目标，确保内容与目标之间的一致性和紧密性。

2. 合理安排原则

在内容设计上，我们需要合理安排知识和技能的顺序，使得学习者能够逐步掌握和深化理解。这就需要我们对知识结构进行科学的分析和整合，合理安排每个知识点或技能的教学顺序。在安排内容的过程中，还需要注意难易程度的递进，从易到难，循序渐进地进行教学。

3. 综合性原则

教学内容设计应该注重知识的综合应用，将学习者所获取的知识与实际生活和社会实践相结合。我们可以通过案例分析、问题解决、实践活动等方式，让学生将所学知识应用到实际情境中，提高学生的综合应用能力。

4. 形式多样原则

内容设计应该采用多种形式的教学资源，如图表、实例、模型等，以激发学习者的兴趣和积极性。通过多种形式的教学资源呈现，可以增加学习的趣味性和可操作性，激发学生的学习动力和主动性。

5. 可持续发展原则

教学内容设计应该注重学生的知识和技能的可持续发展。我们应该为学生提供与他们个体差异和发展需求相适应的学习资源，确保教学内容的可持续性和可维护性。此外，我们还可以通过个性化教学、差异化教学等方式，满足学生的个体发展需求，促进学生的全面发展。

（二）“教—学—评”一体化内容设计的方法

1. 任务驱动的方法

这种方法将学习任务作为教学的核心，通过设定具体的任务，引导学生积极地参与学习过程。例如，在英语教学中，我们可以设置一系列围绕日常生活情境的任务，让学生在语言环境中实践、交流和应用语言知识。

2. 启发式学习的方法

这种方法强调培养学生的探索和发现能力。通过给予学生一定的启示和指导，鼓励他们自主思考和解决问题。在数学教学中，我们可以通过提供问题情境和相关的信息，让学生主动运用数学知识进行推理和解答，从而培养他们的数学思维能力。

3. 问题导向的学习方法

这种方法以问题为导向，通过提出具体问题来激发学生的学习兴趣和思考能力。在历史课堂上，我们可以提出一个问题，以“为什么会发生某个历史事件”为例，引导学生通过探究历史背景、相关事件和人物等方面的信息，深入理解历史事件背后的原因和影响。

4. 案例分析法

通过真实的案例来引导学生进行学习和思考，培养他们的分析和解决问题的能力。例如，在英语教学中，教师运用案例分析法，选取有代表性的课文文本作为教学案例引导学生进行深入解读和分析，以培养学生的批判性思维能力。

四、“教—学—评”一体化过程设计

（一）“教—学—评”一体化过程设计的意义与目标

过程设计在“教—学—评”一体化设计中具有重要的意义和目标。它是教学活动的具体组织过程，能够确保教学目标的达成，并有效提高学生的学习效果。过程设计的目标是为了创造一个有利于学生主体性发展和能力培养的学习环境，促进学生的全面发展和能力提升。

1. 过程设计的意义

过程设计的意义在于提供有效的学习路径和引导学习策略。通过合理的过程设计，教师能够为学生提供明确的学习路径，帮助学生更好地理解和掌握学习内容。例如，在教学过程中，可以通过讲解、讨论、实践等方式，引导学生逐步深入地理解和应用所学知识，培养学生的主动学习能力和问题解决能力。

过程设计的意义在于提供具体的学习任务和实践机会。通过合理的过程设计，教师能够为学生提供更为具体的学习和实践任务，使学生能够将所学知识应用到实际中去，增强实践能力。例如，可以设计一些案例分析、实验操作等任务，让学生通过实践来加深对知识的理解和掌握。

2. 过程设计的目标

过程设计的目标是激发学生的学习兴趣和积极性。一个好的过程设计能够使学习变得有趣和充满挑战，激发学生的学习积极性。例如，可以设计一些趣味性强的活动，如小组合作、角色扮演等，让学生通过参与实践，深入学习和应用知识。

过程设计的目标是培养学生的自主学习能力和合作精神。一个合理的过程设计能够帮助教师培养学生的自主学习能力和合作精神。例如，可以设计一些自主学习任务，鼓励学生主动探索和解决问题，从而培养学生独立思考和团队合作的能力。

（二）“教—学—评”一体化过程设计的关键要素

过程设计是“教—学—评”一体化设计中至关重要的一部分，它直接关系教学活动的质量和效果。在进行过程设计时，需要考虑以下几个关键要素。

1. 教学活动的结构安排

合理的结构安排是过程设计的基础。在构建教学活动的结构时，应该根据教学目标和内容，合理安排教学活动的顺序和组织形式。要注重活动的连贯性，确保各个环节之间的衔接自然流畅。同时，要增强活动的互动性，鼓励学生积极参与、主动发言，形成良好的课堂氛围。

2. 学习资源的选择与利用

在过程设计中，合理选择和充分利用各种学习资源是必要的。教师可以根据教学内容的特点，选择合适的教学教具、实例、案例等，激发学生的学习兴趣，提升他们的学习效果。同时，还可以充分利用现代科技手段，如多媒体教学和网络资源等，为学生提供多样化的学习资源。

3. 学习活动的设计与组织

在过程设计中，教师需要设计和组织各类学习活动，以促进学生的主动参与和深入思考。这些学习活动可以包括小组合作、讨论演示、难题攻关等，通过让学生参与教学过程，培养其自主学习和合作精神，提升学习效果。

4. 课堂管理与教学环境的营造

过程设计还需要考虑课堂管理和教学环境的营造。教师应该建立良好的班级秩序，维持课堂纪律，创造和谐的学习氛围。同时，教室布置和教学工具的准备等也是重要的环境要素，可以为学生提供方便舒适的学习环境，有利于他们的学习与发展。

过程设计的关键要素包括教学活动的结构安排、学习资源的选择与利用、学习活动的设计与组织、课堂管理与教学环境的营造等。教师在进行过程设计时，应该充分考虑这些要素，以提升教学质量，促进学生的全面发展。通过良好的过程设计，可以更好地实现“教—学—评”一体化的目标，推动教育的整体发展。

五、“教—学—评”一体化评价设计

（一）“教—学—评”一体化评价设计的基本原则

评价设计是“教—学—评”一体化中非常重要的一环，它直接关系对教学效果的准确测量和全面评估。为了确保评价设计的科学性和有效性，以下是评价设计的基本原则。

1. 多元性原则

评价设计应该采用多种评价方法和工具，以便更全面、客观地了解学生的学习成绩和能力发展情况。这包括把定量评价和定性评价相结合，例如考试成绩、作业表现、实验报告、小组项目等各种评价形式的综合运用。多元性评价不仅有助于学生的全面发展，也有助于教师对教学方法和策略的不断改进。

2. 公正性原则

评价设计应该保证评价过程的公正和公平，不偏袒个别学生或群体。评价应该基于客观、明确的评价标准进行，并且要对所有学生平等适用。评价标准应该准确具体，以便学生和教师都能清楚了解评价的依据。评价过程中应尽量排除主观人为因素的干扰，确保评价结果真实可信。

3. 实用性原则

评价设计应该能够提供对学生学习情况和效果的及时、准确的反馈，给予学生具体的学习建议，以帮助他们改进学习方法和提高学习成绩。评价结果还应该反映出学生的实际能力水平，能够帮助学校和教师进行教学改进和课程调整。评价设计的目标是通过评价来促进学生的学习和发展，而不仅仅是对学生进行判断和排名。

4. 连续性原则

评价设计应遵循连续性原则，即评价应贯穿于整个学习过程中。评价不仅仅局限于考试成绩，还应该包括平时表现、课堂参与、作业质量等多个方面。评价设计应该能够及时反映学生学习的动态变化，以帮助教师及时调整和改进教学方法和策略。通过连续性评价，学生能够更好地认识自己的学习进程，有针对性地改进学习方式。

只有合理地遵循这些原则，才能更好地实现“教—学—评”一体化的评价设计，提升教学质量和学生学习效果。

（二）“教—学—评”一体化评价设计的方法

通过科学合理的评价方法，可以准确地了解学生在教学过程中的表现和学习效果，为教师提供有针对性的指导和教学改进的依据。

1. 观察与记录

教师可以通过观察学生在课堂上的表现，记录学生的主动参与程度、思维逻辑的清晰度、解决问题的能力等方面的情况。既可以在课堂上直接观察，也可以通过录像等方式进行后期分析。观察与记录形式的评价是一种客观、直观的评价方法，可以全面地展现学生在教学过程中的表现情况。

2. 问卷调查

教师可以设计一份针对学生的问卷，询问学生对教学内容的理解程度、学习动机的强弱、教学方法的适应度等方面的反馈。问卷调查可以通过纸质问卷或在线问卷的形式进行，通过相关的评价可以充分听取学生的声音，从而发现问题和改进教学。

3. 反思与讨论

教师可以鼓励学生进行学习反思和交流讨论，通过分享个人观点、思考问题、提出建议等方式，来评价教学的效果和质量。反思与讨论形式的评价不仅可以培养学生的批判思维和自主学习能力，还可以丰富教学过程，促进知识的传递与共享。

4. 作品展示

教师可以要求学生制作作品，如演讲稿、实验报告、作文等，通过学生的作品来评价学生的学习成果。作品展示形式的评价能够激发学生的创造能力和实践能力，提高学生的综合能力和学科素养。

第二节

“教—学—评”一体化的实施策略

一、明确的学习目标

（一）学习目标的重要性

学习目标是教学过程中非常重要的一环，它对于学生的学习效果有着直接的影响。明确的学习目标可以指导学生学习和努力的方向，使他们能够更加有针对性地进行学习。学习目标的设定具备以下几个方面的意义和作用。

学习目标可以增强学生的学习动力。明确的学习目标能够激发学生的学习兴趣和动力，使他们对学习有着明确的期望和目标。当学生清楚知道自己学习的目的和意义时，他们会更加主动地去投入学习活动，并且付出更多的努力去实现相关目标。

学习目标可以帮助学生进行有效的学习规划。明确的学习目标可以帮助学生将学习内容进行分解和归纳，制订切实可行的学习计划。学生通过设定学习目标，可以更加清晰地了解自己需要达到的阶段性成果，从而更好地规划学习进程，提高学习效率。

学习目标对于教师的教学也起着重要的引导作用。教师根据学习目标，可以有针对性地选择和设计教学内容和教学方法，使教学活动更加精准和有效。教师可以根据学习目标对课堂教学进行精心设计和组织，使学生的学习更加系统和有序，提升学生的学习效果。

学习目标可以促进学生的自我评价和反思。明确的学习目标能够帮助学生更加准确地评价自己的学习成果和学习效果，及时发现自己的问题和不足，并进行相应的调整和改进。学习目标也能够促使学生对自己的学习进行反思，从而不断提高学习能力和学习效果。

（二）设定学习目标的方法

在实施"教—学—评"一体化的教学策略中，明确的学习目标是至关重要的。学习目标的设定能够为教学活动提供明确的方向和目标，引导学生的学习方向，提高学习效果。下面将介绍几种设定学习目标的方法，以帮助教师有效指导学生的学习。

针对不同的学科和学习领域，可以采用掌握知识、理解概念、运用技能等方式来设定学习目标。例如，在数学学科中，学习目标可以是掌握某个数学定理的证明过程，或者能够熟练应用某种数学方法解决实际问题。在语文学科中，学习目标可以是理解一篇文章的主旨，或是能够正确地运用某种修辞手法。

学习目标可以按照认知层次分为不同的层级，从低层次到高层次逐渐提高。比如，从记忆、理解、应用到分析、评价、创造等层次。这样的设定可以帮助学生逐步提高认知水平，培养其思维能力和创新能力。在设定学习目标时，需要注意不仅要考虑学习内容的广度和深度，还要考虑学生的能力水平和发展阶段。

学习目标还可以根据学生的兴趣和需求来设定。通过了解学生的特点，教师可以根据学生的兴趣和需求，设定与之相关的学习目标，提高学习的积极性。例如，对于感兴趣历史的学生，可以设定学习目标为了解某个历史事件的背景和影响；对于感兴趣科学实验的学生，可以设定学习目标为设计和完成一次科学实验。

设定学习目标时应考虑学生的学习能力和学习风格。不同的学生具有不同的学习能力和学习风格，教师在设定学习目标时应该根据学生的特点来确定目标的难易程度和灵活度。对于学习能力较强的学生，可以设定更高层次的学习目标，激发其潜力；对于学习能力较弱的学生，应设定更低层次的学习目标，帮助其逐步提高能力。

（三）学习目标与学生学习效果的关系

学习目标直接关系学生的学习效果。明确的学习目标有助于激发和提升学生的学习动力和效果，促进教学的有效实施。

明确的学习目标可以指导和调整学生的学习行为和努力方向。通过设定明确的学习目标，教师可以告诉学生他们将在本节课中学到什么，以及他们应该关注和努力提升的知识点和能力。学生了解学习目标后，可以有针对性地制订学习计划和采取相应的学习策略。他们知道自己需要掌握哪些知识和技能，就能在学习过程中更加专注、更有动力。因此，明确的学习目标有助于提高学生的学习动机，使他们更加主动地投入学习。

明确的学习目标可以评估学生的学习效果。通过设定明确的学习目标，教师可以在教学过程中不断监测和评估学生的学习情况。教师可以根据学习目标制定相应的评价标准，通过各种评估手段对学生的学习效果进行客观的评价，学生也可以通过自我评价和互评来了解自己的学习情况。只有通过评估学生的学习效果，才能及时发现问题，帮助学生解决困难，调整教学策略，进一步提升学生的学习效果。

明确的学习目标为学生提供了一个量化的参考标准。学习目标具体明确，可以通过量化的指标来衡量学生的学习成果。学生可以根据学习目标和评价标准，自己评估和衡量自己的学习效果，了解自己的学习成绩水平。这有助于学生形成自我认知，树立学习目标，并努力追求更突出的学习成果。

二、多样化的评价

（一）评价的重要性

评价在教育教学过程中扮演着重要的角色。它不仅可以对学生的学习情况进行客观的判断和记录，还能为教师提供宝贵的反馈信息，帮助教师了解学生的学习进展，并作出相应的调整和改进。评价的重要性体现在以下几个方面。

1. 评价有助于明确学习目标

通过评价，教师和学生能够更加清晰地了解学习目标，明确知识、技能、态度和价值观的培养要求。评价可以帮助教师和学生对学习目标进行具体细化，使学习目标更加明确、可操作，从而提高学习的有效性和效率。

2. 评价能够促进学生的主动学习

评价结果反映了学生在学习过程中的表现和成果，对于学生来说，评价是他们学习意愿和动力的重要源泉。通过评价，学生可以了解到自己的学习成绩和进步程度，进而调整学习策略和方法，激发对学习的兴趣和积极性。评价可以激发学生的自主学习能力和主动探究精神，培养他们的学习动力和学习能力。

3. 评价可以提供个性化的教学指导和反馈

不同学生具有不同的学习特点和需要，传统的一刀切的评价方式无法满足个性化的教学需求。多样化的评价方法能够更准确地反映学生的学习情况和需求，为教师提供有针对性的教学指导和帮助。通过评价，教师可以发现学生的潜在问题和困惑，及时给予针对性的反馈和建议，帮助学生克服困难，提高学习效果。

4. 评价与学生的学习进步密切相关

评价结果不仅是教师进行教学反思和改进的重要依据，同时也是学生自我完善的契机。通过评价，教师和学生可以共同分析和总结学习过程中的问题和不足，找出改进的方向和方法。评价结果能够激发学生的学习动力和学习兴趣，培养他们的批判思维和自主学习能力，使他们能够不断地进步和成长。

（二）评价方法的多样性

评价可以提供对学生学习成果的客观反馈，并为教师调整教学策略提供参考。在实施“教—学—评”一体化的策略中，评价方法的多样性起着关键的作用。

可以采用定量评价的方法获得学生的学习成绩和表现数据，通过考试、测验等量化的方式，我们可以客观地评估学生的知识掌握程度。这种评价方法适用于评估学生对课程内容的掌握情况，可以提供明确的量化结果供教师和学生参考。

可以运用定性评价的方法了解学生的学习态度、思考能力和创造性表达等方面的发展情况。通过观察学生的课堂参与、作业完成情况以及组织小组讨论等方式，教师可以获取更加全面的信息来评估学生的学习进展。这种评价方法注重学习过程的质量和学生的学习态度，对于培养学生的综合素养和批判性思维能力非常有效。

此外，还可以采取自我评价、同伴评价和反思评价等方法来增加学生的参与度。通过让学生参与评价的过程，他们可以加深对学习目标的理解，形成自我反思和提升的动力。同伴评价可以促进学生之间的交流和互助，培养团队合作能力；而反思评价则是引导学生对自己的学习进行深思熟虑的过程，帮助他们发现自己的优势和不足，从而进行有针对性的改进。

评价方法的多样性在实施“教—学—评”一体化的策略中具有重要的意义。不同的评价方法可以从不同角度来全面展示学生的学习情况和发展需求，为教师提供更准确的参考信息。因此，应该根据不同的评价目的和内容选择合适的评价方法，灵活运用，以实现教学质量的持续提升和学生学习的全面进步。

（三）评价与学生学习进步的关系

通过评价，教师能够对学生的学习情况进行客观、全面的了解，有针对性地提供帮助和指导，从而促进学生的学习进步。

1. 评价有助于激发学生的学习动力

当学生知道自己的学习成绩将被评价和记录，他们会更加努力地学习，争取取得更好的成绩。学生们会将评价结果视为自己学习的目标和鼓励，进而更加投入学习，提高学习效果。

2. 评价可以帮助学生发现并纠正学习中存在的问题

通过评价，教师可以及时发现学生学习的困难和不当之处，帮助他们进行有针对性的补充和改进。评价结果可以揭示出学生学习的薄弱环节和不足之处，提醒学生关注和改善自己的学习方法和策略，从而提升学习效果。

3. 评价为学生提供了反馈和鼓励

教师通过评价可以及时向学生反馈他们的学习表现，肯定他们的努力和成绩，激发他们的自信心和积极性。评价也可指导学生培养更好的学习习惯和技能，通过正面的鼓励和认可，激发学生对学习的兴趣和热爱。

三、及时反馈

（一）反馈的重要性

反馈对于学生的学习效果和发展起着关键的作用。它不仅可以帮助教师了解学生的学习状况，还可以为学生提供及时的指导和帮助，促进他们的学习进步。因此，反馈的重要性不容忽视。

1. 反馈可以帮助教师了解学生的学习状况和进展情况

通过对学生的作业、考试和课堂表现等进行反馈，教师可以收集到学生们在学习过程中的表现和出现的问题，了解到他们的学习进展、困难和需求。这些反馈信息将使教师能够有针对性地调整教学策略，实现更高的教学质量，并更好地满足学生的学习需求。

2. 反馈可以激发学生的学习动力和积极性

教师通过及时给予学生具体、准确的反馈，肯定学生在学习中的优点和进步，增强他们的自信心和学习动力，激发他们的学习兴趣。通过指出学生在学习过程中存在的问题和有待改进的空间，为学生提供具体的建议和指导，帮助他们克服困难，提高学习效果。这种及时的正向反馈将促进学生积极投入学习。

3. 反馈可以帮助学生提高学习策略和自我调节能力

通过教师的反馈，学生可以了解到自己在学习过程中的问题和不足，以及如何调整和改进学习方法。他们可以通过分析和总结教师的反馈，了解到自己的学习方式和习惯，掌握更有效的学习策略。这种自主的学习过程将帮助学生提高他们的自我把控和调节能力，培养他们的学习自觉性和自主性。

4. 反馈可以促进教师专业发展

教师在反馈的过程中，通过观察和分析学生的学习状态和表现，来反思和评估自己的教学行为和方法。这种反思性的教学实践，促使教师不断反思和改进自己的教学策略，提高自己的教学能力和专业素养。同时，教师从学生的反馈中也能够得到自我认可和鼓励，从而增强自己的职业满意度和工作热情。

（二）及时反馈的方式

在“教—学—评”一体化实施策略中，及时的反馈可以向学生传达清晰的信息，帮助他们了解自己在学习中的进展，以及需要改进之处。因此，教师在进行反馈时需要选择合适的方式，以确保反馈的有效性和实用性。

1. 口头反馈

教师可以通过直接与学生面对面的交流来提供反馈。这种方式可以让学生及时了解自己的学习情况，并且有机会与教师进行进一步的讨论和解释。口头反馈还可以通过教师的语音、表情和肢体语言等，更加直观地传达反馈信息。口头反馈需要教师在教学过程中不断观察和记录学生的表现，并且及时地与学生进行沟通，这对教师的时间和精力都提出了较高的要求。

2. 书面反馈

教师可以通过批改作业、写评语或者给学生书面建议来提供反馈。这种方式的优势在于可以让学生在自己的时间和空间里接受反馈和进行反思。学生可以仔细阅读教师的批注和评语，思考自己的错误和不足之处，并且通过阅读教师的建议来改进自己的学习方法和策略。然而，书面反馈往往需要一定的时间来完成，教师可能需要投入较多的时间和精力来完成书面反馈。

3. 利用科技手段提供反馈

现代技术的快速发展为教育领域带来了新的可能性。教师可以利用电子邮件、在线平台、学习管理系统等工具，以文字、音频、视频等形式提供反馈。这种方式不仅可以增加反馈的便利性和灵活性，还能让学生更好地理解和接受反馈，同时也节约了教师的时间和精力。教师在使用科技手段提供反馈时需要确保技术的稳定性和可靠性，以及学生对于科技工具的熟悉度和接受度。

（三）反馈与学生学习态度的关系

学习态度是指学生对于学习的意愿和情感的表现，它对学习的效果和成果有着重要影响。而及时反馈作为教学中的一项重要策略，在促进学生学习态度的形成和塑造方面发挥着关键作用。

及时反馈可以激发学生对学习的积极态度。当学生在学习过程中得到及时的反馈，他们能够感受到自己的成绩和进步，从而激发起学习的自信心和兴趣。他们会意识到自己的努力有了回报，从而更加努力地投入学习，并且愿意尝试新的学习方法和策略。

及时反馈有助于改变学生的学习态度。通过及时反馈，教师可以向学生传递正面的信息和鼓励，帮助他们认识到自己的潜力和能力。教师也可以指出学生的问题和错误，与他们进行积极的沟通讨论，让他们认识到自己的不足之处，激发他们改进和提升的动力。通过这种方式，学生的学习态度可以得到调整和改变。

及时反馈还可以帮助学生树立正确的学习观念和评价意识。通过及时反馈，学生可以了解到自己在学习过程中的优势和不足，明确学习的目标和标准，从而形成正确的学习观念和评价意识。他们会明白学习过程中的困难和挑战是正常的，能够用正确的态度和方法去解决。他们也将学会对自己的学习进行评价和反思，从而实现自主学习和持续改进。

（四）反馈与学习效果的关系

学习效果是指学生在完成学习任务后所达到的预期成果。当教师能够及时地对学生的学习进行有效的反馈，可以为学生提供改进学习策略、加深理解以及巩固知识的机会。

首先，反馈可以帮助学生了解自己的学习成果并及时调整学习策略。当学生得到关于他们学习成果的反馈时，他们可以根据反馈的信息来评估自己的学习效果。如果反馈告诉他们学习成果达到预期，他们会感到有成就感并继续保持良好的学习动力。如果反馈显示他们的学习成果不尽如人意，他们可以根据反馈及时调整学习策略，厘清学习的薄弱环节，并采取相应的措施来增强学习效果。

其次，通过反馈产生的学习效果，学生的学习动机和积极性将得到提高。当学生发现他们的努力和学习方法通过反馈得到了认可，他们会对学习保持高度的投入。他们会更加积极主动地参与学习活动，提出问题并寻求解决办法。同时，正向的反馈还能够增强学生的自信心，使他们更加勇于尝试新的学习方式和解决问题的方法，进一步促进学习效果的提升。

最后，及时的反馈还可以为学生提供巩固知识、提升学习效果的机会。通过对学生的作品、表现等方面进行及时的反馈，教师可以帮助学生认识到他们学习中的优缺点。在反馈的指导下，学生可以更好地理解知识，将学习的知识应用于实际问题，并进一步拓展学习成果。反馈不仅是对学生学习的评价，更是教育过程中的一个重要环节，它能够通过激发学生的兴趣，加深他们对知识的理解和巩固，从而进一步提升学习效果。

四、持续改进与教师专业发展

（一）持续改进的必要性

随着社会的不断发展和学生的需求不断变化，教育工作者需要不断调整和改进自己的教学方法和策略，以适应新的教育要求。持续改进的实施能够帮助我们不断提高教学质量，以便更好地满足学生的学习需求。

持续改进有助于明确学习目标。通过不断审视和评估自己的教学目标，教师可以更清楚地了解学生需要达到的知识和能力水平。这样，教师就可以制定更具体、更明确的学习目标，确保学生能够有针对性地学习和提高。

持续改进可以推动评价的多样化。通过多样化的评价方式，可以更全面地了解学生的学习情况和能力发展。除了传统的考试和测验，还可以采用作业、项目、讨论等多种方式来评价学生的学习成果。这样的多样化评价有助于我们更准确地了解学生的学习进展和问题，为他们提供更有针对性的支持和反馈。

持续改进能够促进及时反馈。通过及时地给予学生反馈，我们可以帮助他们更好地理解自己的学习情况，发现和纠正问题。同时，及时反馈也可以激发学生的学习动力，让他们更积极地参与学习，提高学习效果。

（二）教师专业发展的重要性

在“教—学—评”一体化的实施策略中，教师的专业发展扮演着关键的角色。它是教师不断提升自身教育教学水平、适应教育改革发展的必然要求。

教师专业发展有助于提高教师的专业素养和学科知识水平。作为教育者，教师需要掌握教学技能、教育方法和衡量学生学习成果的评价方式。通过专业发展，教师能够深化对学科知识的理解，更新教育理念和教学策略，从而更好地满足学生的学习需求。

教师专业发展有助于提高教师的教学能力和教育创新能力。随着教育改革的推进和社会发展的变化，教学工作面临着新的需求和挑战。通过专业发展，教师能够了解最新的教育理论和教学方法，开展教育创新实践，提高课堂教学效果和学生学习质量。

教师专业发展可以激发教师的职业发展动力，促进其个人成长与发展。教师作为教育事业的中坚力量，需要拥有对自身职业发展的明确规划和不断成长的动力。专业发展为教师提供了广泛的成长机会，激励教师在专业道路上持续前行，不断提升自我，实现个人价值。

教师专业发展的重要性不仅体现在教育教学实践中，也对学校和整个教育系统有着深远的影响。正所谓“教无止境”，只有教师不断进行专业发展，学校才能实现课程改革和教育创新的目标，整个教育系统才能不断进步。

因此，我们应当充分认识教师专业发展的重要性，通过各种途径和方式激发教师的学习热情，为教师提供良好的发展平台和机会，促进其不断成长，以推动教育事业的发展和进步。也只有如此，教师们才能真正实现“教—学—评”一体化的目标，为学生提供优质的教育教学环境，为教育事业的可持续发展注入源源不断的动力。

（三）持续改进与教师专业发展的关系

持续改进是指对教学过程、学习成果以及评价体系进行反思和改进的过程，而教师专业发展则强调教师个体的知识、技能和态度的不断提升。这两者相互促进、相辅相成，为教学实施策略的综合效果提供了有力的支持。

持续改进为教师专业发展提供了宝贵的机遇。通过持续改进的实践，教师能够积累丰富的经验，在实际教学中不断反思、调整和创新。这个过程中，教师不仅能够提高自己的教学技能，还能不断拓展自己的教学思维和观念。持续改进也为教师专业发展提供了一个广阔的平台，让教师可以参与学科研究、教学改革等活动，进一步提升自己的学术水平和专业能力。

教师专业发展对于持续改进至关重要。教师专业发展不仅仅是指教师的学习和成长，更是一种对于职业的责任和追求。在专业发展的过程中，教师能够接触更多的教学方法、理论和研究成果，不断提升自己的专业素养和创新能力。这样的教师不仅能够为教学质量的持续改进提供理论支持，还能够在实践中不断尝试和验证新的教学策略，促使教学过程更加科学有效。

在持续改进和教师专业发展的相互关系中，反馈的作用不可忽视。持续改进需要教师能够及时地获取学生、同事和上级的反馈信息，而教师专业发展恰好可以帮助教师合理地处理和应用这些反馈。通过学习和反思，教师能够更好地回应学生的需求，提高课堂教学的效果。同时，教师专业发展也需要持续改进的支持，只有对教学过程进行不断调整和改进，才能够更好地实现教师的职业目标。

第三节

“教—学—评”一体化体系的构建路径

一、“教—学—评”一体化体系的定义和内涵

“教—学—评”一体化体系是指在教育领域中建立起一种统一的、协同的、有机的教学评价体系。它强调教、学与评价的密切结合，旨在实现教学和评价的有机整合，促进教育目标的达成。

“教—学—评”一体化体系的核心在于共享目标。在传统教学评价中，教师和学生的目标往往是分割开的，教师注重传授知识和学生成绩，而学生则关注考试成绩。“教—学—评”一体化体系将教师和学生的目标紧密联系起来，使他们共同追求教育的终极目标。教师和学生需要真正理解和接受共享目标，同时根据教学和评价的需要调整自己的期望和行为。

“教—学—评”一体化体系强调标准的多维性。传统的教学评价主要关注学生知识水平和考试成绩，忽视了对学生的综合素养和能力的评价。而“教—学—评”一体化体系通过引入多维度的评价标准，如知识、技能、情感和价值观等，全面评价学生的学习过程和学习成果。这样可以更好更全面地了解学生的发展情况，帮助他们在多个方面得到成长。

“教—学—评”一体化体系强调主体的多级性。传统的教学评价主要在师生之间进行，评价结果往往是单向的和局限的。而“教—学—评”一体化体系将评价的主体扩展到整个教育系统的各个层级，包括学校、社会和家庭等。通过多级主体的参与，可以形成全方位的评价体系，提供更准确和更全面的评价结果。

“教—学—评”一体化体系注重方式的多元化。传统的教学评价主要以考试和测验为主，评价结果比较单一，容易导致教学内容的偏颇和学生能力的局限。而“教—学—评”一体化体系鼓励采用多种评价方式，如观察表现、作品展示、

小组讨论等，以全面了解学生的学习态度、学习方法和学习成果。这样可以更好地促进学生的全面发展和学习能力的提高。

二、“教—学—评”一体化体系的构建路径

（一）共享目标

共享目标是指教学活动中各个环节的目标要一致、相互关联，形成一个整体的目标体系。这样，学生在学习的过程中能够清楚地知道自己要达到的目标，并且能在教师的指导下，逐步实现这些目标。共享目标的设立可以促进教学评估的有效性，因为教师可以根据学生的目标达成情况进行评估，从而对教学进行调整和改进。

首要的任务是确定共享的目标。在确定共享目标时，需要充分考虑教学的内在需求以及学生的学习需求。通过教师与学生之间的沟通和合作，可以确立一个真正符合教学实际和学生发展需求的共享目标。这样，教师和学生就能够在教学过程中共同朝着这个目标努力，从而提高学生的学习效果。

实现共享目标的关键在于教学活动的设计和组织。教师需要根据共享目标，合理安排教学内容和教学方法。教学内容应当与目标密切相关，能够帮助学生成长和发展。同时，教学方法要多样化，能够满足不同学生的学习需求，提供个性化的学习体验。在教学过程中，教师要注重启发性教学，激发学生的学习兴趣和动力，培养他们的独立思考能力和解决问题的能力。

评价是确保共享目标实现的重要手段。教学评价要与共享目标相一致，反映学生在达成目标方面的实际情况。评价方法要多样化，包括课堂观察、作业评定、小组讨论、考试等多种形式。通过评价结果的反馈，教师和学生能够及时了解学习情况，发现问题并进行调整，促进教学过程的有效性和学生学习效果的提升。

在共享目标的确定和实现过程中，教师的角色至关重要。教师需要具备良好的教育理念和教学技能，能够引导学生顺利实现共享目标。同时，教师还应当注重与其他教师的合作和交流，共同探索适合共享目标实现的有效途径和方法。只有通过教师的努力和创新，才能真正实现“教—学—评”一体化体系的构建，给学生提供更好的教育服务。

（二）标准多维性

“教—学—评”一体化体系的构建需要考虑多个维度的标准。多维性的标准能够更全面地评估学生的学习情况，包括知识掌握、能力培养、思维能力、创新能力等方面。通过设立多维性的标准，可以使评价更加客观、准确，并促使教师在教学设计中注重学生全面发展。此外，多维性的标准也能够激发学生的学习动力，让他们明确自己的发展方向，努力提高自己在各个维度上的表现。

1. 明确教学目标

教学目标是教师在进行教学的过程中所要达到的预期结果。在构建标准多维性时，应该根据不同学段和学科的特点，确定相应的教学目标，包括知识、技能、情感态度等维度。例如，在英语教学中，除了要设立掌握基本语言运用能力的目标，还应设立关于培养学生英语文学素养、批判思维等的目标。

2. 制定评价指标

评价指标是用来衡量教学目标达成程度的具体标准。在标准多维性的构建中，我们应该根据各个维度的要求，确定相应的评价指标。例如，在英语教学中，评价指标可以包括英语知识的掌握程度、阅读理解能力、表达和交流能力等多个方面。

3. 设定评价方法和工具

评价方法和工具是用来收集和记录教学质量信息的手段。在标准多维性的构建中，应该选择多样化的评价方法和工具，全面、客观地评价教学质量。例如，可以运用成绩评定、教师观察、学生自评等多种方式来收集数据。

4. 进行数据分析和解读

通过对收集到的数据进行分析和解读，我们可以得出对教学质量的评价结果。在标准多维性的构建中，应该综合考虑各个维度的评价结果，从而形成一个更全面的评价结论。例如，在英语教学中，我们可以通过对阅读理解能力、批判思维能力等维度的评价结果进行综合分析，对学生的英语能力进行综合评估。

（三）主体多级性

学生作为教学评价的主要对象之一，应当成为主体多级性的参与者。学生可以参与评价的过程，提供反馈和建议，促进教学评价的改进和完善。通过学生的参与，可以更加准确地了解教学的实际效果和学生的学习状况，为教师提供有针对性的指导。

教师作为主导者和评估者，需要根据学生的表现进行评估，并给出相应的指导，提供帮助。教师可以参与评价标准的制定和调整，发挥出专业知识和经验的作用，确保评价的准确性和公正性。教师还可以与同行进行合作和交流，借鉴他们的教学经验，提高自身的教学水平。

家长作为学生的重要监护人，也应当成为主体多级性的参与者。家长可以参与评价的过程，了解孩子的学习情况，与教师进行沟通和交流，共同关注学生的学业发展和成长。家长的参与不仅可以增强评价的客观性，还可以促进教师和学生之间的良好合作，共同推动教学质量的提高。

学校管理者作为教学评价的决策者和监督者，也应当成为主体多级性的参与者。他们可以制定评价政策和指导性文件，明确评价的目标和要求。同时，学校管理者还可以组织教师培训和交流活动，提高教师的专业素养和评价意识。通过学校管理者的参与，可以确保评价工作的有序进行，并且促进教学评价体系的稳定和持续发展。

（四）方式多元化

“教—学—评”一体化体系还体现在方式多元化方面。评估方式的多元化可以充分考虑学生的特点和个性，让学生有多种途径来展示自己的学习成果。

首先，我们可以借鉴其他教育体系中已经实行的方式，如案例教学、小组讨论、项目实践等，这些方式都能够激发学生的积极性和主动性，提高他们的学习效果和能力。通过引入这些方式，我们可以丰富教学手段，提供不同的学习机会，满足学生的多样化需求。

其次，我们可以探索新兴的技术手段，如在线学习平台、虚拟现实技术等。这些技术手段有助于打破时空限制，提供更加灵活和个性化的学习方式。通过在线学习平台，学生可以根据自己的节奏和兴趣来安排学习，同时还可以与全球范围内的教师和学生进行互动和交流，拓展教学的视野和范围。

再次，我们可以尝试采用课堂反转的方式，即把教师的讲解和学生的思考转移到课后完成，而将课堂时间用于讨论和实践。这样一来，学生可以更好地理解和掌握知识，在课堂上能够更加主动地参与讨论和思考。这种方式能够激发学生的创造性思维和解决问题的能力，促进他们综合能力的提升。

最后，我们还可以鼓励学生参与社会实践活动，例如实习、志愿者活动等。

通过这些实践，学生可以将所学知识应用到实际情境中，发展实践能力和解决问题的能力。这种方式能够培养学生的创新精神和实践能力，增强他们的综合素质。

三、“教—学—评”一体化体系的挑战与优化

（一）“教—学—评”一体化体系的实践挑战和应对策略

在推行和实施“教—学—评”一体化体系时，我们不可避免地会面临一些挑战和困难，这些挑战来自不同层面，包括教育部门、学校、教师和学生等各方面。为了顺利应对这些挑战，我们需要制定相应的应对策略，并持续进行体系的优化和改进。

在教育部门层面，一个重要的挑战是如何确保各个学校都能够充分理解和贯彻“教—学—评”一体化的理念和要求。为此，我们需要加强对学校领导和管理人员的培训，提高他们对体系的认识和支持度，同时建立监督机制，确保各学校严格按照要求实施。

在学校层面，一个主要的挑战是如何落实“教—学—评”一体化的具体措施。这涉及教师的专业发展、教学资源的整合、评价机制的调整等方面。为了解决这些问题，学校可以制定详细的实施方案，包括教师培训计划、教学资源管理制度、评价指标和标准的明确等。学校可以与兄弟院进行合作，共享经验和资源，加强互相学习和借鉴。

在教师层面，作为“教—学—评”一体化体系的主体，也面临一些具体挑战。他们需要适应新的教学方式和评价标准，同时保持教学创新和活力。为了应对这些挑战，我们可以加强对教师的培训和支持，提供相关的教学资源和技术支持，建立教师交流平台，促进教师之间的互动和合作。

在学生层面，一个关键的挑战是如何培养学生的自主学习和评价能力。“教—学—评”一体化体系的实施需要学生积极参与其中，主动学习和评价自己的学习过程和成果。为了帮助学生应对这些挑战，我们可以推行学生自主学习的方法和策略，鼓励学生参与评价活动，提供个性化的学习支持和指导。

（二）“教—学—评”一体化体系的持续优化和改进

为了不断提高“教—学—评”一体化体系的效果和质量，我们需要不断进行

优化和改进，具体可行的措施如下：

其一，加强教学目标的精细化和个性化定制。在持续优化和改进“教—学—评”一体化体系时，需要考虑不同学生的特点、能力和需求。通过细化教学目标，可以更好地满足每个学生的学习需求，并为学生提供个性化的教学方案。

其二，拓宽评价的多元化方式。“教—学—评”一体化体系的评价应该采用多种方法，不仅限于传统的考试方式。可以采取项目作品展示、实践能力评估、小组合作评价等多种评价手段，全面了解学生的综合能力水平和发展情况。

其三，加强师生互动和协作。在“教—学—评”一体化体系中，师生之间的互动和协作至关重要。教师应该主动与学生进行沟通，及时了解学生的学习情况和困难，帮助他们解决问题。同时，教师也需要鼓励学生之间的合作和交流，促进学习和成长。

其四，持续跟踪和反馈。“教—学—评”一体化体系需要我们不断跟踪学生的学习进展，并及时提供反馈。通过及时的反馈，教师可以了解学生的学习情况和效果，并及时调整教学策略，以便更好地帮助学生提高学习成绩和能力。

其五，推动对体系的管理和改革。在持续优化和改进“教—学—评”一体化体系时，还应该注重对体系的管理和改革。通过建立健全管理机制，监测教学质量，修订评价标准，可以不断提高整个评价体系的效果和公平性。

第三章

高中英语课堂教学概论

第一节

高中英语课堂教学概述

一、高中英语课堂教学的目标

（一）提高学生的语言能力

在高中英语课堂教学中，提高学生的语言能力是一个复杂而关键的任务。为了实现这一目标，教师需要采取一系列的教学策略和方法。

教师可以通过输入丰富的语言来帮助学生提高语言能力。比如，教师可以选用具有挑战性的教材和课文，引导学生阅读和了聆听各种形式的文本，包括科技文章、新闻报道、演讲稿等。这样可以扩大学生的词汇量，提升听说读写的综合能力。

教师可以通过设计多样化的语言输出任务来训练学生的口语和写作能力。例如，教师可以组织情景对话、角色扮演等活动，鼓励学生进行实际的语言交流。同时，教师可以布置写作任务，要求学生以不同的题材和文体进行写作，从而培养学生的写作技巧和表达能力。

教师可以利用技术手段来辅助提高学生的语言能力。例如，可以运用多媒体设备展示示范视频，引导学生模仿和学习。教师还可以使用在线学习平台或语言学习应用程序，提供个性化的学习资源和反馈，帮助学生自主学习和巩固语言知识。

在教学过程中，教师还应注重培养学生的自主学习能力和学习策略。例如，可以引导学生主动发现语言规律，激发学生的学习兴趣和学习动机。同时，教师应鼓励学生积极参与课堂活动，如小组讨论、合作学习等，促进学生之间的互动和语言实践。

（二）培养学生的跨文化交际能力

随着全球化的发展，世界各地的人与人之间接触日益频繁，跨文化交际能力已经成为人类在现代社会生活中必备的素养之一。

培养学生跨文化交际能力的目的是让他们理解和尊重不同文化背景的人，并能够有效地进行交流。在课堂上，教师可以通过教授不同国家和地区的文化知识，如礼仪、习俗、信仰等，引导学生去了解和尊重他人的文化，也可以让学生参与跨文化交际活动，如模拟国际会议、文化交流展示等，让他们在实践中体验跨文化交际的挑战和乐趣。

培养学生跨文化交际能力的方法之一是提供真实的语言环境。在课堂上，教师可以借助现代技术，引入丰富多样的资源，如英语原版电影、英语歌曲、海外名人演讲等，让学生通过听、说、读、写等多种形式的活动来提升他们的跨文化交际能力。还可以创设跨文化情境，如模拟跨文化交流的场景，让学生在互动中学习如何表达自己的观点，理解他人的观点，并逐渐培养出跨文化交际的技巧和策略。

要培养学生的跨文化交际能力，还应注重培养他们的跨文化意识和跨文化适应能力。在课堂上，教师不仅要教授语言知识和技能，还要引导学生思考不同文化之间的差异和相似之处，培养他们对不同文化的包容和尊重。同时，通过分析文化冲突、文化障碍等实际问题，帮助学生提高解决问题的能力和适应跨文化环境的能力。

（三）塑造学生的英语学习方法和习惯

学习方法和习惯对于学生的学习效果起着至关重要的作用，这在英语学习中尤为明显。塑造学生的英语学习方法和习惯是高中英语课堂教学的一个重要任务。

教师可以尝试通过多样化的教学策略来激发学生的学习兴趣和动力。对于这一点，教师可以运用启发式教学法，鼓励学生发挥自主学习的主体性。此外，还可以引导学生利用多样化的学习资源，如音频、视频、网络等，主动参与英语学习的过程。通过多样化的学习方式，给学生提供易于理解和掌握的学习材料，帮助他们找到适合自身的学习方法，提高学习效果。

教师需要引导学生养成良好的学习习惯，如制订学习计划、定期复习、积极参与课堂讨论等。为了帮助学生养成这些习惯，教师可以在课堂上设定一定的学习任务和目标，鼓励学生按时完成作业并自我评估学习成果。同时，教师还可以对学生进行个别指导和学习反馈,及时纠正他们学习中的问题并给予肯定和激励。

为了促进学生的英语学习方法和习惯的塑造，课堂教学可以引入有效的学习策略。例如，让学生通过解决问题、合作学习、独立思考等方式来展开学习，培养他们的自主学习能力。此外，教师还可以鼓励学生主动利用学习资源，如参加英语角、加入英语学习社团等，获取更多的交流与实践机会。

（四）培养学生的创新能力和批判性思维

在高中英语课堂教学中，培养学生的创新能力和批判性思维是很重要的目标之一。希望通过培养学生的创新能力，激发学生的创造力和想象力，使其能够在英语学习和实际运用中表现出独特的见解和创新思维。同时，培养学生的批判性思维，让他们具备独立思考和评价的能力，对所学知识和信息进行深入的分析和判断。

为了培养学生的创新能力和批判性思维，高中英语课堂教学需要采用一系列有效的教学策略和方法。

首先，教师可以通过组织一些富有创意和启发性的活动来激发学生的创新能力。例如，可以组织创意写作比赛，让学生展示自己的创造力和独特的观点。此外，还可以设计一些问题探究和讨论活动，引导学生思考和挑战常规思维，培养他们的批判性思维。

其次，教师需要为学生提供充分的学习资源和素材，以促进他们的创新能力和批判性思维的发展。通过引入一些富有启发性的文本和实例，可以激发学生的兴趣并引导他们思考。同时，教师还可以鼓励学生在英语学习中积累和运用各种工具和资源，例如参考书、网络资源和词典等，培养他们自主学习和解决问题的能力。

最后，教师也应培养学生的团队合作能力和意识，这对于培养创新能力和批判性思维也至关重要。通过组织合作学习活动，学生可以相互交流和合作，共同解决问题、面对挑战。在团队合作中，学生可以学会倾听他人的观点和意见，进行批判性思考和评价，从而培养更加全面的思维能力。

二、高中英语课堂教学的特点

（一）教学内容的现代化和实用化

高中英语课堂教学的特点之一是教学内容的现代化和实用化。随着社会的迅猛发展，知识的更新换代速度也越来越快，传统的教材和内容难以满足学生日益增长的需求。因此，高中英语课堂教学注重将广泛实用和最新的知识和技能引入教学过程。

高中英语课堂教学突破了传统的教科书教学模式，注重引入更多的真实语言材料。例如，教师可以使用报刊、互联网等媒体的文章、音频和视频进行教学，以便学生更好地了解和掌握英语的实际应用场景。这样的教学内容更加贴近生活，能够激发学生的学习兴趣，提高他们的学习积极性。

高中英语课堂教学注重培养学生的实际语言运用能力。传统的英语教学往往偏重于语言知识的传授和理解，而忽视了学生运用语言的能力。为了强化学生的实际应用能力，高中英语课堂教学引入了大量的任务型教学活动。这些活动要求学生以真实场景为背景，通过角色扮演、小组合作等方式进行实际的英语交流。通过这样的教学方式，学生能够更好地将学到的知识应用到实际生活中，提高他们的语言运用能力。

高中英语课堂教学注重教学内容的科技化和网络化。随着信息技术的快速发展，英语教学手段也得到了极大的扩展。教师可以借助多媒体设备、电子白板等现代教学工具，将课堂教学变得更加生动和活跃。同时，随着网络资源的广泛应用，学生可以利用网络搜索资料、与其他学生在线交流，从而拓展学习资源和提高学习效果。

（二）教学手段的多样化

高中英语课堂教学中，教学手段的多样化是实现有效教学的重要手段之一。在传统的教学模式中，教师通常采用讲授和讲解的方式进行知识传授，学生只能被动地接受。然而，随着教育理念的不断发展和变革，现代的高中英语课堂教学已经不再局限于单一的教师讲述，而是采用了更加多样化的教学手段。

1. 使用多媒体技术

通过使用投影仪、电脑等多媒体设备，教师可以用图片、动画、视频等形式来展示教学内容，使得抽象的知识更加具体、形象，从而提高学生的理解和记忆能力。例如，在教学语法时，教师可以通过动画演示来展示动态的语言变化，使学生能够更好地理解和掌握语法规则。

2. 合作学习

在合作学习中，学生之间可以相互交流、合作，共同解决问题和完成任务。通过小组合作、角色扮演等形式，学生不仅可以在语言运用方面得到锻炼，还可以培养团队合作、互助互学的精神。例如，在阅读理解环节中，教师可以分组让学生合作进行阅读、分析和讨论，激发学生的参与积极性，提高学生的学习兴趣和动力。

3. 案例教学

通过对实际案例的分析和讨论，学生可以更好地将所学知识应用到实际生活中，培养解决问题能力。例如，教师可以引入真实的情境，提供真实的英语材料，让学生通过分析和解决具体问题的方式来实践和运用所学的知识。

4. 游戏与竞赛

通过设计有趣的游戏和竞赛，教师可以激发学生的学习主动性和积极性，提高学习效率和效果。例如，教师可以设计字母拼图游戏，让学生通过拼凑字母的方式来学习单词拼写规则，既提高了学生的兴趣，又增强了学生的记忆能力。

（三）学生角色的主体化

在高中英语课堂教学中，学生角色的主体化呈现出明显的特点。传统的教学方式强调教师的主导地位，学生在课堂中扮演被动接受知识的角色。然而，随着教育理念的转变和教育改革的推进，越来越多的教师开始重视培养学生的主体性，使其在教学中成为学习的主导者和创造者。

学生角色的主体化体现在他们的积极参与和主动学习上。在传统教学模式中，学生只是被动接收教师的讲解和传授的知识。而现代高中英语课堂教学中，学生被鼓励积极参与讨论、互动和合作，发表自己的意见和观点。教师不再是单纯的知识传授者，而是引导学生主动思考和学习的导师。

学生角色的主体化表现在他们的自主学习和自主管理能力的培养上。在教学过程中，教师注重激发学生自主学习的兴趣和能力。为了提高学生的自主学习能力，教师设计了多样化的学习任务并给予学生较大的学习自由度。学生需要根据自己的实际情况进行学习计划的制订和管理，培养自主学习和自我管理的能力。

学生角色的主体化还体现在对学习策略的运用和调整上。学习策略是指学生在学习过程中运用的一系列技巧、方法和行为。在高中英语课堂教学中，教师不仅关注学生的语言知识掌握，还注重培养他们的学习策略。学生可以通过多样的学习活动和任务，探索和运用适合自己的学习策略，提高学习效果。

（四）教师角色的指导化

在高中英语课堂教学中，教师的角色逐渐从传统的灌输者转变为指导者。教师不再简单地向学生传授知识，而扮演着引导学生探索、发现和构建知识的角色。这种转变源于对学生学习活动的重视和教学理念的变革。

其一，教师以指导者的身份，注重激发学生的学习兴趣和主动性。他们鼓励学生提出问题、解决问题和表达自己的观点。通过培养学生的主动学习能力，教师能够更好地引导学生关注和理解课堂上的教学内容。

其二，教师在课堂中注重激发学生的自主学习能力。他们提供适当的学习资源和学习机会，通过合作学习和探究式学习等活动，让学生在实践中获得知识和技能。教师的角色功能是为学生搭建学习的桥梁，引导他们逐步发展独立思考和解决问题的能力。

其三，教师通过及时的反馈和评价，帮助学生提高学习效果。他们不仅着重于对学生学习成果的评价，更注重对学习过程的指导和引导。通过正面和具体的反馈，教师可以及时纠正学生的错误，并鼓励他们进一步深入思考和探索。

其四，教师的角色功能还体现在课堂管理和学生辅导上。他们负责创设良好的学习环境，确保学生能够专注于学习。同时，通过个别辅导或小组讨论等形式，教师能够更有针对性地满足学生的学习需求。

三、高中英语课堂教学的原则

（一）活动性原则

活动性原则强调让学生积极参与课堂活动，并通过各种任务和活动培养他们的语言技能。在实施活动性原则时，教师应该创造一种积极主动的学习环境，鼓励学生探索、互动和合作。

1. 注意组织课堂的活动性

教师可以设计一系列的小组活动、角色扮演、情景模拟等，以增加学生的参与度。在这样的活动中，学生们可以通过交流与合作，提高他们的口语表达和交际能力。教师还可以设计一些游戏，如语言游戏、竞赛等，以增加学习的趣味性和互动性。

2. 注重学生的主动学习

活动性原则要求学生在学习中扮演主导角色。教师可以采用启发式的教学方法，鼓励学生主动思考、独立解决问题。例如，教师可以抛出一个话题，然后引导他们进行小组讨论，激发他们的思维和创造力。通过这样的活动，学生可以更好地理解和应用知识。

3. 鼓励学生进行实践和应用

活动性原则强调语言的实际应用。教师可以设计一些实践任务，如实地考察、调查研究等，以帮助学生将所学的知识应用到实际生活中。通过实践和应用，学生可以更好地掌握知识，并且培养语言技能。

4. 及时给予学生反馈

活动性原则要求教师对学生的表现进行及时评价和反馈。教师可以通过口头评价、书面评价等方式，帮助学生了解他们的进步和不足之处。这样的反馈可以激发学生的学习动力，鼓励他们更加努力地学习。

（二）交际性原则

在教学过程中，我们应当充分注重培养学生的交际能力，帮助他们在真实的语境中运用英语进行交流。这一原则的实施可以通过多种方式来实现。

其一，可以通过小组活动来促进学生之间的交流。课堂上可以组织学生进行小组讨论、合作项目等，鼓励他们互相交流、分享意见和经验。这样不仅能有效提高学生的口语表达能力，还能培养他们的合作意识和团队精神。例如，在进行一个主题性讨论时，可以将学生分成几个小组，让每个小组就给定的话题进行讨论，并在一定的时间内展示他们的成果。这样，学生们在讨论中不仅能够倾听他人的观点，促进知识的理解和掌握，还能够锻炼自己的表达能力。

其二，可以通过角色扮演、情景模拟等活动来提高学生的交际能力。在课堂上，教师可以设计一些情景，让学生扮演不同的角色，进行真实的交流和表达。例如，可以设计一个购物场景，学生分别扮演买家和卖家的角色，进行购物谈判和交流。通过这样的活动，学生可以更加直观地体会到英语的实际运用，从而提高他们的交际能力和应对实际情境的能力。

其三，可以利用多媒体和技术手段来促进学生交际能力的发展。例如，可以通过视频、音频以及网络资源等来呈现真实的语言环境，让学生在听说训练中能够接触到更多、更丰富的语言材料。教师还可以利用互联网和社交媒体平台，搭建学生之间以及学生和教师之间的交流平台，让学生在虚拟社交环境中进行英语的交流和互动。

（三）文化性原则

文化性原则着重强调学生对英语语言与文化的整体认知。在英语教学中，文化不仅仅是语法和词汇的学习，更是对英语国家的历史、文学、风俗等方面的了解。

文化性原则要求教师在课堂教学中引导学生了解和体验英语国家的文化。教师可以通过图片、视频、音频等多媒体手段向学生展示英语国家特有的文化现象，如传统节日、习俗、饮食等。教师还可以组织学生进行角色扮演、小组讨论等活动，让学生参与其中，增强对英语国家文化的接触和理解。

文化性原则要求教师在教学中注重培养学生的跨文化意识。在全球化背景下，了解和尊重不同文化是学生必备的能力。因此，教师可以通过比较不同国家的文化习俗，让学生了解和欣赏多样性，培养学生跨文化交流的能力。比如，在教学中可以设置讨论环节，引导学生思考和比较不同国家的风俗习惯，以及对文化差异的理解和尊重。

文化性原则还要求教师在教学过程中融入文化元素。教师可以通过演示文学作品、音乐、电影等来展示英语国家的文化精髓，还可以引导学生用英语来表达自己对文化的观点，鼓励学生通过写作、演讲等方式，将所学的英语知识与文化联系起来。

在高中英语课堂教学中，文化性原则的实施不仅有利于学生对英语语言的深入理解，更能够提升学生的文化素养和跨文化交际能力。教师在落实文化性原则的同时，应当充分发挥学生的主观能动性，创设多样化的教学环境，激发学生对文化的兴趣和热爱，从而在培养学生英语语言能力的同时，也培养学生的文化自信和国际视野。

（四）自主性原则

自主性原则是指在高中英语课堂教学中，鼓励学生主动参与、积极思考、独立解决问题的一项重要原则。通过培养学生的主体意识和自主学习能力，能够促进学生的学习动力和学习效果的提升。

自主性原则要求教师为学生创设积极的学习环境。教师可以通过设置开放性问题、引导思考与研讨、鼓励学生提出问题等方式，激发学生的好奇心和求知欲，培养他们主动学习的习惯。例如，在英语课堂上，教师可以安排学生进行小组讨论，让他们自由交流，并鼓励他们从多个角度思考问题，培养学生的批判性思维能力和自主解决问题的能力。

自主性原则要求教师注重培养学生的自主学习能力。在高中英语课堂中，教师可以通过引导学生自主探究、自主总结的方式，培养他们的自主学习意识和方法。例如，教师可以提供相关的学习资源和学习策略，引导学生进行独立学习，并鼓励他们通过自主阅读、自主思考等方式来提升自己的英语水平。

自主性原则还要求教师与学生建立良好的师生关系。教师应该以平等、尊重的态度对待每一个学生，激发他们的自主学习潜能。在教学中，教师可以提供适当的指导和反馈，帮助学生克服困难，培养他们自主解决问题的能力。

四、高中英语课堂教学的任务

（一）提高学生的英语听、说、读、写、译五种基本技能

在高中英语课堂教学中，提高学生的英语听、说、读、写、译五种基本技能是一个重要的任务。通过培养学生的这些技能，可以帮助他们建立扎实的英语基础，提高他们的英语综合能力。

英语听力技能是学生进行沟通交流的基础。在英语听力教学中，教师可以通过讲解材料的语音、语调、语速等方面的特点，并配合丰富的听力练习，帮助学生提高听力技能。例如，可以利用听力材料中的真实对话、新闻报道、广播节目等，让学生进行听力训练，提高他们对英语语音和语言结构的感知和理解能力。

英语口语技能在英语学习中也占据着重要的地位。为了让学生能够流利、准

确地表达自己的想法，教师可以采用多种口语训练方法。例如，可以组织角色扮演活动，让学生在模拟真实场景中进行口语表达；可以进行口语讨论活动，引导学生思考并表达自己的观点，提高他们的口语表达能力。

英语阅读、写作和翻译技能的培养也是不可忽视的。通过指导学生阅读各种英文文本，如短文、小说、诗歌等，可以扩大词汇量和提高他们的阅读理解能力。在写作方面，可以通过不同的写作任务，如写信、写作文、写日记等，帮助学生提高英语写作能力。培养学生的翻译能力也是重要的任务之一，可以通过翻译练习，让学生在理解的基础上，把译文准确、流畅地表达出来。

在课堂教学中，教师应注重培养学生的综合技能。通过设计多样化的教学活动，如听力训练、口语表达、阅读理解和写作等，可以帮助学生将所学的知识和技能融会贯通，提高他们的英语语言综合能力。

（二）培养学生的英语思维能力

通过培养学生的英语思维能力，能够提高学生的语言运用和解决问题的能力。在实现这一目标的过程中，教师需要采用一系列的教学策略和方法，注重培养学生的逻辑思维、创新思维和批判性思维。

教师可以通过引导学生进行英语语言思维训练来培养学生的英语思维能力。例如，在阅读教学中，教师可以设计一些问题，要求学生对文章进行分析、归纳、概括和评价。通过这样的思维训练，学生可以更好地理解和运用所学的知识。

教师可以通过开展合作学习活动来培养学生的英语思维能力。合作学习可以促使学生进行思维的交流和合作，激发学生的思考和想象力。例如，在小组讨论活动中，学生可以共同探讨一个问题，并提出各自的观点和解决方案。通过这样的合作学习，学生可以相互借鉴、相互学习，从而提高他们的思维能力和语言表达能力。

教师可以通过提供真实的语言使用环境来培养学生的英语思维能力。通过组织学生参与英语交流活动，如角色扮演、辩论和演讲比赛等，可以提供一个真实的语言使用环境，激发学生的积极性和主动性，培养他们的英语思维能力和语言运用能力。

教师还应该注重培养学生的创新思维和批判性思维。通过给学生提供一些开放性和有挑战性的问题，引导学生进行思考和探索，培养他们的创新思维能力。

同时，教师还应该教授学生批判性思维的方法和技巧，引导他们进行批判性思维训练，使他们在语言学习中能够更理性地思考、分析和评价。

（三）提高学生的英语语言感知和运用能力

在高中英语课堂教学中，提高学生的英语语言感知和运用能力是一个关键的任务。通过有效的教学方法和策略，可以帮助学生增强对英语语言的敏感度和灵活运用能力。

通过多样化的听力活动，可以培养学生对英语语音、语调和语音节奏的感知能力。例如，教师可以播放录音，让学生聆听不同的英语口音和语速，从中培养对不同英语发音的敏感度。通过听力材料中的语音模仿、判断和填空等任务，学生可以进一步加强对英语语音的感知和运用能力。

通过丰富的口语活动，可以提高学生的英语口语表达能力。教师可以设计情景对话、角色扮演和辩论等活动，让学生有机会运用所学的词汇和语法，进行实际的口语交流。教师可以提供一些技巧和策略，如建议学生使用固定的口语表达方式，鼓励学生多加练习，在日常生活中积极运用英语进行交流等，以提高学生的英语口语感知和运用能力。

通过阅读和写作活动，可以提升学生的英语阅读理解和写作能力。教师可以引导学生阅读各种文本，如课外书籍、新闻文章和学术论文等，培养学生对英语语言结构和篇章结构的敏感性。同时，教师可以指导学生进行写作练习，如写日记、写文章、写读后感等，让学生在实践中加强对英语写作的感知和运用能力。

教师可以通过积极的词汇教学和语法教学，帮助学生扩大词汇量和掌握基本语法规则。通过教学中的示范、练习和运用，学生能够提高对英语词汇和语法的感知和运用能力。

（四）培养学生的英语语言文化素养

为了培养学生的英语语言文化素养，高中英语课堂的教学任务不仅仅停留在语言技能的训练上，还需要注重学生对英语语言背后的文化内涵的理解和掌握。在这个任务中，教师应该采取多种教学策略和方法，激发学生的学习兴趣和培养他们的文化意识。

教师应该引导学生深入了解英语的语言文化背景。教师可以通过介绍英语国家的历史、地理、风俗习惯等方面的知识，让学生了解英语的使用环境和背后的文化内涵。例如，教师可以讲解英语国家的重要节日、习俗、传统等，通过观看视频、展示图片等方式，使学生对英语语言与文化之间的关系有更深入的认识。

教师可以通过引导学习文学作品，培养学生对英语文学的欣赏与领悟。在英语课堂上，教师可以选取一些经典的英语文学作品，如莎士比亚的戏剧、狄更斯的小说等，让学生通过阅读、讨论和写作等活动，感受到英语文学的魅力和独特之处。通过对文学作品的学习，学生可以了解不同文化背景下的思想、价值观和情感表达方式，从而提高他们的英语语言文化素养。

教师还可以通过展览、戏剧演出、电影观赏等形式，让学生直接接触英语语言文化。例如，可以组织学生参加英语演讲比赛、英文歌曲演唱会等，让学生在实践中感受英语语言的魅力和文化的独特性。通过这些实践活动，学生可以培养自信心，提高英语语言的运用能力，并且加深对英语语言文化的认识和理解。

第二节

高中英语课堂教学的理论依据

一、建构主义理论

（一）建构主义理论概述

建构主义理论是一种关于知识获取和学习方式的重要理论，它强调学习者通过他们个人的经验、观察和实践，主动地构建起对世界的理解和意义。根据建构主义理论，学习是一个主动的、个人化的过程，学生通过与周围环境的互动和经验的积累而建构自己的知识结构。

在高中英语教学中，建构主义理论的应用具有重要的意义。首先，建构主义理论强调学生在学习过程中的主动参与，鼓励他们发挥自主学习的能力。在英语课堂中，教师可以通过启发式教学和问题解决型学习活动来激发学生的兴趣，让他们参与实际的语言应用，积极探索和建构新的知识。

建构主义理论强调学生的社交性学习。学生在与他人合作和交流的过程中，通过分享观点、解决问题和合作完成任务，不仅可以获得他人的知识和经验，还可以通过交流和互动提高自己的语言能力和思维能力。因此，在高中英语教学中，教师可以设计协作学习活动，让学生在小组中合作解决问题，共同探索语言学习的过程。

建构主义理论强调学习的情境化和真实性。教师可以通过情景模拟、角色扮演和营造真实的语言应用环境，让学生身临其境地感受和使用英语。通过这样的真实情境，学生可以将所学的知识与实际情境相结合，提高语言运用能力和语言交际能力。

（二）建构主义理论在高中英语教学中的应用

为了有效地把建构主义理论应用于高中英语教学中，教师可以采用一系列的教学策略和方法，以促进学生的思维能力和自主学习能力的发展。以下是一些在高中英语教学中应用建构主义理论的实例。

1. 教师可以引入问题驱动的学习活动

例如，在学习英语阅读理解时，教师可以提出一个问题：“为什么主人公会做出这样的选择？”学生可以根据自身的理解和推理，通过阅读文章、思考问题来得出自己的答案。通过这种方式，学生将更深入地理解文章的内容，并能够运用自己的知识和经验进行推理和分析。

2. 教师可以使用引导式教学方法

通过提供适当的指导和支持，教师可以帮助学生逐步构建知识体系并理解。例如，在英语写作教学中，教师可以通过提供模板、示范和指导性反馈来帮助学生逐步改进他们的写作技巧。这种引导式的教学方法能够激发学生的创造力和主动性，使他们更好地参与学习。

3. 教师可以利用合作学习的方式

合作学习可以培养学生的合作精神和团队合作能力。例如，通过分组让学生进行小组讨论、合作完成项目或共同解决问题等活动。在这个过程中，学生可以与他人分享和交流各自的观点和理解，从而促进知识的共同交流和构建。

4. 教师可以引入案例研究和实践性任务

通过让学生参与真实的情境和实践性任务，能够使他们通过应用他们的知识和技能来解决问题或完成任务。这种实践性的学习方式可以使学生更加深入地理解和应用所学的知识，培养他们解决问题的能力和自主学习的能力。

（三）建构主义理论对高中英语教学的影响和意义

建构主义理论作为一种重要的教育理论，强调的是学生积极地、主动地建构知识的过程，主张学生通过与周围环境的互动和体验来建构新的知识，这种理论给高中英语教学带来了许多积极的影响和意义。

首先，建构主义理论强调学生的主动性和自主性，提倡以学生为中心的教学模式。这一理念打破了传统教学中教师单方面灌输知识的模式，鼓励学生主动参与学习，积极思考和探索。在高中英语教学中，教师可以利用建构主义理论，设计各种互动性强、富有挑战性的教学活动，如小组讨论、角色扮演、情景模拟等，以激发学生的学习兴趣和积极性，提高他们的自主学习能力。

其次，建构主义理论强调知识的建构性和情境性。它认为知识不是孤立存在的，而是与具体情境和文化背景紧密相连。在高中英语教学中，教师可以利用建构主义理论，创设真实的语言环境和文化情境，让学生在具体的语境中学习和运用英语。这样不仅可以帮助学生更好地理解和掌握英语知识，还能提高他们的语言综合运用能力，培养他们的跨文化交际能力。

再次，建构主义理论强调合作学习和互动交流的重要性。它认为学习是一个社会化的过程，学生之间、师生之间的交流和合作对于知识的建构和理解具有重要意义。在高中英语教学中，教师可以运用建构主义理论，组织学生进行小组合作学习，让他们在共同完成任务的过程中相互学习、相互帮助，共同提高。这样不仅可以培养学生的团队合作精神和沟通能力，还能提高他们的学习效果和自信心。

最后，建构主义理论对高中英语教学的意义还在于推动教学理念的更新和教学方法的创新。它鼓励教师关注学生的个体差异和学习需求，注重培养学生的创新思维和实践能力。同时，它也要求教师不断更新自己的知识和技能，以适应时代的发展和教育的变革。

二、人本主义理论

（一）人本主义理论概述

人本主义理论是一种教育理念和教学方法，强调关注学生的情感、态度和个体差异。在高中英语教学中，人本主义理论提供了重要的理论依据和指导，帮助教师更好地理解学生的需求，构建积极的学习环境。

人本主义理论强调学生的自主学习和自我实现。教师应该以学生为中心，关注每个学生的个体差异，并提供适应学生特点的教学策略。例如，教师可以通过灵活的教学安排和探究式学习活动，激发学生的学习兴趣和动力，提高学习的积极性。

人本主义理论强调积极的教与学氛围的营造。教师应该尊重学生的意见和感受，鼓励学生与教师之间的互动和合作。例如，教师可以采用小组合作学习的方式，让学生在团队中互相学习和协作，培养学生的合作精神和团队意识。

人本主义理论强调情感教育的重要性。教师应该给予学生足够的关怀和支持，建立良好的师生关系。例如，教师可以通过开展课堂讨论、个别辅导和主题班会等方式，关注学生的情感需求，提升学生的情商和人际交往能力。

（二）人本主义理论在高中英语教学中的应用

在高中英语教学中，人本主义理论的应用可以体现为对学生个体差异的尊重和关注，营造积极的学习环境，以及设计以学生为中心的教学活动。以下就是几个人本主义理论在高中英语教学中的应用实例。

人本主义理论强调学习者的自主性和自主学习能力的培养。在英语听说训练中，教师应该创造一个积极、互动的学习环境，鼓励学生主动参与听说活动。通过设计富有吸引力的听说材料，如真实对话、角色扮演或小组讨论等，教师可以激发学生的学习兴趣和动机，使他们更愿意投入听说训练。

人本主义理论注重学生对自己学习的反思和自我调控。在写作教学中，教师可以引导学生评价自己的写作水平并设立个人目标，通过反馈和指导帮助学生提升自己的写作能力。此外，教师还可以借助学习日志或学习档案等，让学生记录自己的学习过程并进行反思，促进学生的主动学习和自我成长。

人本主义理论要求教师对学生的情感需求和情绪变化予以重视。在高中英语教学中，教师应当关注学生的学习动机和情感变化，通过鼓励、肯定和支持等方式来促进学生的情感发展和学习动力的提升。同时，教师也需要在学习上提供适当的支持和帮助，帮助学生面对学习中的困难和挑战，并培养学生的情绪稳定性和自信心。

（三）人本主义理论对高中英语教学的影响和意义

首先，人本主义理论强调尊重学生的个性差异和需求，主张以学生为中心进行教学。这一理念打破了传统教学中教师主导、学生被动接受的模式，使高中英语教学更加注重学生的个体差异和学习需求。教师会根据学生的特点、兴趣和实际水平来制订教学计划，以满足学生的不同需求，从而提高学生的学习积极性和参与度。

其次，人本主义理论提倡自主学习和合作学习。在高中英语教学中，这意味着教师应引导学生主动学习、积极探索，培养学生的自主学习能力。同时，教师还应鼓励学生之间的合作学习，通过小组讨论、角色扮演等活动，让学生在互动中学习和进步。这种教学方式有助于培养学生的合作精神、沟通能力和解决问题的能力。

再次，人本主义理论关注情感因素在英语教学中的作用。高中英语教学中，教师会注重培养学生的情感态度和自信心，通过营造积极的学习氛围、鼓励学生大胆表达等方式，帮助学生克服语言焦虑、提高学习自信。同时，教师还会关注学生的情感需求，建立和谐的师生关系，使学生更愿意投入英语学习。

最后，人本主义理论对高中英语教师提出了更高的要求。教师不仅需要具备扎实的英语知识和教学技能，还需要具备人本主义的教育理念和教育情怀。他们需要关注学生的全面发展，尊重学生的个性差异，努力为学生创造一个充满关爱和支持的学习环境。

人本主义理论对高中英语教学的影响是全方位的。它推动了教学理念的创新和教学方式的改革,使高中英语教学更加注重学生的个性发展和全面发展。同时，它也对高中英语教师提出了更高的要求，促使教师不断提升和厚植自己的专业素养和教育情怀。

三、行为主义理论

（一）行为主义理论概述

行为主义理论是教育学中的一种重要理论，它强调人类行为是通过外在刺激和反应之间的关联来形成的。行为主义理论认为，人类行为可以通过正向和负向的强化来塑造和改变。在高中英语教学中，行为主义理论提供了一种重要的理论依据。

行为主义理论强调学习是一种积累和形成习惯的过程。根据行为主义理论，学习是通过反复的练习和反馈来实现的。在高中英语教学中，教师可以通过不断的实践和反馈来帮助学生巩固和掌握所学知识和技能。例如，在教学过程中，教师可以设计一些练习题和活动，要求学生进行反复的练习，以帮助他们加深对英语语法规则和词汇的理解记忆。

行为主义理论强调刺激和反应之间的关联。在高中英语教学中，教师可以利用这一原理，设计各种课堂活动和教学材料来激发学生的学习兴趣和参与积极性。例如，在教授单词和词组的时候，教师可以通过引入一些有趣的图片和故事情节，来激发学生的兴趣和好奇心，进而提高他们的学习积极性。

行为主义理论还强调及时的反馈和奖励。在高中英语教学中，教师可以及时给予学生反馈和肯定，以激励他们继续努力和进步。例如，在学生完成一次作文之后，教师可以仔细阅读和评价学生的作品，并给予积极的反馈和指导。同时，教师还可以给予他们一些奖励，以激发学生的学习动力和兴趣。

（二）行为主义理论在高中英语教学中的应用实例

1. 冲动应对技巧

在教学过程中，教师可以通过引入冲动应对技巧来吸引学生的兴趣和注意力。例如，教师可以引导学生进行一些放松的活动，如散步、听音乐或进行深呼吸练习，以缓解紧张情绪。

2. 奖励和反馈机制

行为主义理论认为，奖励和反馈对于学习的强化和巩固起着至关重要的作用。教师可以以奖励方式鼓励学生的积极表现和努力，比如给予表扬、小礼物或特殊待遇。同时，教师还应当及时给予学生准确的反馈和建议，以帮助他们纠正错误和改进学习。

3. 分步教学

行为主义理论强调将复杂的任务分解为简单的步骤，逐步引导学生掌握技能和知识。在高中英语教学中，教师可以采用分步教学策略，如先引入新词汇，然后逐一讲解词义、拼写和用法，最后通过练习巩固学习成果。这种分步教学可以帮助学生更容易地理解和掌握新知识。

4. 规定学习目标和行为准则

行为主义理论认为，明确的目标和准则能够帮助学生更好地规划学习，调整学习方法和策略。教师在高中英语教学中可以与学生共同制定学习目标，明确期望的学习成果，并制定相应的行为准则。通过明确的目标和准则，学生能够更好地掌控学习方向，提高学习效果。

5. 强调反复训练和巩固

行为主义理论认为,反复训练和巩固是学习的重要环节。在高中英语教学中，教师可以通过设置大量的练习和作业,要求学生反复训练和运用所学知识和技能，这样可以增强学生对英语知识的记忆和应用能力，提高他们的学习效果。

（三）行为主义理论对高中英语教学的影响和意义

首先，行为主义理论强调学习的刺激与反应之间的联结，这一观点对高中英语教学有着直接的启示。在教学中，教师可以通过设计各种教学活动和练习，为学生提供适当的刺激，引导学生产生正确的反应，并通过反复强化来巩固学习效果。例如，教师可以利用多媒体教学工具、实物展示、角色扮演等方式，创造生动有趣的课堂环境，激发学生的学习兴趣和积极性。

其次，行为主义理论注重实证观察和实验，这一研究方法对高中英语教学也有重要的指导意义。教师可以通过观察学生的学习行为和反应，收集数据并进行分析，以了解学生的学习状况和需求，从而调整教学策略和方法。同时，教师还可以利用实验的方法，验证某种教学方法或技巧的有效性，为教学实践提供科学依据。

再次，行为主义理论还强调外部环境对个体行为的影响，这对高中英语教学中的学生个体差异处理具有指导意义。每个学生都有自己独特的学习方式和节奏，教师应根据学生的个体差异，制定个性化的教学方案，以满足不同学生的学习需求。例如，对于英语基础较差的学生，教师可以提供更多的基础训练和指导；对于英语基础较好的学生，教师可以设计更具挑战性的学习任务，以激发他们的学习潜力。

最后，行为主义理论的应用还有助于培养学生的自主学习能力和创新精神。通过引导学生主动探索、尝试和解决问题，教师可以帮助学生形成自主学习的习惯，提高他们的学习效率和效果。同时，教师还可以鼓励学生积极参与课堂讨论、小组合作等活动，培养他们的合作精神和创新能力。

行为主义理论对高中英语教学的影响是多方面的，它有助于教师更好地理解学生的学习过程，制定更有效的教学策略，从而提高学生的英语学习效果。

（四）行为主义理论在高中英语教学中的局限性

行为主义强调的是外部刺激和反应之间的关系，而忽视了学习者内在的心理过程。在高中英语教学中，学生不仅需要学习语法和词汇，还需要培养阅读理解、写作和口语交流等综合语言能力。行为主义理论无法提供有效的指导来促进学生的高级思维能力的发展。

行为主义理论忽视了学习者的个体差异。每个学生都有不同的学习风格、能力和兴趣，而行为主义教学方法往往是一种“一刀切”的模式，忽略了个体差异。这种泛化的教学方式可能导致有些学生无法适应教学内容和节奏，从而影响他们的学习效果。

行为主义理论将学习过程简化为刺激和反应的关系，强调外部奖励和惩罚的影响，但是在实际的高中英语教学中，学生的学习动机和兴趣也起着重要的作用。仅仅依靠外部奖励和惩罚来激励学生，很难真正激发他们主动学习的意愿和兴趣。

四、多元智能理论

（一）多元智能理论概述

多元智能理论是由美国心理学家霍华德·加德纳于 1983 年提出的。该理论认为，人类的智能并非单一的，而是由多个独立的智能组成。根据加德纳的观点，这些智能包括语言智能、逻辑数学智能、空间智能、音乐智能、身体运动智能、自我认知智能、人际交往智能和自然触觉智能等。这一理论引起了教育界的广泛关注，并成为教育理论和教学实践的重要依据。

（二）多元智能理论在高中英语教学中的应用实例

多元智能理论在高中英语教学中的应用具有重要意义。通过充分理解学生的不同智能类型和优势，教师可以根据学生个体差异进行差异化教学，提升教学效果。以下是多元智能理论在高中英语教学中的应用实例。

在语言智能方面，教师可以通过多样化的教学活动来培养学生的语言能力。例如，通过小组合作讨论、辩论赛等活动，学生可以锻炼自己的口语表达能力和思维逻辑能力。在阅读理解方面，教师可以引导学生进行文本解读、故事演绎等活动，激发和提高学生的阅读兴趣和理解能力。

在逻辑数学智能方面，教师可以设计一些激发思维的问题和课堂活动来培养学生的逻辑思维能力。例如，通过逻辑谜题、数学游戏等活动，学生可以培养推理分析能力和问题解决能力。在写作教学中，教师可以引导学生进行逻辑推理写作，培养学生的思维条理性和逻辑思考能力。

在空间智能方面，教师可以通过视觉辅助工具和技术来提升学生的空间认知能力。例如，使用多媒体资料、图片和表格等来展示课堂内容，帮助学生更直观地理解和记忆知识。在课堂练习中，教师可以设计一些空间感知的任务，如地图解读、图形构建等，培养学生的空间想象力和观察能力。

在人际智能方面，教师可以通过合作学习、项目制学习等方式来培养学生的合作能力和社交技巧。例如，组织学生进行小组合作项目，让学生在团队中相互合作、共同解决问题，锻炼学生的团队合作能力和人际交往能力。同时，教师要注重培养学生的情商，关注学生的情感需求，为学生的英语学习打下良好基础。

（三）多元智能理论对高中英语教学的影响和意义

多元智能理论可以帮助教师了解学生的智能类型，从而更好地设计教学活动。通过针对不同智能类型的学生提供相应的学习任务和策略，可以满足学生的个体差异需求，提高学习效果。例如，对于逻辑数学智能较强的学生，可以引导他们进行分析、推理等活动；对于语言智能较强的学生，可以鼓励他们进行口语表达、写作等活动。

多元智能理论可以提升学习的多样性和学生的参与度。在高中英语教学中，教师可以依照多元智能理论，为学生创设多样化的学习环境和教学活动，以激发学生的学习兴趣和参与积极性。例如，教师可以组织小组合作学习活动，让学生在团队中展示他们的不同智能能力，共同完成任务；也可以通过音频、视频等多媒体资源的应用，刺激学生的听觉智能、视觉智能等，提高他们对于学习的兴趣。

多元智能理论对学生的综合能力发展具有促进作用。在高中英语课堂教学中，教师可以引导学生通过不同的学习任务和活动，培养他们的多元智能。例如，通过小组合作学习活动，学生可以锻炼沟通协作、团队合作的能力，提高他们的人际智能；通过课堂演讲、辩论等形式，学生可以锻炼自身的口头表达能力，提高他们的语言智能。这样的教学设计有助于学生全面发展综合能力，并为未来的学习和生活奠定坚实的基础。

第三节

高中英语课堂教学的方法

一、讲授法

（一）讲授法的定义和分类

在高中英语课堂教学中，讲授法是一种常见且重要的教学方法。它是通过教师对知识内容进行解释、讲解，并向学生传授相关知识和技能的过程。讲授法可以根据不同的教学要求和目标，分为直接讲授法和间接讲授法两种。

1. 直接讲授法

直接讲授法是指教师直接向学生传授知识，通过讲解、示范、演示等方式，清晰明了地呈现知识内容。通过教师的言传身教，学生可以直接获取知识，提高理解和记忆能力。直接讲授法适用于一些基础知识和基本概念的讲解，特别适合于学生对某一知识领域完全陌生的情况。

2. 间接讲授法

间接讲授法是通过让学生主动探索、发现和学习，实现知识传授的方式。教师在课堂上引导学生使用各种教材、参考书、多媒体等资源，自主学习和研究相关内容，促使他们主动思考和探索问题的解决方法。在这个过程中，教师充当着学习的指导者和引导者的角色。间接讲授法适用于一些需要培养学生独立思考和解决问题能力的教学内容，可以激发学生的学习兴趣和主动性。

（二）讲授法的特点和优势

1. 讲授法具有系统性和条理性

在课堂上，教师通常会按照一定的教学顺序，有条不紊地向学生传授知识和信息。通过有序的布局和组织，学生可以更好地理解和掌握课程内容。

2. 讲授法具有权威性和准确性

作为教师，他们经过专业的培训和学术积累，掌握了丰富的知识和独特的经验。在讲授法中，教师可以通过详细地讲解和解释，给学生传授准确的知识和信息。这种权威性的教学方式可以帮助学生树立和形成正确的观念和理解，避免错误的认知。

3. 讲授法具有实用性和效率性

通过系统地讲解和演示，教师能够向学生传授丰富的知识和实用的技能。讲授法不仅仅传授知识，同时也注重培养学生的实际操作能力和解决问题的能力。相比其他教学方法，讲授法在短时间内能够高效地传递更多的信息和知识。

4. 讲授法具有适应性和可控性

在讲授法中，教师可以根据学生的实际情况和学习需求进行个性化的教学。通过观察学生的反应和理解情况，教师可以灵活地调整教学内容和方法，以确保教学效果的最大化。

（三）讲授法在高中英语课堂教学中的应用实例

讲授法作为一种常见的教学方法，在高中英语课堂中发挥着重要作用。它通过教师给学生的讲解，将知识传达给学生，提高他们的理解能力。以下是几个讲授法在高中英语课堂教学中的应用实例。

首先，教师可以通过讲授法引导学生学习英语单词。在课堂上，教师可以采用一些有效的方式去解释单词的含义和用法。例如，教师可以通过展示图片、举例造句等方式，帮助学生理解和记忆单词。同时，教师还可以利用教科书中的例句来解释单词，让学生在语境中更好地掌握其用法和意义。

其次，讲授法在语法教学中也能发挥重要作用。语法是英语学习中的一大难点，但通过讲授法，教师可以帮助学生理解和掌握各种语法规则。教师可以通过讲解示范、解析例句等方式，将复杂的语法规则简单化，使学生更容易理解。同时，教师还可以适时地给学生提供一些语法练习，帮助他们巩固所学的知识。

再次，讲授法在阅读理解教学中也具有重要作用。阅读理解是英语学习中的一项重要能力，而通过讲授法，教师可以帮助学生提升阅读理解的能力。教师可以通过讲解和解读课文，引导学生理解文本的主旨、细节以及作者的观点等。同时，教师还可以组织相关的讨论或开展启发式提问，促使学生深入理解文本，并培养其独立思考和分析问题的能力。

最后，讲授法在写作教学中也具备重要作用。写作是英语学习中培养学生语言表达能力的关键环节，而通过讲授法，教师可以引导学生掌握写作技巧和结构。教师可以通过讲解写作范文的特点和结构，让学生了解写作的步骤和要点。同时，教师还可以提供一些写作素材、范例和指导，帮助学生在写作中更加全面和准确地表达观点。

二、练习法

（一）练习法的定义和分类

练习法是高中英语课堂教学中常用的一种教学方法。学生通过各种练习活动，巩固和加深对知识的理解，提高语言运用能力和综合素质。练习法按照不同的学习目标和形式可以分为以下几类。

1. 基础练习法

基础练习法主要用于巩固和掌握知识的基础。例如，针对语法知识，可以设计填空题、选择题等练习，让学生运用所学知识填写正确的答案。这种练习法可以帮助学生牢固掌握基本的知识，打下坚实的语言基础。

2. 语言实践练习法

语言实践练习法注重运用语言进行实际的交流活动，提高学生语言运用能力。例如，教师可以组织学生进行口语对话练习，让他们在真实的情境中运用所学的知识。通过这种练习，学生可以更好地掌握语言表达技巧，提高与他人交流的能力。

3. 创新练习法

创新练习法主要针对培养学生的创新思维和解决问题的能力。例如，教师可以提出一个具体的情境，要求学生运用所学知识进行推理和解决问题，训练他们的创造能力和分析思维能力。创新练习法可以培养学生独立思考和解决实际问题的能力，提高他们的综合素质。

4. 交互练习法

交互练习法注重学生之间的互动和合作。例如，教师可以设计一些小组活动，让学生在小组内进行合作学习和讨论。通过与他人的互动，学生们可以相互学习、交流和合作，从而提高他们的团队合作精神和沟通能力。

（二）练习法的特点和优势

练习法强调学生的主体性和参与性。在练习环节中，学生需要积极参与，通过实际操作和练习来巩固和应用所学知识。这种参与性可以激发学生的兴趣和主动性，提高他们对英语学习的积极性。

练习法能够培养学生的实际应用能力。通过反复练习，学生可以更好地掌握和运用所学的知识和技能。例如，在语法练习中，学生需要通过完成一系列的练习题，巩固所学的语法规则并灵活运用于实际语境中。在词汇练习中，学生需要通过不同的练习形式，如填空、翻译和补全句子等，来巩固和记忆单词的意思和用法。这样的练习可以帮助学生把所学的知识运用到实际生活中去。

练习法能够有效提高学生的学习效果和记忆能力。通过大量的练习，学生可以逐渐掌握知识，形成记忆的固化。练习过程中，反复的巩固可以帮助学生巩固所学的知识点，从而提高学习效果。在这个过程中，学生还可以通过做错题、改正错误来加深对知识点的理解和记忆。

练习法还能够促进学生之间的合作与交流。在练习环节，学生可以和同伴进行合作、讨论与交流，共同解决问题。这种合作学习的方式可以促进学生之间的互动和思维碰撞，激发学生的创新思维，提高解决问题的能力。

（三）练习法在高中英语课堂教学中的应用实例

在高中英语课堂教学中，练习法是一种常用的教学方法。通过不断重复和巩固，学生可以更好地掌握知识和技能。

1. 语法练习

通过大量练习，学生能够加深对语法规则的理解。比如，在学习条件句时，教师可以设计一系列与条件句相关的练习题，让学生运用不同类型的条件句进行练习。这样的练习不仅巩固了学生对语法规则的理解，还提高了学生的灵活运用能力。

2. 阅读练习

在学习阅读理解时，教师可以选取一些生活实例或者文学作品，让学生通过阅读来理解和回答相关问题。通过这样的练习，学生可以提高阅读理解能力，培养对语言上下文的敏感度。

3. 口语练习

教师可以通过角色扮演、对话练习等形式，让学生进行实际的口语交流。例如，在学习旅游英语时，教师可以组织学生分角色进行模拟对话，锻炼学生在实际情景中运用英语的能力。通过这样的练习，学生能够逐渐克服语言的障碍，提高口语流利度和交际能力。

4. 写作练习

作为一种能力和技巧的训练，写作练习旨在培养学生的逻辑思维和表达能力。教师可以设计一些写作任务，如写信、写作文等，让学生进行大量的写作练习。通过不断的练习，学生可以提高自己的写作技巧和语言表达能力，进而提高英语写作水平。

三、问答法和示范法

（一）问答法在高中英语课堂教学中的应用

问答法是一种常用的教学方法，其主要目的是通过提问和回答的方式，引导学生思考和参与课堂讨论，从而提高他们的理解和应用能力。问答法可以根据不同的目的和形式进行分类。常见的分类包括课前提问、提问答案、继续提问、点名回答等。

在高中英语课堂教学中，问答法被广泛应用。首先，通过课前提问，教师可以激发学生的学习兴趣，引导他们预习课文，开展回答问题的准备工作。例如，教师可以问学生："在本课中，我们将学习哪些重点知识点？"这样的提问可以帮助学生回顾预习的内容，引导他们进入学习状态。

提问答案是问答法的另一种形式。教师可以提出问题，然后要求学生给出答案。这种形式的问答法可以促使学生主动思考和表达自己的观点。例如，教师可以问学生：“根据课文内容，你们认为主人公的性格特点是什么？请给出你们的答案并解释原因。”通过这种方式，学生不仅可以运用课本知识回答问题，还可以进行个人思考，展示自己的分析能力。

继续提问是问答法的一种深化形式，可以帮助学生扩展思维，拓展知识面。教师可以通过询问引导学生深入思考，并与他们进行讨论和互动。例如，教师可以问学生：“在课文中，主人公在面对困难时如何解决问题？你认为他的做法合理吗？为什么？”这样的提问可以激发学生进行深入思考和分析,并能够从多个角度思考问题。

（二）示范法在高中英语课堂教学中的应用

示范法是一种教学方法，通过教师的示范行为来引导学生学习。它可以分为直接示范和间接示范两种形式。直接示范是指教师通过自己的言谈和行动直接展示给学生，让学生能够观察并模仿。间接示范则是通过展示一些模范例子，让学生进行观察并分析,激发学生的学习兴趣和主观能动性。在高中英语课堂教学中，示范法具有广泛的应用。

首先，教师可以通过示范正确的发音、语音和语调等语言技能，帮助学生掌握语音表达的正确方式。例如，教师可以用生动的语音模仿，逐字逐句地示范正确的发音和语调，让学生跟随模仿，从而提高他们的语音表达能力。

其次，示范法可以用于展示并教授写作技巧。教师可以示范写作过程，例如展示如何构思和组织文章结构，如何使用适当的词汇和句型，如何进行逻辑推理和论证等。通过直接示范和解释，学生可以更好地理解写作技巧，并能够尝试应用到自己的写作中。

最后，示范法在教授听力技能时也起到重要的作用。教师可以以真实的录音或视频为例，示范并逐句解析其中的语音、词汇和语法，帮助学生理解并提高听力技能。通过反复的示范和练习，学生可以逐渐提高听力的理解能力和听取信息的技巧。

（三）问答法和示范法的特点和优势

问答法可以激发学生的思考和课堂参与度。通过提出问题，教师可以引导学生思考和回答问题，从而激发他们的兴趣和积极性。此外，问答法还可以帮助学生巩固和运用所学知识。在学生回答问题的过程中，他们需要运用已掌握的知识进行思考和推理，从而加深对知识的理解和记忆。这种通过问答来加深学习的方式更加交互和动态，能够有效地提升学习效果。

示范法作为一种教学手段，强调教师示范的重要性。通过教师的示范，学生可以直观地观察到正确的学习方式和方法。一方面，示范法可以帮助学生理解和掌握知识。通过实际示范的过程，学生可以更加清晰地了解应用知识的具体步骤和技巧；另一方面，示范法可以激发学生的学习兴趣和动力。学生通过观察教师的示范，可以看到学习的成果和效果，从而激发他们学习的兴趣和意愿。

问答法和示范法的优势还体现在课堂的实际应用中。问答法在高中英语课堂教学中常用于复习和评价的环节，通过提问，教师可以检验学生对知识的掌握程度，找出不足之处，并及时给予指导。而示范法则适用于讲解新知识或技能的情景，通过示范，学生可以模仿教师的表演、发音或运动，从而更好地理解和掌握。同时，结合使用问答法和示范法，可以进一步加强学生对知识的消化和理解。

问答法和示范法在高中英语课堂教学中具有鲜明的特点和突出的优势。问答法可以激发学生的思考和参与度，加深他们对知识的理解；示范法则通过教师的示范激发学生的学习兴趣和动力，并帮助他们掌握知识。在实际应用中，问答法和示范法互为补充，可以更好地促进学生的学习效果和提高教学质量。因此，在高中英语课堂教学中合理运用这两种方法，对于培养学生的学习兴趣和提高他们的学习效果都具有重要意义。

（四）问答法和示范法结合使用的效果

在高中英语课堂教学中，问答法和示范法的结合使用能够取得良好的教学效果。这种教学方法能够充分激发学生的学习兴趣和参与度，使他们更加积极地参与课堂活动。

问答法和示范法的结合使用有助于提高学生的思维能力和解决问题的能力。通过让学生在课堂上互相提问和回答问题，他们不仅能够巩固已经学过的知识，还能够培养自主思考和分析问题的能力。示范法的运用可以让学生通过观察和模仿他人的表现来学习，进一步提高他们的学习效果。

问答法和示范法的结合使用能够促进学生之间的互动和合作。在课堂上，教师可以引导学生进行小组讨论和互相讲解，通过互相提问和回答，学生之间能够彼此启发和借鉴，共同探索知识的深层次。这种互动和合作的氛围能够增强学生的学习兴趣和自主学习能力，提高他们的学习效果。

问答法和示范法的结合使用能够激发学生的学习动力和积极性。通过教师与学生之间的问答互动和示范，学生能够感受到自己在学习上的进步和提高，从而增加他们对于学习的自信心。这种教学方法也能够激发学生的学习兴趣，使他们更加主动地参与课堂活动。

问答法和示范法的结合使用还能够帮助学生更好地理解和掌握知识。通过教师的问答和示范，学生能够更加深入地理解学习的内容，并且能够通过示范的方式更加明确地了解知识的运用方法和技巧。这样一来，学生也就能够更好地将知识应用到实际中去，提高学习的实际效果。

四、讨论法和启发法

（一）讨论法在高中英语课堂教学中的应用

讨论法是一种通过师生或学生之间的交流讨论来促进学生学习、思考和理解的教学方法。在高中英语课堂教学中，采用讨论法可以激发学生的积极性和主动性，提高他们的口语表达能力和批判性思维能力。

讨论法可以按照参与者的角色分为小组讨论和全班讨论两种形式。小组讨论可以促进学生之间的互动和合作，让每个学生都有机会发表自己的观点和想法。全班讨论则可以扩大学生的视野，让他们从不同的角度思考问题。

讨论法可以按照讨论的内容进行分类。比如，可以进行文本讨论，让学生通过讨论文本中的语言、主题、结构等来提高对文本的理解和解读能力。还可以进行问题讨论，让学生围绕特定的问题进行辩论和探讨，培养他们的批判性思维和分析能力。

在高中英语课堂中，讨论法的应用实例举不胜举。比如，在阅读理解课堂上，教师可以引导学生就文章中的某个问题展开讨论，让学生在交流中互相启发，共同寻找答案。在写作课堂上，教师可以鼓励学生进行小组讨论，互相修改和完善彼此的作文，提升写作能力。在口语表达课堂上，教师可以组织学生进行角色扮演，模拟真实的对话和讨论场景，培养学生的口语交际能力。

（二）启发法在高中英语课堂教学中的应用

启发法是一种教学方法，通过引导学生思考、探索和发现，激发他们的学习兴趣和自主学习能力。在高中英语课堂教学中，启发法可以被广泛应用。首先，启发法可以培养学生独立思考的能力。在教学过程中，教师可以提出一些开放性的问题，鼓励学生进行思考，并引导他们自己寻找答案。这样可以激发学生的学习主动性和创造力。其次，启发法可以帮助学生巩固和运用所学知识。通过提供一些实际情境或问题，让学生运用所学知识解决问题，可以帮助他们更好地理解和应用知识。再次，启发法可以促进学生之间的互动和合作。通过小组讨论、合作解决问题等方式，学生可以相互交流，共同探索和建构知识。最后，启发法可以培养学生的批判性思维和判断能力。在教学中，教师可以引导学生分析和评价不同观点或解决问题的方法，培养他们的批判性思维和判断能力。

在高中英语课堂中，启发法可以根据不同的情况和内容进行分类。一种常见的启发法是案例启发法。教师可以通过讲解一些实际案例，引发学生对问题的思考，并通过讨论和分析案例，帮助学生理解和应用相关知识。另一种启发法是问题启发法。通过提出一些问题，教师可以引导学生进行思考和探索，并自主寻找答案。此外，还有模拟启发法、比喻启发法等多种启发法可供选择。

在高中英语课堂教学中，启发法的应用实例也是多种多样的。例如，在阅读理解教学中，教师可以通过提供一篇材料和一些问题，引导学生进行深入的阅读和思考，从而增强他们的阅读理解能力。在写作教学中，教师可以通过提供一些写作话题和写作素材，激发学生的写作意愿和创造力，并指导他们写出富有表达力和个人风格的作文。

（三）讨论法和启发法的特点和优势

讨论法的特点在于它能够激发学生的思维和主动参与性，培养学生的表达能力和合作精神。通过课堂讨论，学生们可以不仅仅是被动地接受知识，而是能够先积极思考、分析问题，再与他人进行交流和辩论，从而提高他们的思维能力。

启发法的特点在于它能够激发学生自主学习的兴趣和动力，培养他们独立思考和解决问题的能力。通过适当的引导和提问，教师可以激发学生的好奇心和求知欲，引导他们进行自主学习和探究，从而提高他们的学习效果和成绩。启发法注重培养学生的创造力和创新精神，使他们能够独立思考问题，找到解决问题的途径和方法。

讨论法和启发法的优势在于它们能够激发学生的积极性和主动性，提高他们的学习兴趣和参与度。相比于传统的讲授法和练习法，讨论法和启发法更注重培养学生的思考能力和解决问题的能力，能够使学生在课堂上更加主动地思考和参与教学活动，在实际应用中更加灵活。

讨论法和启发法还能够培养学生的合作精神和团队意识。在讨论和启发的过程中，学生们需要与他人进行交流和合作，共同解决问题，他们的合作能力和团队精神因此得到提高，这对于今后的学习和工作都是非常重要的。

（四）讨论法和启发法结合使用的效果

结合讨论法和启发法来进行高中英语课堂教学可以达到更好的教学效果。讨论法通过让学生参与课堂讨论，激发他们的思维，提高他们的学习兴趣和主动性。启发法则通过引导学生自主思考和发现问题，培养他们的独立思考和解决问题的能力。当这两种方法相结合时，可以有效地促进学生的学业发展和个人成长。

结合讨论法和启发法能够激发学生的思维活跃性。在课堂上，教师可以设置一些具有争议性或启发性的问题，引导学生通过讨论和思考来寻找答案。这样的讨论过程能够激发学生的思想，培养他们的批判性思维和创造性思维能力。启发法通过引导学生自主思考，有助于促进学生发现问题的本质和内在联系，培养他们解决问题的能力和创新能力。

结合讨论法和启发法可以提高学生的参与度和学习效果。在课堂讨论中，学生需要积极参与，表达自己的观点和理解，与他人交流和辩论。这样的互动过程有助于加深学生对知识的理解和记忆，同时也培养了学生的表达能力和合作能力。启发法则通过引导学生主动发现和解决问题，培养他们的自主学习和独立思考能力。学生在自主探索中获得的知识和经验会记得更加持久和深刻。

结合讨论法和启发法可以丰富教学方法和手段，增加课堂的多样性和趣味性。通过合理地安排和组织讨论环节和启发式学习活动，可以培养学生的合作精神和团队意识，促进他们在集体中共同学习，取得共同成果。同时，这样的多样化教学方法也能够满足不同学生的学习需求和个性特点，从而提高教学的针对性和适应性。

>>> 第四章

高中英语课堂教学的模式

第一节

高中英语课堂情境教学模式

一、高中英语课堂情境教学模式概述

（一）情境教学模式的定义和内涵

情境教学模式是一种基于现实情境的教学方法，通过将学生置于具体的语言使用情境中，让他们能够在真实的语言环境中进行学习和实践。这种教学模式强调学习者对于语言的实际运用能力，注重语言能力和语言技能的综合发展。简而言之，情境教学模式旨在营造一种仿真的语言环境，让学生在这个情境中通过实际交流和互动来学习语言。

情境教学模式强调学习者积极参与和主动探索。传统的教学模式往往是教师以讲授为主导，而情境教学模式则是以学生为中心，激发学生的兴趣和主动性。学生在情境教学中扮演真实的角色，参与各种交流活动和语言任务，通过实践来掌握语言技能。

情境教学模式注重语言运用能力的培养。传统的语言教学往往注重语言知识的传授，而情境教学模式则注重学生的语言实际运用能力的培养。学生在情境中不仅要理解和掌握语法规则和词汇，还要能够灵活运用语言来进行真实的交流和表达。这种模式具有注重实际应用的特点，并促使学生的语言能力得到了真正的提升。

情境教学模式注重培养学生的合作与交流能力。在情境教学中，学生常常需要和同伴进行合作与互动，共同完成各种语言任务。通过合作与交流，学生能够增强彼此之间的理解和沟通能力，培养团队合作精神，从而提高语言学习的效果。

情境教学模式注重学生的学习动机和情感体验。学生在情境教学中能够感受到语言的实际用途和重要性，从而增强学习的动机和兴趣。他们通过真实的情境来体验语言的魅力，培养对语言学习的积极态度和情感投入。

（二）情境教学模式的由来

情境教学模式作为一种创新的教学方式，它的发展历史可以追溯到20世纪60年代。当时，美国的教育领域开始兴起一种新的教学理念，认为学习者应该将学习与实际情境相结合，并在真实的环境中进行学习。这一理念的核心是强调学习者在实际情境中的参与和经验积累。

情境教学模式的由来可以追溯到杜威的学习理论。杜威提出，学习应该根据学习者的具体情境进行，而不是像传统教学一样，仅仅关注知识本身。他认为，学习者与环境的互动是促成学习的关键，通过与真实情境的交互，学习者能够更好地理解和应用所学知识。杜威的这一观点为后来情境教学模式的发展奠定了基础。

在此基础上，布鲁纳和瓦尔德认为，学习者应该在具体的情境中进行学习，以获得更好的学习效果。而情境教学模式的出现正是为了实现这一目标。情境教学模式通过将学习与真实的情景结合起来，帮助学习者将所学知识应用于实际问题的解决中。这种教学方式不仅可以提高学习者的学习动机，还能够培养他们的实际应用能力和解决问题的能力。

（三）情境教学模式的作用

情境教学模式能够激发学生的学习兴趣和积极性。在情境教学中，学习者通过真实的情境来进行学习，可以更好地感受学习的乐趣，并且对学习的内容产生浓厚兴趣，带来自主学习的动力和热情。这种兴趣和积极性的激发，有助于提高学生的学习效果和学习成绩。

情境教学模式能够促进学生的综合能力发展。传统的教学模式往往只注重知识的传授，而情境教学模式更注重学生在真实情境中的应用能力和解决问题的能力。学生通过情境教学，能够培养自己的观察、分析、推理、判断、解决问题等综合能力，从而提高自身的综合素质，为未来的学习和生活打下良好的基础。

情境教学模式能够培养学生的合作意识和团队精神。在情境教学中，学生常常需要与他人合作，在团队中完成一系列的任务和项目。这种团队合作的经验，能够帮助学生培养良好的合作意识和团队精神，提高沟通协作能力和社会交往能力。这样的能力和素质在学生日后的工作和生活中都具有重要的意义。

情境教学模式能够培养学生的创新思维和问题解决能力。学生在情境教学中需要发散性思维和创新性思维,因此他们的独立思考和问题解决能力得到了增强。

这种能力的培养，能够使学生具备创新意识和创新能力，有助于他们在未来的工作和生活中面对各种情境和挑战时能有正确的判断和创新的解决方案。

二、情境教学模式的特点

（一）互动性

互动性指的是师生之间以及学生之间在教学过程中的活跃交流和相互作用。

1. 情境教学模式注重师生之间的互动

在传统的教学模式中，教师往往扮演着传授知识的角色，而学生则是被动接受的对象。而在情境教学模式中，教师更多地充当引导者和促进者的角色，通过设计情境，激发学生的学习兴趣和参与主动性。教师与学生之间的互动，不仅可以增强师生之间的沟通和交流，还可以使学生更加积极主动地参与教学活动。

2. 情境教学模式注重学生之间的互动

在传统的教学模式中，学生之间往往是相对独立的，很少有机会与其他同学进行交流和合作。而在情境教学模式下，学生之间的互动被认为是非常重要的。通过小组合作、角色扮演、课堂讨论等活动，学生可以充分交流和分享彼此的观点和思考，激发彼此的思维和创新能力。这种学生之间的互动不仅能够提高学生的学习效果，还能够培养学生的团队合作和沟通能力。

3. 情境教学模式强调实际情境和真实性的体验

在情境教学模式中，教师通常会通过设计实际情境的学习活动，让学生能够更加贴近实际生活。在这样的情境中，学生可以通过模拟、观察、实践等方式，进行实际操作和体验，从而更加深入地理解和掌握所学知识。这种实际情境和真实性的体验，不仅能够增强学生的学习兴趣，还能够提高他们的学习动力和主动性。

（二）实践性

情境教学模式的实践性是指在教学过程中，注重学生的实践操作能力和实际应用能力的培养。这一特点是情境教学模式的核心之一，也是其与传统教学模式的重要差异之处。

1. 情境教学模式强调学生的实践操作

传统的教学模式往往以教师为中心，学生在课堂上主要充当听众的角色，只是被动地接受知识的灌输。而情境教学模式则鼓励学生参与其中，通过实践操作来巩固所学的知识。例如，在学习英语口语时，教师可以设计各种情境，如购物、旅行等，让学生在这些情境中进行真实的口语交流，提高他们的口语表达能力。这种实践操作不仅能够帮助学生将知识运用到实际情境中，还能够增强学生的学习动力和兴趣。

2. 情境教学模式注重实际应用能力的培养

传统教学模式往往注重学生对知识的理解和记忆，但很少注重知识的应用。而情境教学模式通过情境设置，能够让学生将所学的知识应用到实际中去解决问题。例如，在学习英语时，教师可以提供一些实际问题，让学生运用所学的语言知识进行对话和解答。这样不仅能够检验学生对知识的掌握程度，还能够培养学生的实际应用能力和解决问题的能力。

3. 情境教学模式鼓励学生在实践中进行反思和总结

在实际操作过程中，学生可能会遇到一些问题和困惑，但正是通过这些问题和困惑，他们能够拓展和提高批判性思维和解决问题的能力。因此，在情境教学模式中，教师应该引导学生在实践中进行反思和总结，帮助他们发现问题并寻找解决方法。通过反思和总结，学生能够更好地掌握所学的知识，并将其应用到其他情境中。

（三）创新性

情境教学模式的创新性是指它在教学实践中带来的新颖、独特的特点和效果。采用情境教学模式的课堂注重培养学生的创新思维和解决问题的能力，以及应对现实生活中各种复杂情境的能力。

情境教学模式在教学过程中注重激发学生的创造力和创新能力。通过情境教学的设计，教师可以创造出具有挑战性和启发性的情境，激发学生思考、观察、表达和探索的热情。这种教学模式鼓励学生从不同的角度思考问题，提出自己独特的见解和解决方案，培养了学生的创新思维。

情境教学模式倡导跨学科的整合和应用。通过情境教学，学生可以将所学的不同学科的知识进行整合，再应用到实际情境中。这种跨学科的学习方式培养了学生的综合素养和批判思维能力，使他们能够从多个角度去看待问题和解决问题。

三、情境教学模式的设计

（一）情境教学模式的目标设计

情境教学模式的目标设计是整个教学设计中的核心部分，它直接影响到学生在课堂中的学习效果和能力提升。在设计情境教学模式的目标时，教师需要明确教学目标的层次和具体内容，以确保学生能够在学习过程中实现预设的目标。

情境教学模式的目标设计应该以培养学生的语言能力为核心。例如，在英语课堂中，我们可以设定目标为提高学生的听、说、读、写等各项技能。学生在多个方面得到全面的提升和发展，为未来的学习和生活奠定坚实的基础。

情境教学模式的目标设计应注重学生的实践能力。除了掌握语言知识，学生还应具备将所学知识应用于实际情境的能力。因此，教师可以设定目标为让学生能够在真实或虚拟情境中进行实践活动，例如进行角色扮演、小组合作、模拟情景对话等。通过这些实践活动，学生能够实际运用所学知识，增强自信心和语言表达能力。

情境教学模式的目标设计应考虑学生的思维能力。在教学目标设计中，教师应该注重培养学生的批判性思维、创造性思维和合作性思维等多元思维能力。这样的目标能够使学生在情境中思考问题、解决问题，并能够主动参与课堂活动。

情境教学模式的目标设计还应注重学生的情感态度培养。学习不仅仅是为了获取知识，更重要的是培养学生的兴趣和乐趣。因此，在目标设计中，教师应该注重激发学生的学习兴趣，培养学生积极参与学习的态度。

（二）情境教学模式的内容设计

在情境教学模式的内容设计中，重点是如何选择和设计与学习目标相符合的教学内容，以便激发学生的学习兴趣和参与积极性。以下是一些关键的要素和指导原则，可以帮助教师有效地进行内容设计。

1. 需求分析与预设情境

在进行内容设计之前，教师需要进行针对性的需求分析，以了解学生的背景知识、学习需求和兴趣爱好。教师可以通过调查问卷、课堂讨论或个别面谈等方式获取这些信息。在此基础上，教师可以预设一个具有现实生活情境的框架，以便将学习内容与学生的实际经验相联系。

2. 真实性和可理解性

情境教学模式强调学习内容的真实性和可理解性。教师应该选择与学生生活经验相关的话题和情景，避免过于抽象或远离学生实际生活的内容。通过将学习内容与学生的实际经验相结合，可以促进学生对知识的理解和应用。

3. 问题导向的学习

情境教学模式鼓励学生通过提出问题、解决问题来进行学习。在内容设计中，教师可以引入一些具有挑战性的问题，鼓励学生深入思考和探索。这些问题可以是与学习目标相关的现实问题，也可以是涉及学生感兴趣的话题。通过问题导向的学习，学生可以主动地构建知识体系，提高解决问题的能力。

4. 多媒体和多样化资源的运用

在情境教学的内容设计中，教师可以利用多媒体、实物、图片、音频等多种资源，增加学习内容的丰富性和多样性。这样做可以激发学生的兴趣，提高学习效果。此外，教师还可以引导学生使用互联网等工具，积极获取和利用信息资源，拓宽学习视野。

5. 合作学习和探究学习的设计

情境教学模式强调合作学习和探究学习的重要性。在内容设计中，教师可以设计一些项目型任务，要求学生合作探究和解决问题。通过小组合作，学生可以相互交流和互助，共同发现和解决问题，培养团队合作能力和自主学习能力。

（三）情境教学模式的过程设计

在情境教学模式的过程设计中，教师需要注重创造一个能够激励学生积极参与和互动的学习环境。情境教学的过程设计包括选择、组织和引导适当的学习任务，促使学生在情境中主动探究和运用知识。

在情境教学的过程设计中，教师需要精心选择和设计适合学生能力水平和兴趣的学习任务。这些任务应当具有挑战性，并与学生的实际生活情境相关联。例如，在学习英语口语时，可以设计一个情境对话任务，要求学生角色扮演并在情景中运用所学的语言，从而培养学生的语言应用能力。

在情境教学的过程设计中，教师应当充分考虑学生的学习风格和个体的差异。因此，在过程设计中，教师可以创造多样化的学习活动，如小组合作、角色扮演、情景实践等，以满足学生不同的学习需求和方式特点。

在情境教学的过程设计中，要强调学生在情境中的主动探究。教师可以以问题为导向，引导学生提出问题、分析问题，并协助学生运用所学知识解决问题。例如，在学习文学作品时，教师可以设计一个情境，让学生通过对作品背景和人物关系等方面的探究，深入了解和解读文学作品。

在情境教学的过程设计中，教师需要及时进行反馈和评价。教师可以通过观察、记录和评估学生在情境中的表现，及时调整和改进教学策略，以促进学生的学习效果。同时，教师还可以鼓励学生自我评价和互相评价，激发学生自主学习、合作学习的意识和能力。

（四）情境教学模式的评价设计

情境教学模式的评价设计是保证该教学模式有效实施的关键环节。通过评价设计，教师可以获取学生学习情况的准确信息，并在此基础上作出相应的教学调整和改进。在设计情境教学模式的评价过程中，有以下几个关键要素需要考虑。

1. 评价标准的设定

在情境教学模式中，评价标准应当与课程目标和情境教学的特点相吻合。教师应该制定明确的评价标准，具体到每个学习目标，以便能够对学生的学习成果进行准确的衡量和评估。例如，在英语课堂中，可以根据学生在不同情境中的语言运用能力、合作精神等方面的目标制定评价标准。

2. 评价方式的选择

情境教学模式注重学生的参与和互动，因此评价方式应该能够全面地反映学生在情境中的表现。除了传统的笔试和口试形式外，还可以考虑采用小组讨论、角色扮演、项目展示等多种评价方式，以充分发掘学生的潜力和能力。

3. 评价的时机和频率

情境教学模式的评价应该贯穿整个教学过程，不仅仅是在学习结束后进行一次性的评价。教师可以利用课堂教学时间进行实时评价，通过观察学生在情境中的表现和互动来获得有关学习进程的信息。此外，还可以采用定期评价或阶段性评价的形式，以便及时反馈学生的学习成果，并进行必要的教学调整。

4. 评价结果的反馈和应用

教师应该及时将评价结果反馈给学生，以增强他们对学习的自我认知，并帮助他们进一步提高。此外，评价结果还可以作为课程设计和教学改进的依据，为教师提供有关教学效果的反馈信息。

四、情境教学模式的实施

（一）创建教学情境的步骤

在实施情境教学模式时，创建教学情境是至关重要的。为了确保学生在情境中能够深入参与并实现有效学习，教师需要通过一系列步骤来创建教学情境。

第一步，确定教学目标。在创建教学情境之前，教师需要明确教学目标，即在特定情境下希望学生达到的预期学习成果。这些目标应该与课程内容的要求和学生的学习需求相一致。例如，在英语课堂中，目标可能是帮助学生提高口语表达能力。

第二步，选择适当的情境。基于教学目标，教师需要选择一个适合的情境来实施情境教学。情境可以是真实的生活场景，也可以是虚拟的模拟环境。例如，在英语口语教学中，可以选择一个旅游情境，模拟学生在旅行中需要与外国人交流的场景。

第三步，设计情境任务。为了激发学生的学习兴趣和参与积极性，教师需要设计情境任务。这些任务应该与教学目标紧密相关,并且具有明确的要求和目的。例如，在旅游情境下，教师可以设计一个情境任务，要求学生分组完成一次旅游计划，并用英语进行口头表述，包括行程安排和餐饮安排等。

第四步，提供情境支持材料。为了帮助学生更好地理解和应用情境，教师需要提供适当的情境支持材料。这些材料可以是图片、视频、语音等多种形式，均应与情境和任务相关。例如，在旅游情境中，教师可以提供一些旅游景点的照片、导游词语音等材料，帮助学生更好地理解和表述。

第五步，组织学生参与。一旦教师准备好了情境和相关材料，就需要组织学生积极参与。教师可以通过小组合作、角色扮演、课堂讨论等方式促进学生在情境中的参与和互动。例如，在旅游情境中，教师可以让学生分组进行旅游计划讨论，互相提出建议和意见。

（二）教师在情境教学中的角色

在情境教学中，教师不再是传统意义上的知识传授者，而是充当着促进学生主动学习和积极参与的引导者和组织者。

1. 教师是情境的创造者和设计者

在情境教学中，教师需要根据学生的实际情况和学习目标，精心策划和设计教学情境。他们需要选择合适的主题、背景和任务，以激发学生的兴趣和主动性。通过创造具有真实性和挑战性的情境，教师能够提供一个真实的学习环境，使学生能够体验和应用所学知识。

2. 教师是学习的引导者

在情境教学中，教师需要引导学生主动探究和发现知识。他们可以提供问题、提示和引导，激发学生的思考和探索。教师需要关注学生的学习进程，及时给予反馈指导，帮助他们解决问题和克服困难。通过引导学生的学习过程，教师能够培养学生的自主学习能力和解决问题的能力。

3. 教师是学习资源的提供者

在情境教学中，教师不仅仅是知识的传授者，更应该成为学习资源的提供者。他们可以准备相关的教学材料、资料和工具，使学生能够更好地理解和应用所学知识。教师还可以引导学生利用互联网等资源进行自主学习和拓展。通过提供多样化的学习资源，教师能够促进学生主动学习和深入理解知识。

4. 教师是学习进程的监督者

在情境教学中，教师需要对学生的学习进程进行监督和评估。他们可以采用观察、访谈、作品评价等方式，了解学生的学习情况和学习成果。通过监督和评估学生的学习进程，教师能够及时调整教学策略，进一步提高学生的学习效果。

（三）学生在情境教学中的参与方式

学生在情境教学中扮演着积极主动的角色，他们不再只是知识的接收者，而是参与者和合作者。他们通过参与真实且有意义的情境活动来构建自己认知，提高语言运用能力和解决问题的能力。具体来说，学生在情境教学中的参与方式体现在以下几个方面。

其一，学生在情境教学中与同伴合作来共同探索和解决问题。在情境教学中，学生被组织成小组，他们相互激励和支持，共同面对难题和挑战。通过小组合作，学生可以共享资源、交流观点、互相帮助，以此培养他们的合作精神和团队意识。

其二，学生在情境教学中参与真实的情境活动。他们被引导进入与实际生活相关的情境，如社会场景、学习场景等，通过模拟真实情境的任务和角色扮演，学生能够更加深入地理解和运用所学知识。在这个过程中，学生需要运用各种语言技能和思维能力，如听、说、读、写、观察、分析等，以适应实际情境的需求。

其三，学生在情境教学中利用多媒体和信息技术进行学习和探索。随着科技的进步，多媒体和信息技术在情境教学中被广泛应用。学生可以通过电子设备、互联网等工具获取更多的资源和信息，扩展学习的边界，同时也提高了学习的趣味性和互动性。学生还可以通过在线讨论、网络合作等方式与全球范围内的学生进行交流和合作，从而培养国际化视野和跨文化交流能力。

其四，学生在情境教学中通过反思和评估来提高学习效果。情境教学注重学生的反思和自主学习，学生需要通过观察和思考、总结和复盘来对自己的学习过程进行评估。他们通过自我评价和同伴评价等方式来找到自己的不足和优势之处，不断调整学习策略和改进学习方法，以提高学习效果和成果的可迁移性。

第二节

高中英语课堂合作学习模式

一、高中英语课堂合作学习模式概述

（一）合作学习模式的定义和内涵

合作学习模式是指在高中英语课堂中，通过组织学生之间的合作互动，促进他们共同学习、共同解决问题和共同构建知识的结构一种学习方式。合作学习强调学生之间的合作与互助，在学习的过程中通过集思广益、互相支持和相互依靠，实现共同进步。

1. 合作学习模式注重学生之间的互动和交流

在合作学习中，学生之间可以进行积极的互动，共同讨论和交流观点，激发彼此的思维，从而促进知识的共建。通过合作学习，学生不再是孤立地接受知识，而是通过与他人的互动，在互相碰撞的过程中形成新的见解和思考。

2. 合作学习模式强调学生的参与和主动性

合作学习鼓励学生主动参与学习活动，发挥自己的主观能动性。学生参与合作学习时，不仅是被动接受知识的对象，更是积极参与问题解决过程的主体。他们通过互相协作、分工合作等方式，主动参与解决问题的过程，从中得到知识和能力的提升。

3. 合作学习模式强调学生之间的互补和互助

在合作学习中，学生们往往有不同的知识和技能，通过合作互助，彼此之间互相补充所欠缺的知识和技能，实现共同学习的目标。学生之间通过相互合作，能够帮助彼此理解和解决问题，提高学习的效果。

4. 合作学习模式注重学生的创造性思维和批判性思维的培养

在合作学习中，学生通过合作探究问题，激发创造性思维和批判性思维，通过讨论和辩论，形成独立思考和分析问题的能力。因此，合作学习能够激发学生的思维潜能，培养他们的创新意识和批判思维能力，提高他们的学习水平和综合素质。

（二）合作学习模式的分类

合作学习模式作为一种有效的教学方式，在高中英语课堂中得到了广泛应用。合作学习模式的分类主要有以下几种。

按照合作学习任务性质的不同，可以将合作学习模式分为任务型合作学习和项目型合作学习。任务型合作学习是指学生在完成特定任务时相互合作，通过共同努力实现共同目标。这种合作学习模式可以提高学生的主动性和合作能力，促进学生的思维发展和知识掌握。而项目型合作学习则是指学生在长期项目中保持合作，通过集体讨论、资料收集、问题解决等共同合作的形式，完成项目任务并展示成果。

按照合作学习组织形式的不同，可以将合作学习模式分为小组合作学习和全班合作学习。小组合作学习是指教师将学生分成小组，每个小组有明确的合作任务和目标。在小组合作中，学生可以相互协作、相互学习，分享知识和经验。这种合作学习模式可以提高学生的团队合作能力和沟通能力，培养学生的责任感和集体意识。而全班合作学习则是指整个班级共同完成一项任务，这种形式下学生之间的互动和合作更加广泛而深入。全班合作学习可以促进学生之间的互助合作，加强班级凝聚力和合作氛围。

按照合作学习的学习工具和技术的不同，可以将合作学习模式分为传统合作学习和信息技术支持的合作学习。传统合作学习是指通过面对面的讨论、合作和交流，促进学生之间的合作。在这种合作学习模式下，教师可以使用多种策略和方法，如角色分配、讨论问题、发布合作学习任务等，引导学生进行积极的合作学习。而信息技术支持的合作学习是指利用信息技术工具和网络平台，促进学生之间的远程合作学习。通过网络平台，学生可以在线讨论、共享资源、互相评价等，实现跨越时间和空间的合作学习。

（三）合作学习模式的发展历程

合作学习模式的发展可以追溯到 17 世纪的夸美纽斯。然而，真正的、科学的、系统的关于合作学习在课堂中的实践研究兴起于 20 世纪 70 年代的美国。当时，有三个独立的研究小组开始了课堂情境中合作学习的开发与研究。他们从小组教学、能力分组教学等实践中得到启示，并从社会心理学中寻找理论依据，初步形成了一些关于合作学习的策略，如“小组—游戏—竞赛”。

到了 20 世纪 80 年代中期，合作学习的理论日趋成熟，其影响也逐步扩大。合作学习的研究者们从各种实验研究中得到许多行之有效的学习策略，如“学生小组成绩分工”“小组辅助个人”“小组调查法”“切块拼接法”“共学式”等。合作学习开始成为一种十分有前途的教学流派，并广泛应用于世界各地的中小学教学，对于改善课堂内的社会心理气氛，大面积提高学生的学业成绩，促进学生形成良好的非认知品质起到了积极的作用。

随着合作学习模式的扩散，参与人员和研究组织逐渐增多，这为合作学习的发展起到了良好的促进作用。此外，合作学习所涉及的内容越来越丰富，范围也越来越广，不仅应用于教学方面，还逐步扩展到社会实践等各类活动中。同时，合作学习的具体方法与种类也在不断增加，以适应不同情况下的学习需求。

在现代教育中，合作学习模式得到了越来越多的重视。它强调学生在小组或团队中共同学习，达到共同目标，不仅关注学生个体的学习成果，更重视培养学生的合作能力和团队精神。此外，合作学习还能够促进学生的思维深度，通过讨论和互动，激发学生的思考和创造性想法，达到更好的学习效果。

二、合作学习模式的特点

（一）互动性

在高中英语课堂中，合作学习模式具有显著的互动性。互动性是指学生和教师之间、学生与学生之间相互交流、相互合作的过程。合作学习模式强调学生之间的相互影响和学习共同体的形成，通过积极的互动来促进学习效果的提升。

合作学习模式鼓励学生之间进行思想交流和合作。在课堂中，学生们被划分成小组，通过分工合作的方式共同参与课堂活动。他们有机会共同讨论问题、分享观点、比较不同的解决方法，并从中互相启发和学习。这种互动可以让学生们从不同的角度思考问题，培养他们的批判性思维和多元解决问题的能力。

合作学习模式在教学过程中鼓励学生与教师之间的积极互动。教师在合作学习模式中不再是简单的传授知识的角色，而是扮演着引导者和促进者的角色。他们与学生们共同提出问题、探讨问题、回答问题，以此来激发学生的思考和参与。教师还可以通过提供反馈和指导，引导学生在互动中生发更好的学习策略和解决问题的能力。

合作学习模式通过利用现代技术手段，提供了更丰富的互动方式。学生们可以利用电子设备、网络平台等互联网工具进行在线合作学习，还可以通过共享文档、实时聊天、在线讨论等方式与同组成员进行密切交流和合作。这种新形式的互动不仅加深了学生与学生之间的联系，也使学生与教师之间的互动变得更加方便快捷。

（二）互助性

合作学习模式的互助性是指学生在合作学习过程中相互协助、互相支持，共同完成学习任务的特点。在合作学习模式下，学生之间的互助关系是至关重要的。

合作学习模式的互助性使学生能够更好地理解和掌握学习内容。通过与同伴的合作，学生可以共同探索问题、交流思想和观点，相互帮助，从而提高学习的效果和质量。例如，在进行英语语法学习时，学生可以相互批改彼此的作文，发现错误并提供修改建议，这样不仅帮助了他人，也加深了自己对语法知识的理解。

合作学习模式的互助性可以培养学生的合作能力和交流能力。在合作学习中，学生需要与他人充分沟通、相互合作，这要求他们学会倾听、表达和尊重他人的观点。通过与他人的互动合作，学生可以提高自己的团队合作意识和沟通能力，培养良好的合作精神。这对学生未来的学习、工作和生活都具有重要意义。

合作学习模式的互助性有助于促进学生之间的情感交流和建立良好的人际关系。在合作学习的过程中，学生不仅要共同完成学习任务，还需要相互支持、关心和鼓励。通过这种互助性的合作学习模式，学生之间的情感联系会更加紧密，容易建立起良好的友谊和信任关系。这样的情感支持和友谊能够帮助学生更好地应对学习中的困难，增强他们的学习积极性和自信心。

（三）互补性

合作学习模式的互补性是指学生之间在学习过程中相互补充和协调的特点。在这种学习模式中，学生之间的差异和特长能够得到充分的发挥和利用，从而实现优势互补，提高学习效果。

合作学习模式的互补性体现在学生的不同思维方式和观点的交流和碰撞中。每个学生都有着独特的认知方式和思考角度，通过合作学习，他们能够在小组中相互交流彼此的见解和想法。例如，在一个小组讨论的过程中，一个学生可能会提出一个新颖的观点，而另一个学生可能会给出一个不同的解释，这样的互补性可以促进对问题的多角度思考和深入理解。

合作学习模式的互补性表现在学生之间在合作项目中的合理任务分工。每个学生都有着不同的技能和能力，通过合作学习，可以更好地发掘和利用每个人的潜力。例如，在一个合作项目中，有些学生擅长调研和收集信息，而另一些学生则擅长分析和总结。通过合作学习，他们可以根据自己的特长和兴趣，分工合作，将各自的能力发挥到极致，提高项目的质量和效率。

合作学习模式的互补性体现在学生之间相互学习和共同进步的过程中。在一个合作学习的小组中，学生可以相互借鉴和学习对方的学习方法和策略。例如，在一个小组内，有的学生可能对阅读理解比较擅长，而另一些学生则对写作有独特的见解。通过互相学习和分享经验，学生能够不断改进自己的学习方法，提高自己的学习能力。

三、合作学习模式的设计

（一）合作学习模式的设计原则

在设计合作学习模式时，需要遵循一些原则，以确保课堂中的合作学习能够达到预期的效果。以下是一些合作学习模式的设计原则。

1. 设定明确的学习目标

在设计合作学习模式时，首先要明确学习目标，确定学生需要达到的学习成果。这有助于指导教师在合作活动中提供适当的指导和支持。

2. 建立合作学习小组

合作学习模式的核心是学生之间的合作与协作，因此，必须创建一个良好的合作学习小组。小组成员之间的互补性和相互依赖性是确保学生参与和贡献的重要因素。

3. 提供适当的角色分工

在合作学习过程中，各个学生可以扮演不同的角色，如组长、时间管理员、记录员等。合理的角色分工有助于促进学生之间的互相配合和团队合作。

4. 设计明确的任务和活动

合作学习模式侧重于学生之间的互动与合作，因此，需要设计具有明确目标和步骤的任务和活动。任务应该具有一定的难度，同时又能够激发学生的学习兴趣和积极性。

5. 提供适当的资源与支持

教师在设计合作学习模式时，可以提供一些资源和支持，如教学材料、参考书籍、技术设备等。这些资源和支持可以有效地帮助学生解决问题和完成任务。

6. 促进学生的批判性思维和创造性思维

合作学习模式应该鼓励学生发展批判性思维和创造性思维能力。教师可以引导学生进行讨论、辩论和思考，培养他们的批判思维和创造思维。

7. 提供有效的反馈和评估

在合作学习模式中，教师应该及时提供有效的反馈和评估，帮助学生了解自己的学习进展和存在的问题。这样可以帮助学生进行自我调整和改进，提高学习效果。

（二）合作学习模式的设计步骤

第一，明确学习目标。在设计合作学习模式之前，教师需要明确所要达到的学习目标。这些目标可以是知识的掌握、技能的培养或者是思维能力的提升。明确学习目标的关键在于确保目标明确、具体，并与课堂教学内容相对应。

第二，确定合作组成员。在合作学习模式的设计中，确定合作组成员是至关重要的一步。教师可以根据学生的个体特点、学业水平和学习风格，合理分组。在组成合作小组时，要注意确保每个小组内的成员之间具有相互补充的特点，以促进彼此之间的学习互助和合作。

第三，制定任务和分工。合作学习模式强调学生之间的相互合作和相互支持，因此在设计时需要制定明确的任务和分工。任务的制定要具体明确，能够促使学生在合作中互相学习、共同解决问题。分工的制定要合理，确保在合作过程中，每个组员都能够承担一定的责任和任务，并为小组的共同目标贡献自己的力量。

第四，提供必要的指导和支持。在合作学习模式的设计中，教师需要提供必要的指导和支持，以帮助学生在合作中取得良好的学习效果。指导可以包括对任务的解释、学习策略的指导和学习资源的提供等。支持可以体现在教师对学生学习的鼓励和赞赏上，也可以体现在对困难和问题的解决上。

第五，进行评估和反馈。在合作学习模式的设计中，评估是必不可少的一部分。教师可以采用多种方式对学生的合作学习进行评估，包括个人评价、小组评价和教师评价等。评估的目的在于了解学生的学习成果、评价学生的合作学习能力以及提供针对性的反馈和改进建议。

（三）合作学习模式的设计模式

1. 任务驱动模式

在合作学习模式的设计中，合作的关键是任务的设置和驱动。合作学习模式的设计应该基于任务，通过设计巧妙的任务来引导学生进行合作，促进知识和技能的共同建构。在任务驱动模式下，学生们会面临真实而有挑战性的问题，需要共同努力来解决。这样的任务设计可以激发学生的主动性和合作意识，提高他们的参与度和学习效果。

2. 角色分工模式

合作学习模式的设计还可以基于角色分工来促进合作学习的有效实施。通过在合作学习过程中给予学生们不同的角色和责任，可以激发学生的团队合作精神和个人潜力。例如，有的学生可以担任组织者的角色，负责规划和组织合作学习的活动；有的学生可以担任记录员的角色，负责记录合作学习中的重要观点和成果；有的学生可以担任发言人的角色，负责代表小组向全班汇报合作学习的成果等。通过角色的分工，可以使每个学生都发挥自己的长处，推动合作学习的顺利进行。

3. 资源共享模式

对于合作学习模式的设计，资源共享是一个重要的原则。合作学习模式的设计应该鼓励学生之间共享信息、资源和经验。通过分享自己的观点和困惑，学生们可以相互促进、相互帮助，实现知识的共同建构。在资源共享模式下，教师可以为学生提供丰富的学习资源，如教材、多媒体资料、网络资源等，同时也可以鼓励学生之间共享彼此的发现和学习成果。通过资源的共享，可以丰富合作学习的内容和成果，提高学生的学习效果。

4. 反思总结模式

在合作学习模式的设计中，反思总结是一个必不可少的环节。通过反思总结，学生们可以对合作学习的过程和成果进行评价和思考，从中汲取经验教训，丰富和提高自身的学习策略和合作能力。在设计合作学习模式时，教师可以安排一定的反思总结时间，引导学生回顾合作学习的过程，分析合作学习的效果，找出不足和改进的方向。通过反思总结，合作学习可以不断完善和提高，达到更好的效果。

（四）合作学习模式的设计评估

在高中英语课堂中，合作学习模式的设计是学生共同参与、互相合作的重要环节。通过科学的设计评估，可以评判教师的教学设计是否切实有效，是否能够达到预期目标。

1. 确保评估的客观性和公正性

通过明确评估标准、多样化评估方法、确保评估过程透明、避免个人偏见、及时反馈与沟通以及定期审查和调整等措施，教师可以为学生创造一个公平、公正的学习环境，促进他们的全面发展。

2. 注重学生的参与度和自主性

高中阶段的学生已经具备了一定的学习能力和自主性，因此合作学习模式的设计评估应该关注学生的参与度和主动性。教师可以通过观察学生在小组合作中的角色分工、讨论质量和对学习任务的投入程度等方面来评估学生的参与度，并给予适当的鼓励和奖励。

3. 关注学生的学习效果和发展

合作学习模式的设计评估应该注重学生的学习效果和学习发展。教师可以通过问卷调查、小组讨论和测试成绩等多种方式来评估学生的学习效果，涉及学生在合作学习任务中的知识掌握程度、学习态度和学习动力等方面。此外，评估还应该关注学生的学习发展，教师可以观察学生在合作学习中的反思能力、团队合作能力和问题解决能力等方面的发展情况。

4. 建立完善的评估反馈机制

通过评估反馈，教师可以了解学生在合作学习中的不足，以便及时进行调整和改进。教师可以将评估结果与学生进行分享，让学生了解自己在合作学习中的表现和进步，同时给予适当的指导和帮助，促进学生进一步的学习和发展。

四、合作学习模式的实施

（一）合作学习模式的实施策略

1. 设立明确的学习目标

在合作学习的过程中，为了使学生能够更好地协作并取得良好的学习效果，教师需要为每个学习任务设立明确的学习目标。这些目标应该是具体的、可量化的，并能在学生之间得到合宜的沟通和共享。通过明确的学习目标，学生能够清楚地了解自己与小组成员之间的责任分工，从而更好地配合合作学习。

2. 提供具有挑战性的任务

在合作学习中，教师应该提供具有一定挑战性的学习任务，从而激发学生的学习兴趣，培养学生的解决问题的能力。这些任务可以是开放性的、探究性的，能够引导学生进行深入思考和讨论，鼓励他们主动地积累知识和探索解决问题的方法。

3. 创建良好的学习氛围

合作学习的实施需要在一个良好的学习氛围中进行。教师应该营造一个互相尊重、相互支持的学习环境，鼓励学生展示自己的观点、听取他人的意见，促进彼此之间的合作交流。同时，教师也需要提供必要的资源和支持，帮助学生克服学习过程中的困难，保证他们能够顺利地完成学习任务。

4. 引导学生学会合作

合作学习的核心在于学生之间的合作与协作。在实施过程中，教师需要引导学生学会合作，包括培养学生的合作技能和合作精神。他们需要学习如何与小组成员进行有效的沟通和协商，如何分配任务和资源，如何解决合作过程中的冲突和分歧等。通过这些实践经验，学生能够逐渐提升自己的合作能力，从而更好地参与合作学习。

5. 提供及时的反馈和评价

在合作学习模式的实施过程中，教师需要及时地给予学生反馈和评价。可以是口头的反馈，也可以是书面的评价。无论是哪种形式，都能帮助学生了解自己在学习过程中的表现和进步，促进他们在合作学习中的动力和积极性。同时，教师也要鼓励学生互相给予反馈和评价，帮助他们更全面地认识自己的学习情况，进一步提升学习效果。

（二）合作学习模式的实施效果

合作学习模式作为一种现代教育教学模式，注重学生之间的互动合作和共同构建知识的过程。其实施效果对于提高学生的学习动力、促进学习成绩的提高和培养他们的合作能力具有重要意义。

合作学习模式的实施能够激发学生的学习兴趣。在这种模式下，学生们通过协作和交流，互相学习、互相帮助，会对课堂所学的知识产生更大的兴趣。相比于传统单一的教学方式，合作学习模式能够让学生们在互动中感受到学习的乐趣，从而更加积极主动地参与到课堂中来。

合作学习模式的实施能够提高学生的学习成绩。通过与同学们的合作学习，学生们不仅可以分享自己的学习成果，还能够接触不同的思维方式和解题思路。这种接触和交流可以拓宽学生的思维视野，促使他们去深入地理解和掌握所学的知识，从而提高学习的效果和成绩。

合作学习模式的实施有助于培养学生的合作能力和沟通能力。在合作学习中，学生们需要相互协作、相互配合，共同完成任务。这不仅可以锻炼学生的合作能力，还能够培养他们的沟通技巧和团队意识。通过与他人合作学习，学生们可以学会倾听、尊重他人的意见，学会有效地与他人进行合作和交流。

（三）合作学习模式的实施反馈

在高中英语课堂中，通过及时和有效地获取学生对于合作学习模式的反馈信息，可以进一步改善和完善教学设计和实施。

1. 定期的问卷调查

问卷可以包括一些开放性问题，让学生畅所欲言，表达他们对于合作学习模式的感受和看法。例如，他们是否喜欢在小组中合作学习，他们认为合作学习对于英语学习有何益处，他们对于合作学习模式有什么改进建议，等等。教师可以根据学生的反馈，了解他们对于合作学习的喜好和需求，以便进一步优化合作学习的实施方式和内容。

2. 观察和记录学生在合作学习过程中的表现

教师可以密切关注学生在小组中的合作情况，包括他们的合作意愿、积极性、参与度以及合作效果等方面。教师可以记录下学生的表现，并与学生进行反馈和讨论，帮助他们认识到自己的优点和不足之处。这样可以激励学生更加主动地参与合作学习，并改进和提高自己的合作技巧和能力。

3. 同伴评价

教师可以要求学生在合作学习结束后，相互进行评价和反馈。学生可以根据合作学习的目标和要求，评价彼此在合作学习中的表现和贡献。这种同伴评价可以提供客观和多角度的反馈，帮助学生认识到自己的优点和不足，并引导他们进一步改进和完善自己的合作能力。

4. 组织小组学生进行合作学习经验分享

通过在课堂上展示和分享各个小组的合作学习经验，学生可以互相学习和借鉴，发现合作学习的优点和改进空间。这样的经验分享不仅可以提供反馈信息，还可以加强学生之间的交流和合作意识，促进他们在合作学习中更好地发挥作用。

第三节

高中英语课堂探究式教学模式

一、高中英语探究式教学模式概述

（一）探究式教学模式的定义、原则与目标

探究式教学模式是一种基于学生的主动参与和自主探究的教学方式，旨在培养学生的思辨能力、动手能力和合作精神。与传统的教师主导型教学不同，探究式教学模式注重学生的发现、提问和思考，关注学生的兴趣和潜能的激发，调动学生的学习动机和积极性。

探究式教学模式倡导一系列基本原则，包括学生参与、问题导向、探索和合作。首先，学生参与是探究式教学的核心，通过参与和互动，学生能够更加深入地理解知识，培养解决问题的能力。其次，问题导向是指教师用问题引导学生进行探究，通过提问、讨论和实践引导学生主动思考解决问题的方法。再次，探索是指学生通过实践、观察和实验等方式主动发现和探索知识，培养探索精神和创新能力。最后，合作是指学生之间的合作学习，通过小组合作和分工合作等形式，培养学生的团队合作精神和沟通能力。

探究式教学模式的目标是培养学生的思维能力、实践能力和创新能力，使其在自主学习和问题解决中得到全面发展。通过探究式教学，学生能够培养批判思维、创新思维和合作思维，提高解决现实问题的能力。研究表明，探究式教学模式能够促进学生的学业成绩提高和知识记忆增强，同时也对学生的学习兴趣和学习动机产生积极影响。

（二）探究式教学模式的历史发展

探究式教学模式作为一种有效的教学方法，其历史发展可以追溯到 20 世纪

初。早期的启发可以追溯到美国教育学家杜威的经典理论，他强调学生应该通过实际操作和积极参与来探索和构建知识，而不是简单地被动接受。

随着时间的推移，探究式教学模式在不同国家和地区得到了进一步的研究和发展。在20世纪60年代，英国教育学家在教育改革中引入了探究式教学的概念。他们认为，探究式教学可以激发学生的自主学习兴趣，培养其批判思维和问题解决能力。

在接下来的几十年里，探究式教学模式在世界范围内得到了广泛的推广和应用。美国、加拿大、澳大利亚等发达国家纷纷将探究式教学模式纳入教学改革。同时，一些教育学家和研究者对探究式教学模式的定义进行了深入的探讨和研究，为其进一步的发展提供了理论支持。

在中国，探究式教学模式的引入也经历了一个逐渐发展的过程。20世纪80年代末至90年代初，由于教育改革的需要，中国开始关注探究式教学模式的研究和应用。一些学者提出了具体的实施方法和原则，例如构建具有探究性和实践性的课程，强调学生的主动参与和合作学习等。这些实践经验对于探究式教学模式在中国的推广和实施起到了重要的推动作用。

（三）探究式教学模式的类型

在高中英语的探究式教学模式中，存在着不同的类型。这些类型的探究式教学模式在教学过程中都有各自的特点和适用场景。

1. 问题导向型的探究式教学模式

在这种模式下，教师会提出一个或多个问题，激发学生的思考和探究，引导他们通过自主学习和合作探究的方式寻找答案。这种类型的探究式教学模式强调学生的主动性和参与度，能够培养学生的问题解决能力和批判思维能力。

2. 基于项目的探究式教学模式

在这种模式下，教师会设立一个项目或任务，让学生通过合作研究和实践操作来完成。项目可以是关于研究某个文化现象、社会问题或历史事件等。学生需要围绕这个主题，通过查阅资料、进行实地调查、开展实验等方式，收集并整理相关信息。通过实际且完整的项目完成过程，学生可以全面地掌握知识和技能，提高他们的问题解决和实践能力。

3. 社会互动型的探究式教学模式

在这种模式下，学生通过社会学习和合作探究来获取知识和技能。教师会组织学生参与课堂讨论、小组活动和角色扮演等形式的互动，让学生之间相互学习、分享和合作。这种类型的探究式教学模式能够培养学生的团队合作能力和社交能力。

二、探究式教学模式的特点

（一）学生中心

在探究式教学模式中，学生扮演着核心的角色，教师则变成了引导者和指导者。学生中心是探究式教学模式最关键的特点之一。在传统的教学中，教师往往起着主导作用，而学生只是被动地接受和消化知识。但是在探究式教学模式中，学生成为学习的主体，积极主动地参与问题的探究和解决过程。

学生中心的教学模式意味着教师需要充分了解每个学生的实际情况和学习需求，并根据每个学生的能力和兴趣提供个性化的教学指导。教师要倾听学生的诉求，尊重学生的意见和想法，为学生提供一个自由、积极、尊重个体差异的学习环境。在学生中心的教学模式中，每个学生都有机会发掘自己的潜力，充分展示和发挥自己的优势。

在学生中心的教学模式中，探究和合作是非常重要的环节。学生通过自主探究和合作探讨的方式，积极主动地参与课堂活动。他们不再只是单纯地接受教师的知识传授，而是通过实际操作、互相交流、讨论和解决问题等方式来深入理解和掌握知识。

学生中心的教学模式还鼓励学生主动思考和质疑，培养学生的创造性思维和批判性思维能力。教师通过提出开放性问题来引导学生进行探究式学习，激发学生的思维活力和创新能力。在学生中心的教学模式中，学生被鼓励提出问题、发表自己的观点和见解，共同探索和发现知识的奥秘。

（二）教师引导

在高中英语课堂的探究式教学模式中，教师的引导不仅仅是指简单的讲解和指导，而是通过灵活的教学策略，启发学生的思维，引导他们主动参与、探索和建构知识。

1. 教师的引导需要具备灵活性和针对性

教师应根据学生的知识水平和学习需求，灵活地运用合适的教学方法和技巧。

他们要善于倾听学生的想法和观点，不仅要给予肯定和赞扬，还要鼓励他们独立思考和提出问题。教师要以学生为中心，适时地提出有针对性的问题，引导学生思考和交流，促使他们积极参与知识探索的过程。

2. 教师的引导需要具备启发性和激发性

教师在课堂上可以设计各种启发性的问题，激发学生的好奇心和探究欲望。他们可以通过引用有趣的事例、提出挑战性的问题、展示引人入胜的实践案例等方式，激发学生对于学习内容的兴趣和热情。教师还可以引导学生主动提出自己的观点和见解，培养他们独立思考和分析问题的能力。

3. 教师的引导需要具备示范性和引导性

教师可以通过示范等方式，向学生展示解题思路、学习方法和学习技巧。他们可以给学生提供一些范例，帮助学生更好地掌握知识和技能。同时，教师还可以通过提供解决问题的步骤、方法和技巧，引导学生进行独立探索并解决问题。通过示范和引导，教师可以帮助学生建立自信心和学习动力，让他们在探究式教学中充分展示自己的潜力和能力。

（三）知识探索

在探究式教学模式中，知识探索为学生提供了一个独特的机会去主动探索和发现知识。相比传统的教学方式，探究式教学注重激发学生的学习兴趣和主动性，通过不断的实践和探索，培养学生的探索精神和解决问题的能力。

在知识探索的过程中，学生扮演着积极的角色。他们不再是被动的知识接收者，而是成为学习的主体。学生将通过提出问题、提出假设、开展调查研究等方式主动参与知识的探索，这使得他们能够更好地理解和掌握所学的知识。

教师在知识探索中发挥着重要的引导作用。教师不再是传统意义上的知识传授者，而是学生的指导者和引导者。教师将根据学生的学习情况和需求，提供必要的指导和支持，引导学生进行深入的研究和思考。教师还会利用适当的教学资源和工具，引导学生运用所学的知识进行实践探索，以培养学生的实际应用能力。

在知识探索过程中，学生将面对各种问题和挑战。他们需要通过积极探索和合作学习来解决问题。这种具有自主性和合作性的学习方式，有助于培养学生的创新思维和解决问题的能力。同时，知识探索还能够激发学生的好奇心和求知欲，激发他们对学习的热情，提高学习的主动性和积极性。

（四）实践操作

在探究式教学模式中，通过实践操作，学生能够将他们所学习的知识应用于实际情境中，并通过实践中的反思和总结，加深对知识的理解和掌握。

首先，实践操作可以帮助学生建立起对学习内容的更深层次的理解。在实践操作中，学生需要亲自动手进行各种实际操作或任务。通过这样的实践经验，学生能够亲身体验到知识的应用和实际效果。例如，在项目化学习过程中，学生可以通过亲自进行社会调查或街头采访，获取与文本任务相关的真实信息并加以分析，从而培养逻辑思维和批判性思维的能力。

其次，实践操作能够培养学生的实际动手能力和解决问题的能力。在探究式教学中，学生需要亲自动手，进行资料收集、整理、分析等操作。这些过程不仅能够锻炼学生的动手能力，还能够让他们体验到解决问题的乐趣，增强学习的主动性。学生会遇到各种问题，需要独立思考、分析并找到解决方案。这种经历能够让学生积累解决问题的经验，提升他们的思维能力和创新能力。

再次，实践操作为学生提供了展示自己的机会。通过参与实践活动，学生可以展示自己的语言应用能力、创造力和表达能力，提升自己的自信心和学习兴趣。这不仅可以激发学生的学习兴趣，也可以提高学生的自信心。

最后，在实施实践操作时，教师的引导和支持起到了至关重要的作用。教师需要帮助学生建立实践操作的步骤和流程，指导学生在实践过程中的探索和解决问题。同时，教师也需要及时给予学生反馈和评价，帮助他们不断改进和提升。通过教师的引导和支持，学生能够更好地实施实践操作，取得更好的学习效果。

三、探究式教学模式的设计

（一）探究性问题的设计

在探究式教学模式的设计中，通过合理设计探究性问题，可以引导学生主动思考、积极探索，并激发他们的学习兴趣和动力。

探究性问题应该具有明确的目标和方向。问题的设计需要与教学目标紧密联系，能够引导学生深入思考，探索问题的本质和内涵。比如，在英语写作教学中，可以提出“分析一部你最喜欢的英语文学作品中的主要人物，并探讨该人物的性格特点、行为动机以及对故事情节发展的影响”这类有针对性的问题。学生在回答时可以更加高效地收集信息、分析数据和形成结论，从而提升自己的探究能力。

探究性问题应该具有启发性和挑战性。这样的问题能够引起学生的好奇心和思考欲望，激发他们主动探索和寻找答案的热情。设计问题时可以采用一些引导性强的词语，如“为什么会……”“如何解决……”等，可以帮助学生深入思考并产生更多的探索思路。

探究性问题的设计要考虑到学生的知识水平和能力。问题的难度应该适中，既要挑战学生的思维能力，又不能过于复杂难解，使学生失去信心和兴趣。因此，了解学生的学科知识储备和思维能力是至关重要的，可以根据学生的实际情况，设计合适的问题。

探究性问题的设计需要考虑到学生的个体差异和兴趣爱好。为了激发学生的积极性，问题可以从多个角度出发，多样化地呈现给学生，以满足不同学生的需求。采用具体、生活化的问题，可以更好地引起学生的兴趣，使他们更加主动地探索问题并寻找答案。

探究性问题的设计需要关注问题之间的衔接性和系统性。问题应该有层次性和递进性，能够引导学生由浅入深、由易到难地进行思考和探索。问题之间的关联性也要考虑清楚，要构建一个完整的问题链条，使学生能够逐步理解问题的本质和内涵。

（二）探究活动的设计

设计探究活动是探究式教学模式中至关重要的一环。通过科学合理地设计探究活动，可以提高学生的学习主动性和参与度，促进他们深入掌握知识。在设计过程中，教师需要关注以下几个方面。

1. 探究活动的设计要立足于教学目标

教学目标是指教师希望学生在完成探究活动后所达到的预期结果。因此，在设计探究活动时，教师应明确目标，确保每个活动都与目标直接相关。例如，在高中英语课堂中，如果教学目标是提高学生的口语表达能力，那么探究活动可以设计为小组讨论和角色扮演等形式，以促进学生的口语交际能力的进步。

2. 探究活动的设计要关注学生的兴趣和需求

学生参与探究活动的积极性往往与他们对主题的兴趣密切相关。因此，在设计探究活动时，教师应尊重学生的兴趣和需求，选择能够引起学生兴趣的话题和问题，并提供符合学生认知水平的材料和资源。例如，对于高中生而言，可以选择与他们生活经验和兴趣相关的话题进行探究活动的设计，以激发他们的学习热情。

3. 探究活动的设计要注重学生的合作与互动

探究式教学模式强调学生在解决问题的过程中的合作与互动。因此，在设计探究活动时，教师应设法创建合作学习的情境，鼓励学生互相交流和合作解决问题。例如，可以设计小组合作的形式，让学生通过集思广益和互相交流的方式来共同解决问题，从而提高合作的能力。

4. 探究活动的设计要注重培养学生的实践和创新能力

探究式教学模式强调学生在实际问题解决中的能力培养，因此，在设计探究活动时，教师应尽量让学生参与实践和创新。例如，教师可以设计各种实践活动，如实地考察、社区调查、角色扮演等，让学生在真实或模拟的环境中运用英语进行交流和解决问题。通过亲身参与和实际操作，学生能够加深对英语知识的理解和运用，同时培养实际操作能力和解决问题的能力，让学生通过实践来巩固和拓展所学内容，进一步培养他们的实际操作和创新思维能力。

（三）教学资源的设计

教学资源旨在为学生提供所需的信息、材料和工具，以促进他们的探究和学习过程。教学资源的设计需要考虑学生的学习需求以及教学目标的要求。在设计教学资源时，教师应注意以下关键事项。

教学资源的设计应该与主题和教学目标相一致。这些资源可以包括教科书、参考书籍、文章、视频、图片、实验装置等，教师根据学生的学习兴趣和能力水平，有针对性地进行选择。例如，对于高中英语课堂中的探究活动，教师可以选择与所学主题相关的文章或视频作为阅读材料，激发学生的兴趣和提供必要的背景知识。

教学资源的设计应注重多样性和互动性。教师可以提供多种不同类型的资源，如文本、表格、图像等，以满足不同学生的学习需求。教师还可以设计一些互动性强的资源，如在线讨论平台或小组活动，以促进学生之间的交流和合作。这样的设计可以激发学生的学习兴趣，增强他们的参与度和自主性。

教学资源的设计要考虑到学生的学习过程和需要。教师可以根据学生的知识和能力基础，提供不同难度和深度的资源。例如，对于高中英语课堂的探究活动，可以提供一些扩展阅读材料，以满足学生进一步探究和学习的需求。教师还可以根据学生的学习进展，随时调整和更新教学资源，以促进个性化的学习和发展。

教学资源的设计需要注重评价和反馈。教师可以设计一些评价方式，如问卷调查、小组讨论反馈等，以了解学生对教学资源的理解和使用情况。通过及时的评价和反馈，教师可以了解学生的学习情况，便于对教学资源进行调整和改进。

（四）教学评价的设计

通过对学生的表现和学习成果进行评价，不仅可以帮助教师了解学生的学习情况和掌握效果，还可以激发学生的学习动力和提高学习效果。在探究式教学模式中，教学评价的设计必须与教学目标和教学内容相适应，注重把综合评价和个性化评价相结合。

1. 教学评价应该注重对学生的综合能力进行评价

传统的教学评价往往只关注学生的记忆能力和应试能力，忽略了学生的思维、沟通、合作和创新等综合能力的培养。而在探究式教学模式中，教学评价应该关注学生的问题解决能力、独立思考能力、团队协作能力以及实践应用能力。通过多种评价方式，例如项目展示、作品展示、讨论表演等，评估学生在不同情境下的综合能力发展。

2. 教学评价应该注重个性化评价

每个学生都具有独特的兴趣、特长和学习方式，而传统的教学评价往往将学生都按照同一标准进行评价，忽视了个体差异。在探究式教学模式中，教学评价应该注重发现和培养学生的个性特点，给予每个学生充分的发展空间。可以通过学习档案、学习日记、学习计划等方式，了解学生的个性化需求，有针对性地给予评价和建议，帮助学生更好地发展。

3. 教学评价应该注重过程评价

传统的教学评价往往只注重结果评价，即学生最终的学习成果。而在探究式教学模式中，教学评价应该注重学习过程的评价，关注学生在探究活动中的主动参与和问题解决过程。通过观察和记录学生在探究活动中的表现，包括提问、探索、分析、合作等方面的表现，评价学生在学习过程中的能力和思维方式。

四、探究式教学模式的实施

（一）教师的角色转变

在探究式教学模式的实施中，教师的角色发生了重要的转变。传统的教学模式中，教师通常扮演着知识的传授者和权威的代表，而在探究式教学中，教师则扮演着引导者和促进者的角色。

教师不再简单地向学生灌输知识，而成为学习的引导者。教师通过提出问题、引导思考和激发学生的好奇心，引导学生主动地去发现、探索和解决问题。他们不再只是简单地告诉学生正确答案，而是帮助学生自己寻找路径。这种转变使得学生能够更加积极主动地参与学习过程，培养他们的探索精神和自主学习的能力。

教师在探究式教学中还要扮演促进者的角色。他们要为学生提供必要的资源和信息，并指导学生如何利用这些资源和信息进行探究活动。教师要善于引导学生合理地利用学习工具和技术，帮助他们充分发挥学习潜能。通过引导和促进，教师能够激发学生的学习兴趣和动力，使他们更加主动地投入学习。

教师在探究式教学中要具备良好的组织和管理能力。由于探究式教学强调学生的主动参与，教师需要合理安排学习任务和时间，确保学习活动的高效进行。教师还要充分了解学生的学习情况，根据学生的不同需求进行个性化的指导和辅导。通过高效的组织和管理，教师能够更好地满足学生的学习需求，促进他们的学习成长。

（二）学生的角色转变

在传统的教学模式下，学生通常被视为知识的消化者和被动的接受者。然而，在探究式教学模式中，学生的角色发生了明显的转变。他们不再只是被动地接受教师灌输的知识，而是变成了主动学习者和知识的构建者。

1. 学生在探究式教学中扮演着主要的角色

他们不再依赖教师提供的答案，而是积极参与问题的提出和解决过程。他们被鼓励思考、探索和质疑，学习兴趣和自主性得到了激发。通过参与各种探究活动，学生能够培养批判性思维和解决问题的能力，提高自主学习的意识。

2. 学生在探究式教学中需要合作与协同

他们被鼓励与同伴进行合作学习，在小组或小队中共同探究问题。通过与他人的交流和合作，学生们能够分享思考和经验，相互促进学习的深入和提高。同时，合作学习也培养了学生的团队合作能力和沟通能力，为他们日后的社会交往做好准备。

3. 学生的学习目标发生了改变

在传统教学中，学生的学习目标往往是以完成教师布置的任务为主。而在探究式教学中，学生的学习目标更加多元化和个性化。他们可以根据自己的兴趣和需求选择学习内容和目标，通过探究和发现来实现个人的学习目标。

4. 学生的学习态度和动机得到了提升

探究式教学模式激发了学生对学习的兴趣和好奇心，培养了他们积极主动地参与学习的态度。学生通过自主学习和探索，能够体验到成功的喜悦和自信的提升，进而增强对学习的动机和信心。

（三）探究活动的实施

在探究式教学中，探究活动是学生主动参与、实践和发现的重要环节，它能够激发学生的探索欲望，培养他们的思维能力和解决问题的能力。

为了促进学生的主动参与，教师应该提供丰富的探究活动资源。这些资源可以包括实验器材、文献资料、多媒体教具等，通过提供多种多样的资源，可以激发学生的兴趣，帮助他们主动展开探究。

教师需要引导学生在探究活动中提出问题，这不仅有助于培养学生的创新思维和实践能力，还能提升他们的英语综合运用能力。通过引导学生提出问题并寻求答案，教师可以为学生创造一个充满探究和发现的学习环境，促进他们的全面发展。

教师应注重学生之间的合作和交流。在探究活动中，学生可以组成小组进行合作研究，共同解决问题。通过合作学习，学生可以相互交流思想、分享经验，培养团队合作精神和沟通能力。

教师要及时给予学生反馈和评价。在探究活动结束后，教师应该对学生的表现进行评价，并给予肯定和建设性的指导。通过及时的反馈和评价，学生能够了解自己的不足并进行改进，提高和释放他们的学习效果和学习动力。

（四）教学评价的实施

教学评价旨在对学生的学习过程和学习成果进行全面、客观的评判和总结。在探究式教学模式的实施过程中，教师需要结合学生的实际情况，合理设计相应的评价策略。

针对学生的知识探究能力，教师可以借助不同的形式进行评价。一种常见的方式是开展作品展示或课堂展示，让学生通过展示自己在课堂上的所学所思所得，来达到对学生的知识探究能力进行评价的目的。此外，教师还可以采取问答、小组讨论、课堂演讲等方式，对学生在探究活动中的表现进行评价。

对学生的合作能力进行评价是非常重要的。在探究式教学模式的实施中，学生需要进行合作讨论、分工合作等活动，教师可以通过观察学生在合作中的表现，评价他们的合作能力。例如，教师可以观察学生是否积极参与合作，是否能够有效地完成自己的任务，并能够与团队成员进行良好的协作沟通等。此外，教师还可以结合学生的合作报告和团队展示等事项，来评价学生在合作中所取得的成果。

教师需要关注学生的创新思维能力和问题解决能力。在探究式教学模式的实施过程中，学生需要通过自主探究和思辨来解决问题。教师可以通过观察学生解决问题的方法和思路，以及对问题进行分析和归纳的能力来评价学生的创新思维能力和问题解决能力。

教师还需要对学生的学习成果进行综合评价。在探究式教学模式中，学生不仅仅是被动地接受知识，而是通过自主探究和实践，获得了一定的学习成果。教师可以通过考试、作业、实验报告、项目展示等形式对学生的学习成果进行评价。同时，还可以结合学生的自我评价和互评，来全面了解学生在探究式教学模式中所取得的学习成果。

第四节

高中英语课堂个性化教学模式

一、高中英语课堂个性化教学模式概述

（一）个性化教学定义

个性化教学是指根据学生的个体差异和学习特点，通过灵活多样的教学手段和方法，满足学生个性化学习需求，促进学生全面发展的一种教学模式。在高中英语课堂中，个性化教学模式旨在充分尊重每个学生的个体差异，关注每个学生的兴趣、能力和潜能，提供个性化的学习环境和学习任务，以促进学生自主学习和深度思考。

个性化教学模式的核心理念是以学生为中心。它强调教学的个体化、差异化和多样化，注重学生个体的需求和兴趣，充分发挥学生的主体性和创造性。在个性化教学模式中，教师不再是传统意义上的知识输出者，而是学生学习的引导者和促进者，帮助学生主动参与学习活动，掌握学科知识和培养解决问题的能力。

（二）高中英语课堂个性化教学模式的内涵

高中英语课堂个性化教学模式的内涵主要包括以下几个方面。

首先，注重学生的个体差异。每个学生都是独特的个体，他们有不同的学习风格、学习兴趣和学习能力。因此，个性化教学模式要充分尊重每个学生的个体差异，根据学生的特点，量身定制不同的教学方案，满足每个学生的学习需求。

其次，强调学生的主动参与和自主学习。在个性化教学模式中，学生被视为学习的主体，他们不再被动地接受教师的灌输，而通过积极参与和自主学习来构建知识。教师的角色不再是传授知识的主导者，而是引导者和协助者，通过提供适当的学习资源和指导，激发学生的学习兴趣和学习动机。

再次，倡导多元化的教学方法和策略。个性化教学模式鼓励教师运用多种多

样的教学方法和策略，以满足学生不同的学习需求和学习风格。教师可以采用小组合作学习、问题解决式学习、案例分析等多种教学模式，通过多样的教学活动和任务，激发学生的学习兴趣，培养学生的合作能力和创新思维。

最后，个性化教学模式还强调反馈和评价的重要性。教师需要及时给予学生有效的反馈和评价，帮助学生了解自己的学习进展和存在的问题，以便及时调整学习策略和方法。同时，学生也需要参与评价和反馈的过程，提供自己的意见和建议，促进教师和学生之间的互动和合作。

（三）高中英语课堂个性化教学模式的重要性

个性化教学是指根据学生的个性特点和学习需求，为每个学生量身定制学习方案和教学内容，以满足其个性化的学习需求和发展潜能。在高中英语课堂中，个性化教学模式的重要性越来越被教育界所关注。

个性化教学模式能够满足学生的差异性学习需求。在高中英语课堂中，学生的英语水平、学习兴趣、学习能力各不相同，采用统一的教学方法和教学内容无法满足每个学生的需求。而个性化教学模式可以根据学生的特点，有针对性地设计教学方案，提供个性化的学习内容和学习活动，从而使每个学生都能够在适合自己的学习环境中得到更好的学习效果。

个性化教学模式能够激发学生的学习兴趣和学习动力。传统的统一教学方法常常让学生感到枯燥乏味，缺乏学习的主动性。而个性化教学模式注重学生的参与性和主体性，鼓励学生根据自己的兴趣和需求进行学习，培养学生的学习兴趣和学习动力。通过个性化的教学方式和活动设计，学生更容易投入学习中，积极参与并享受学习的过程。

个性化教学模式有助于培养学生的自主学习能力和综合素养。个性化教学注重培养学生的自主学习能力，通过给予学生选择和决策的权利，鼓励他们在学习中提出问题、解决问题，培养他们的探究能力和创新能力。同时，个性化教学模式也注重培养学生的综合素养，通过多样化的学习活动和任务，促进学生的综合能力发展，提升他们的学习效果和发展潜能。

个性化教学模式有利于提高课堂教学的有效性和效率。个性化教学关注学生的学习需求和兴趣，能有效地激发学生的学习动力和积极性。个性化的教学内容和学习活动能够贴近学生的实际情况，并结合学生的学习特点进行设计，提高学习的效果和效率。同时，个性化教学模式也能够及时对学生的学习情况进行反馈和调整，实现教学的差异化和个性化，进一步提升课堂教学的质量。

二、个性化教学模式的特点

（一）灵活性

灵活性体现在教学过程中的多样化和变通性。在传统的课堂教学中，教师通常按照一定的步骤和固定的教学计划进行教学，学生很难参与教学过程。而在个性化教学模式下，教师能够根据学生的不同需求和兴趣，灵活地调整教学内容和教学方法，使教学真正符合学生的个体差异。

灵活性体现在个性化教学模式中对于时间和进度的灵活安排。每个学生的学习能力和学习进度都是不同的，在个性化教学模式下，教师可以根据学生的学习进度，灵活地安排教学内容和进度。对于学得快的学生，教师可以提供更多的拓展资料和挑战性的任务，使其得到更好的发展；对于学得较慢的学生，教师可以给予更多的辅导和巩固，确保他们能够跟上教学进度。这种个性化的学习进度安排，能够更好地满足学生的学习需求。

个性化教学模式还强调教师在教学中的敏感性和反馈性。教师需要根据学生的实际表现和学习情况，灵活地调整教学策略和方法。通过及时的反馈和评价，教师可以发现学生的问题和困惑，并及时进行指导和帮助。这种教师对学生的及时关注和灵活指导，有助于促进学生的个性化发展。

（二）差异性

个性化教学模式的一个重要特点是其强调学生个体之间的差异性。每个学生都有自己独特的学习风格、兴趣爱好和认知能力等方面的差异。因此，个性化教学模式的设计要充分考虑到学生的个体差异，以满足不同学生的需求。

个性化教学模式通过充分了解学生的特点和需求，采取不同的教学方法来适应不同的学生。教师可以根据学生的学习风格，采用不同的教学策略。对于喜欢听觉学习的学生，教师可以通过音频材料或口述讲解来满足他们的学习需求；对于偏爱视觉学习的学生，教师可以使用表格、图片或视频等多媒体资源来辅助教学。通过差异化的教学方式，个性化教学模式帮助学生更好地理解和吸收知识。

个性化教学模式注重差异性的评估和反馈。在教学过程中，教师需要利用不同的评估方式来了解每个学生的学习进度和理解程度。这样，教师可以根据每个学生的表现来调整教学内容和方法，确保每个学生都能够得到适当的教学支持。同时，个性化教学模式也强调及时的反馈，鼓励学生参与自我评估和互评，以提高学生的学习效果。

个性化教学模式鼓励学生之间的合作和交流，以促进他们之间的差异性发展。通过小组讨论和合作项目等形式，学生可以相互交流和借鉴，发挥各自的优势，促进彼此的学习成长。这种互动性和差异性的结合不仅能够满足学生的个体差异，还能够培养学生的团队合作能力和社交能力。

在个性化教学模式的实施过程中，教师起着重要的引导和协助作用。他们需要对学生进行全面的了解，包括学习习惯、兴趣爱好和成就动机等方面的差异。对于不同学生的差异性，教师可以通过灵活的教学方法和策略来满足他们的需求，使每个学生都能够得到个性化的教育。

（三）互动性

互动性是个性化教学模式的一个重要特点，它建立在师生之间的积极互动上。在高中英语课堂中，互动性的发挥可以促进学生的主动参与和积极学习。

互动性有助于教师建立良好的师生关系。在个性化教学模式中，教师不再像传统教学中那样处于授课者的角色，而是更像一个引导者和合作伙伴。通过与学生进行互动交流，教师能够更好地了解学生的个性需求和学习情况，使得教学更具针对性。

互动性有助于激发学生的学习兴趣和积极性。在个性化教学模式中，学生不再被动接受知识，而是可以根据自己的需求和兴趣进行选择和探索。通过与教师和同学的互动交流，学生可以更加深入地理解知识，加深对学习内容的兴趣和理解，从而激发对学习的主动性和积极性。

互动性有助于培养学生的合作与交流能力。在个性化教学模式中，学生在学习过程中经常需要与教师和同学进行合作、讨论和交流。通过与他人的互动，学生可以更好地学会倾听和表达，学会团队合作和共同学习。这不仅有助于学生个人能力的提升，还有利于学生与他人的沟通和交流能力的培养。

互动性有助于教学模式的创新与改进。通过与学生的互动交流，教师可以更好地了解学生的学习需求和反馈，及时进行教学调整和改进，从而不断优化教学设计和实施，使得教学更具个性化和针对性，更能满足学生的学习需求和期望。

（四）创新性

在传统的教学模式中，教师和学生的角色相对固定，教师起着主导作用，而学生则扮演着被动接受的角色。然而，在个性化教学模式中，创新性得以体现。

个性化教学模式注重学生的主体地位，鼓励学生在学习过程中发挥自己的创造力和想象力。这就要求教师对于教学内容和方法进行创新，以激发学生的学习兴趣和动力。例如，在讲解语法知识的过程中，教师可以引入有趣的例子或故事，让学生能够在轻松愉快的氛围中掌握知识点。此外，教师还可以设计一些富有创意和挑战性的任务让学生解决，从而培养学生的创新思维和解决问题的能力。

个性化教学模式提倡教学过程的多样性和灵活性。教师可以根据学生的不同兴趣、能力和学习风格，选择合适的教学资源和策略。例如，为了培养学生的口语表达能力，教师可以采用小组讨论、角色扮演和实地考察等丰富多样的教学方法，让学生能够充分展示自己的想法和观点。这种灵活的教学方式不仅能够满足学生的个性化需求，还能够激发学生的学习热情和动力。

创新性还体现在个性化教学模式的评价方式上。在传统的教学模式中，评价主要以考试成绩为主，往往只强调学生的记忆能力和应试能力。然而，在个性化教学模式中，评价应该更多关注学生的思维能力、创新能力和问题解决能力。因此，教师需要创新评价方式，如项目作业、社交表现、口头报告等，为学生提供更多展示自己个性和才华的机会。

三、个性化教学模式的设计

（一）教学目标的设计

在高中英语课堂个性化教学模式中，教学目标的设计旨在使每个学生都能在自己的学习水平和能力范围内取得最大的进步和成就。

1. 教学目标要具有明确性

明确的教学目标可以帮助学生和教师在学习过程中更好地把握学习方向和目

标。教师需要根据学生的实际情况和学科要求，确立明确的教学目标，使其具有可操作性和可评估性。

2. 教学目标要具有挑战性

挑战性的教学目标可以激发学生的学习动力和兴趣，促使他们更加主动地参与学习过程。在设计教学目标时，教师可以根据学生的学习能力和兴趣设定适度挑战的目标，使学生在克服困难中实现自我超越。

3. 教学目标要具有针对性

针对性的教学目标可以促使学生针对自身的学习需求进行有目的的学习和提高。根据学生的不同水平和差异,教师可以设计不同层次和细化程度的教学目标，满足不同学生的学习需求。

4. 教学目标要注重培养学生的综合能力

个性化教学模式强调学生的个体差异和发展需求,因此在教学目标的设计中，要注重培养学生的自主学习能力、合作意识和创新思维等综合能力。教师可以通过设计相应的教学活动和任务，使学生在实践中培养和提高这些能力。

5. 教学目标的设计要关注学生的情感需求

个性化教学模式注重学生的情感体验和个体差异,因此在教学目标的设计中，要注重培养学生的学习兴趣、学习动机和学习情感，引导学生积极参与学习并享受学习的过程。

（二）教学内容的设计

教学内容的设计是指根据学生的不同需求和特点，有针对性地选择和安排教学内容，以促进学生的有效学习和全面发展。

1. 教学内容的设计要充分考虑学生的兴趣和学习需求

教师可以根据学生的个体差异和学科特点，有目的性地设计和筛选内容，使其既符合教学大纲和标准，同时也贴近学生的实际情况和兴趣爱好。例如，在英语课堂中，可以根据学生的职业志向或学习兴趣，选择相关主题和素材，如旅游、音乐、体育等，以增强学习的吸引力和实用性。

2. 教学内容的设计要灵活多样，以满足不同学生的学习需求

个性化教学模式强调因材施教，因此在教学内容的设计上可以采用多元化的方式，包括但不限于文字材料、图片、视频、音频、互动游戏等。通过多样化的

教学内容设计，可以满足不同学生的感知方式和学习喜好，提高他们的参与度和学习效果。

3. 教学内容的设计要注重知识的结构性和系统性

在个性化教学中，教学内容并不孤立地呈现给学生，而有机地组织和关联起来，形成一个完整的知识体系。因此，教师在设计教学内容时，应注重知识的梯度性和内在联系，逐步引导学生从易到难、从简到繁地掌握和理解知识点。

4. 教学内容的设计要注重引导学生进行自主学习

个性化教学模式强调学生的主体地位和主动性，因此在教学内容的设计上，教师应该注重培养学生的学习兴趣和学科思维能力。可以通过提供问题、案例分析和探究式学习等方式，激发学生的思考和探索欲望，培养他们主动获取知识的能力。

（三）教学方法的设计

在个性化教学模式的设计中，教学方法直接影响着学生的学习效果和学习兴趣，并对个性化教学的实施起着关键性作用。在设计教学方法时，应该充分考虑学生的个性差异、学习风格和兴趣爱好等因素，以便更好地满足学生的学习需求。

1. 注重灵活性和多样性

教师可以根据学生的不同特点，选择合适的教学方法进行教学。例如，对于喜欢音乐的学生，可以利用音乐元素来辅助教学，比如通过唱歌或演奏乐器来帮助学习英语单词或句子。对于喜欢运动的学生，可以采用游戏形式来进行教学，让他们在运动中学习。

2. 使用小组合作学习的方法

小组合作学习可以促进学生之间的互动和合作，提高学生的学习效果。教师可以将学生分成若干小组，让他们共同完成一项任务或解决一个问题。每个小组的成员可以根据自己的兴趣和能力进行分工合作，通过合作交流的过程，不仅可以增进彼此之间的相互理解和沟通，还可以激发学生的学习潜力和创造力。

3. 使用信息技术手段辅助教学

如今，信息技术在教育领域中得到了广泛的应用，通过利用电子教学资源和多媒体教学等方式，可以更好地满足学生对于多样化学习资源的需求。教师可以利用电子教学平台或者在线学习工具，为学生提供个性化的学习内容和学习方式。同时，教师还可以使用电子教材和教学软件等辅助教学工具，让学生在多样化的学习环境中进行学习。

4. 关注学生的自主学习能力的培养

教师可以通过启发式教学和解决问题式学习等方式，引导学生主动思考、探索和学习。教师可以提出一些有挑战性的问题，让学生主动思考和寻找答案，同时给予适当的指导和支持。通过培养学生的自主学习能力，可以提高学生的学习兴趣和主动性，增强他们的学习动力。

（四）教学评价的设计

教学评价不仅是对学生学习成果的检验，更是对教学效果的评判和加以改进的依据。因此，合理设计教学评价是个性化教学模式的重要一环。在个性化教学模式中，教学评价应注重以下几个方面。

教学评价应注重学生发展的全面性和多样性。传统的教学评价往往只注重学生对知识的掌握程度，而忽略了学生的兴趣、能力和思维方式等方面的发展。因此，在个性化教学模式下，教学评价应综合考虑学生的学习成果和个性特点，对不同方面进行评价和反馈，促进学生全面发展。

教学评价应注重学生的参与性和主体性。个性化教学模式倡导学生积极参与学习过程，发挥主体性。因此，教学评价应重视学生在学习中的自主思考、自主学习和自主判断等能力的培养。可以通过开展课堂讨论、小组合作学习和作品展示等形式，促进学生的主动参与和自我评价。

教学评价应充分考虑学生的个体差异。个性化教学模式强调因材施教，要求根据学生的个体特点制定教学方案。因此，在教学评价中，要充分考虑学生的学习风格、学习习惯和学习动机等方面的差异。可以采用个别测试、观察记录和学业档案等方式，对学生进行全面细致的评价，为个性化教学提供有针对性的建议和支持。

教学评价应注重师生互动和反馈。教学评价要有针对性和及时性，帮助学生实现目标并提高学习效果。因此，在个性化教学模式下，教师应及时对学生进行评价，并提供积极的反馈和指导。同时，教师也应接受学生的反馈和意见，不断改进教学方式和方法，提高个性化教学的有效性。

四、个性化教学模式的实施

（一）教师角色的转变

传统的教学模式中，教师往往扮演着知识的传授者和权威的角色，而在个性化教学模式中，教师的角色发生了较大的转变。首先，教师不再是单纯的知识传授者，而是成为学生学习的指导者和引导者。他们需要从学生的角度出发，了解学生的学习兴趣、需求和风格，为每个学生提供个性化的学习支持和指导。通过了解学生的个性特点，教师能够更好地满足学生的学习需求，帮助他们达到更好的学习效果。

教师在个性化教学模式中扮演着学习资源的策划者和提供者的角色。他们需要不断地研究和整理各种学习资源，以满足不同学生的学习需求。这些学习资源可以包括教科书、教学软件、网络资源和实践活动等，通过提供多样化的学习资源，教师能够激发学生的学习兴趣和积极性，激发他们的学习动力。

教师在个性化教学模式中需具备良好的沟通和协作能力。他们需要与学生、家长、同事等多方面进行良好的沟通和合作，以确保个性化教学的顺利进行。与学生的沟通不仅包括了正式的课堂教学，还包括了与学生的个别交谈和面谈。通过与学生的互动，教师能够更好地了解学生的学习情况和困难，为他们提供精准的学习支持。

（二）学生角色的转变

传统的教学模式中，学生主要扮演被动接受知识的角色，而在个性化教学模式中，学生的角色得到了以下几个方面的转变。

1. 学生在个性化教学模式中扮演了更加主动的角色

在传统教学中，学生往往被动地接受教师传授的知识，完成规定的任务。然而，在个性化教学模式中，学生被鼓励积极参与学习过程，他们可以根据自身的学习需求和兴趣选择学习内容，自主制定学习目标，并通过各种途径获取知识。这种主动的学习方式不仅提高了学生的学习动力，还培养了他们的自主学习能力。

2. 学生在个性化教学模式中扮演了更多合作的角色

在传统教学中，学生之间的交流和合作机会相对较少，教学过程更加注重个体的学习。然而，在个性化教学模式中，学生被鼓励进行合作学习，他们可以通过小组讨论和合作项目等方式与同学们进行互动交流，并共同解决问题。这种合作学习的方式有助于培养学生的团队合作能力和社交技能，同时也增强了学生对彼此之间的理解和尊重。

3. 学生在个性化教学模式中扮演了更加负责的角色

在传统的教学模式中，教师通常负责课堂的组织和管理工作，而在个性化教学模式中，学生被鼓励参与教学活动的组织与管理。例如，学生可以参与制定学习计划和时间表，安排学习任务的优先级，甚至参与评估和反馈的过程。这种参与程度的提高不仅让学生更加了解和掌握自身学习的情况，还培养了他们的自我管理和自我评价能力。

（三）教学活动的组织与管理

在个性化教学模式的实施过程中，教学活动的组织与管理不仅涉及学生的参与度和学习效果，还关系教师的指导能力和课堂管理能力。因此，教师在教学活动的组织与管理方面需要采取一些有效的策略与方法。

教师需要注重活动的设计与安排。在个性化教学模式下，教师应该灵活地组织教学活动，使其适应不同学生的学习需求和节奏。教师可以根据学生的兴趣爱好、学习风格和能力水平，设计不同的任务和活动，并将其融入课堂中。例如，教师可以设计小组合作活动、角色扮演活动、实践探究活动等，以促进学生的主动参与和合作学习。

教师需要合理安排教学资源的利用。在个性化教学模式中，教师应根据学生的学习需求提供不同的教学资源，例如多媒体课件、教学软件、网络资源等。教师可以通过引导学生独立查找资料、分享资源和进行讨论等方式，激发学生的学习兴趣和积极性。

教师需要关注教学活动的导向与反馈。在个性化教学模式下，教师应指导学生在学习过程中设立明确的目标，并提供有效的反馈。教师可以通过多种方式对学生的学习成果进行评价，例如口头评价、书面评价、同伴评价等。同时，教师还应注重及时反馈学生的学习进度和问题，帮助他们进行及时的调整和提升。

教师需要灵活应对教学活动的变化与调整。在个性化教学模式中，教师应密切关注学生的学习情况，及时根据学生的反馈和需要，对教学活动进行调整和优化。教师可以适当调整任务的难度，加大挑战，激发学生的学习兴趣和动力。

>>> 第五章

基于“教—学—评”一体化的高中英语课堂教学设计

第一节

基于“教—学—评”一体化的高中英语课堂教学设计概述

一、高中英语课堂教学设计的重要性

（一）教学设计对提高教学效果的作用

合理的教学设计能够使教学过程更加有序，帮助教师将知识点有条不紊地传授给学生。通过提前规划每个教学环节的内容与安排，教师可以更好地掌握课堂进度，确保每个环节的时间合理分配，避免出现时间不足或时间浪费的情况。

教学设计能够提高学生的参与度和学习兴趣。通过精心设计的教学活动和任务，教师能够激发学生的学习热情，使他们积极主动地参与到课堂中来。例如，教师可以设计一些有趣的小组活动或角色扮演，让学生们在完成任务的过程中充分发挥自己的主观能动性，从而更好地掌握和理解所学知识。

教学设计能够帮助教师更好地针对学生的学习特点和需求进行差异化教学。每个学生都有不同的学习方式和能力水平，教师通过灵活运用不同的教学策略和方法，将教学内容适应学生的实际情况。例如，对于一些理解能力较强的学生，教师可以提供更深入的拓展问题或扩展阅读材料；对于一些学习困难的学生，教师可以提供更多的辅导和指导。

教学设计能够帮助教师充分发挥教材的价值。通过对教材内容的理解和把握，教师可以将其有机地融入教学设计，使教学内容更具针对性和实用性。教师可以选取与教材相关的真实语言材料，并结合学生的生活实际，引发学生的兴趣和思考，促使他们在交流和表达中真正掌握语言技能。

（二）教学设计对激发学生学习热情的影响

教学设计在高中英语课堂中起着至关重要的作用，其中之一就是能够有效地激发学生的学习热情。教学设计可以通过合理的内容安排和科学的教学方法，使学生对英语学习产生浓厚的兴趣。例如，在教学设计中引入一些趣味性较强的活动或案例，可以吸引学生的注意力，让他们在轻松愉快的氛围中参与学习。

教学设计也可以通过激发学生的主动性和参与性，进一步提高学生的学习热情。在教学设计中，教师可以充分考虑学生的实际需求和兴趣，让学生在学习过程中感受到自己的主体地位，增强他们的学习动力。例如，可以引入小组合作学习的形式，让学生在小组中共同探讨和解决问题，激发他们的合作意识和学习兴趣。

教学设计可以通过创设积极的学习环境，激发学生的学习热情。一个积极的学习环境可以使学生感到安全和舒适，从而更加愿意积极参与到学习中。教师可以通过设置有趣的教学素材、提供丰富的学习资源和鼓励学生的探索精神，来构建这样的学习环境。例如，可以在教室内设置展示墙，让学生展示他们的学习成果，激发他们的学习热情和成就感。

（三）教学设计对培养学生自主学习能力的重要性

自主学习被认为是学生在知识获取和处理中独立思考、自觉探究的过程，而教学设计可以为学生提供合适的学习环境和引导，从而帮助他们培养自主学习能力。

教学设计要注重激发学生的学习兴趣和主动性。在课堂教学中，教师可以通过合理的教学设计，在内容选择和教学方法上体现多样性与启发性，以激发学生的学习兴趣。通过提供个人研究、小组合作、实践运用和问题解决等多样化的学习任务，学生将面临更多的学习机会和挑战，从而增强其自主学习的意愿和能力。

教学设计应鼓励学生从多个角度进行学习和探究。传统的教学模式往往以教师为中心，学生仅仅是被动接受知识的对象。而通过合理的教学设计，学生将成为课堂的主体，他们可以通过阅读、讨论、研究等多种方式去主动探索问题，培养自主学习能力。例如，在英语阅读课中，可以设计开放性的问题，引导学生自主选择文章、提出问题、分析文本等，使他们在阅读中逐渐形成自主思考和独立解决问题的能力。

教学设计要关注学生的自我评价和反思。自主学习能力的培养不仅仅是对知识和技能的学习，还需要学生有意识地去评价和反思自己的学习过程。教学设计可以在每个学习环节设置自我评价的机会，鼓励学生分析自己的学习成果、思考学习方法和调整学习策略。通过让学生自主评价和反思，他们可以逐渐了解自己的学习风格和学习需求，从而更好地规划和把控自己的学习进程。

二、高中英语课堂教学设计的目标

（一）提升学生英语听说读写综合能力的目标

在高中英语课堂教学设计中，提升学生英语听说读写综合能力是一个重要目标。通过合理设计的教学活动和任务，学生将能够全面提升他们的英语语言运用能力。

通过听力训练，学生可以提高他们的听力理解能力。教师可以选择一系列听力材料，如录音讲座、新闻、对话或听力练习，并提供相应的听力策略和技巧。通过反复训练和练习，学生可以逐渐提高他们的听力技能，从而更好地理解英语语音。

注重口语训练对于提升学生的英语口语能力至关重要。在课堂中，教师可以设计各种口语交流活动，如小组讨论、角色扮演和辩论等，来鼓励学生积极参与口语表达。教师还应提供有效的反馈和建议，帮助学生改善他们的口语发音和流利度。

阅读和写作是提高学生英语综合能力的重要内容。通过阅读不同类型的英语文本，如文章、短文、小说等，学生可以积累词汇、掌握语法和提高阅读理解能力。通过写作练习，学生能够提高他们的写作技巧、表达能力和批判性思维能力。

高中英语课堂教学设计中，不仅要注重单项技能的训练，还应采取综合性的教学策略促进学生的综合语言运用能力。通过提供有趣且富有挑战性的课堂活动和教学任务，学生可以整合他们的听说读写技能，并进行真实的语境实践。这种综合性的教学方法可以培养学生的自主学习能力和跨学科思维能力。

（二）培养学生英语思维能力的目标

为了提升学生的英语思维能力，高中英语课堂教学设计需要制定明确的目标。

教师应当鼓励学生在语言学习的过程中不仅关注表面的语法和词汇，更重要的是培养英语思维能力。这意味着教师需要创造机会，让学生思考和运用语言来解决实际问题。

要实现这个目标，教师可以设计各种与现实生活和学科知识相关的英语活动，通过让学生开展思维活动来提高他们的思维能力。例如，教师可以组织学生进行角色扮演，让他们运用英语来表达自己的观点和解决问题。这种活动不仅能激发学生的学习兴趣，还能锻炼他们的逻辑思维和语言表达能力。

要实现这个目标，教师还可以设计一些探究性学习任务，让学生在寻找问题答案的过程中培养思维能力。例如，教师可以提供一个有争议性的话题，让学生进行小组讨论并给出自己的理由。这样的任务可以鼓励学生进行思辨和分析，培养他们的批判性思维和推理能力。

要实现这个目标，教师还可以运用课堂讨论和问题解决的方式培养学生的英语思维能力。通过开展有组织的讨论，教师可以引导学生运用英语思维进行思考和互动，从而提高他们的思维能力。教师还可以赋予学生一些实际问题，要求他们运用所学知识来解决，这样可以培养学生的创造性思维和解决问题的能力。

（三）提升学生跨文化交际能力的目标

为适应日益全球化的社会发展，在高中英语课堂教学设计中，提升学生的跨文化交际能力成为一个重要的教学目标。这一目标主要体现在以下几个方面。

通过教学设计，可以帮助学生增强对不同文化的理解和尊重。在英语课堂中，我们可以引入不同国家的文化背景和习俗，让学生通过了解和分享来增加对文化的认知。例如，可以组织学生参与跨文化交流活动，邀请外教进行文化讲座等，让学生深入了解其他国家的文化，培养他们对其他文化的尊重。

教学设计可以培养学生的跨文化交际能力与技巧。在课堂教学中，可以引导学生通过角色扮演、讨论和辩论等活动，锻炼他们在跨文化交际中的表达和沟通能力。例如，可以设置情景对话的环节，让学生模拟不同文化背景下的交流，培养他们在跨文化环境下适应和交流的能力。

教学设计可以通过多媒体资源和技术手段来提升学生的跨文化交际能力。在教学设计中，可以引入音视频材料、网络资源等，让学生在听说读写的过程中接触和了解不同文化的内容。例如，可以播放来自不同国家的音乐、电影、广告等，让学生通过欣赏和分析来感受其他文化的特色。

要培养学生的跨文化交际能力，还需要重视文化的比较和对比。通过教学设计，可以组织学生进行文化对比的活动，让他们发现文化之间的差异和联系。例如，可以比较不同国家的传统节日、饮食文化、礼仪习俗等，让学生反思和探讨不同文化之间的差异性和共通点。

三、高中英语课堂教学设计的步骤

（一）定义教学目标

教学目标直接关系教学的效果和学生的学习效果。在定义教学目标时，教师应该明确指出学生应该达到的知识、技能和态度方面的具体要求。

教学目标应该明确地界定所希望学生掌握的知识。例如，在教学目标中可以明确指出学生应该掌握的单词、词汇量和语法知识，以及如何正确地运用这些知识进行英语交流。这样的目标有助于教师了解学生在知识掌握方面的进展，并为教学提供具体的方向和依据。

教学目标应包括学生应该具备的技能方面的要求。这包括听、说、读、写和翻译等方面的技能。在定义教学目标时，教师可以明确指出学生应该具备的听力理解能力、口语表达能力、阅读理解能力和写作能力的具体要求。通过明确这些要求，教师可以有针对性地设计教学活动，帮助学生提高相应的技能。

教学目标应包括学生需具备的态度和价值观方面的要求。这包括培养学生的学习兴趣、参与课堂活动的积极性、对不同文化的尊重和理解等。在定义教学目标时，教师可以明确指示应建立何种良好的学习态度和价值观，并通过鼓励和激励学生，激发他们的学习热情和学习动力。

（二）分析教学内容

在高中英语课堂教学设计中，通过仔细分析教学内容，教师能够更好地理解学生所需要学习的知识和技能，以便有效地传授给他们。

在进行教学内容的分析时，教师需要明确教学目标。通过明确教学目标，教师能够更好地把握教学重点，确保教学内容与学生的学习需求紧密相关。例如，在教授语法知识时，教学目标可以是让学生掌握基本的语法规则，并能够正确运用于实际语境中。

教师需要对教学内容进行细致的分解和分类。这样做可以帮助教师把握教学内容的层次和内在联系，以便更好地组织教学过程。例如，在教学一篇短文时，可以将其分解为背景介绍、主要情节、关键词汇等部分，并对每个部分进行详细讲解和反复练习。

教师还应该通过分析教材和学生的知识基础来确定教学方法和手段。不同的教学内容可能适用于不同的教学方法和手段。例如，对于口语表达的教学内容，可以采用小组讨论和角色扮演等互动性强的教学方法，以促进学生的口语表达能力的提升。

教师在进行教学内容的分析时还应该考虑到学生的实际情况和兴趣。通过了解学生的背景和兴趣，教师可以选择更符合学生需求的教学内容。例如，在教学阅读理解技巧时，可以选择与学生生活经验相关的素材，激发学生的阅读兴趣和动力。

（三）确定教学方法和手段

在高中英语课堂教学设计的过程中，教学方法和手段直接影响着学生对知识的掌握和理解，因此选择合适的方法和手段对于教学的成效至关重要。

教师可以根据学生的年龄特点和认知水平来选择合适的教学方法。比如，在教授英语听力技能时，可以采用多媒体设备来播放录音，让学生通过听力练习提高理解能力。另外，结合小组讨论、角色扮演等活动方式，可以激发学生的兴趣，促使他们积极参与课堂教学。

针对不同的教学内容，可以采用不同的教学方法和手段。比如，英语课堂教学中的语法部分，教师可以采用示范—练习—反馈的教学模式，通过给出例句并指导学生进行练习，帮助学生掌握语法规则。而在阅读理解的教学中，可以引导学生进行课外阅读，并提供相关的话题和问题进行讨论，从而培养他们的阅读理解能力。

教师可以选择使用多种多样的教学资源和工具来支持教学。例如，利用互联网上丰富的英语学习网站和应用程序，能够为学生提供更广泛的学习资源和交互方式。同时，教师还可以运用教学软件、多媒体课件等技术手段，来呈现课堂内容，增加学生的参与度和学习效果。

教学方法和手段的选择应该与教学目标和教学内容相一致。教学目标明确了学生应该达到的预期学习效果，教学内容则确定了需要进行教学的知识和技能。

在这个基础上，教师应当根据学生的实际情况，综合考虑各种因素，合理选择教学方法和手段，以确保教学达到预期效果。

（四）设计评价和反馈机制

在高中英语课堂教学设计中，通过对学生的学习情况进行评价和反馈，教师可以及时了解学生的掌握情况，对教学进行调整和改进，以促进学生的学习效果和教学质量的提高。

设计评价和反馈机制时，教师应明确评价的内容和标准。评价内容可以包括学生的知识掌握、技能运用、语言表达和思维逻辑等方面。评价标准应该具体明确，以便教师能够客观地评判学生的学习成绩和进步程度。

设计评价和反馈机制时，教师可以采用多种评价方法。除了传统的笔试和口试外，教师还可以引入项目评价、小组合作评价、作品评价等多种方式，全面地评价学生的学习情况。通过这些多元化的评价方式，可以更好地激发学生的学习兴趣和思考能力。

设计评价和反馈机制时，教师需要及时给予学生反馈。反馈应具体、及时、针对性强，帮助学生发现自己的不足之处，在下一步学习中进行改进。此外，教师还可以通过同学互评、自评等方式，培养学生的自我评价能力和批判性思维能力。

设计评价和反馈机制时，教师应充分利用技术手段。现代技术为教学评价和反馈提供了更多的可能性。教师可以利用在线测评工具、电子评价表、视频录像等方式进行评价和反馈，提高评价和反馈的效率和准确性。

设计评价和反馈机制时，教师需要注意评价和反馈的及时性和连续性。教师应该定期对学生进行评价，并将评价结果反馈给学生及家长，以便他们及时了解学生的学习情况并进行参与和配合。

四、高中英语课堂教学设计的策略

（一）学生中心的教学设计策略

学生中心的教学设计策略是一种以学生为中心的教学理念，旨在激发学生的学习积极性和主动性，实现教与学的有机结合。在高中英语课堂教学中，采用以学生中心的教学设计策略可以帮助学生更好地参与学习过程，提高学习效果和学习动力。

学生中心的教学设计策略强调教师与学生的平等地位，鼓励学生积极参与到课堂中。教师可以通过组织小组合作活动、开展讨论和互动等方式，激发学生的学习兴趣，提高学习效果。例如，在学习一篇短文时，教师可以设立小组讨论的环节，让学生自由交流意见并共同解决问题，培养合作意识和解决问题的能力。

学生中心的教学设计策略注重发掘学生的个性特点和兴趣爱好。教师可以通过了解学生的不同学习需求和学习方式，针对性地设计教学内容和活动，提供个性化的学习支持。比如，在英语口语练习中，教师可以让学生选择自己感兴趣的话题，并鼓励他们展示自己的观点和表达能力，从而增强学生的自信心和口语能力。

学生中心的教学设计策略强调学生的自主学习能力的培养。教师可以通过引导学生自主探究和解决问题的方式，培养学生的自主学习意识并逐步掌握主动学习的方法。例如，在学习阅读理解技巧时，教师可以提供一些指导性问题，引导学生独立分析和归纳文章的主旨和关键信息，提高学生的阅读理解能力。

（二）差异化教学的设计策略

在高中英语课堂教学中，通过以学生为中心的差异化教学，教师可以根据学生的不同需求和能力水平，合理安排教学内容和教学任务，从而帮助每个学生在学习中获得最大的收益。

在差异化教学的设计策略中，教师需要了解每个学生的学习差异。这涉及学生的学习风格、学习兴趣、学习能力等方面。通过观察学生的表现和与学生的交流，教师可以初步了解每个学生的学习需求，为后续的教学设计提供依据。

教师在设计差异化教学时，需要根据学生的差异性合理规划教学内容和教学任务。对于学习能力较强的学生，可以提供一些更具挑战性的学习任务，以促进其进一步提高。而对于学习能力较弱的学生，则应该提供一些针对性的辅导和支持，帮助他们逐步掌握基础知识和技能。针对性的教学设计使每个学生都能够在原有的学习水平之上有所提高。

差异化教学的设计策略包括不同形式的教学活动与评价方式。在教学活动上，教师可以通过组织小组合作学习、个别指导等方式，满足不同学生的学习需求。

例如，对于学习能力较弱的学生，可以采用小组合作学习的形式，让他们通过与其他学生的合作，相互促进，共同进步。而对于学习能力较强的学生，则可以采用个别指导的方式，提供更深入的学习支持和挑战。

差异化教学的设计策略还应该将学生的兴趣和实际应用相结合。教师可以通过设置与学生实际生活和兴趣相关的教学内容和任务，激发学生的学习兴趣，增加他们对英语学习的积极性和主动性。例如，对于喜欢音乐的学生，可以设计一些与音乐相关的英语学习活动，通过音乐和英语的结合，提高学生的学习动力和学习效果。

（三）科技辅助的教学设计策略

随着科技的快速发展，教育界也逐渐意识到运用科技手段来丰富课堂教学的重要性。科技辅助的教学设计策略旨在通过运用各种科技工具和资源，提升学生英语学习的积极性和主动性。

科技辅助的教学设计策略可以通过提供互动性强的学习环境，激发学生的学习兴趣。在传统的课堂教学中，学生往往是被动接受知识，缺乏互动和参与的机会。而科技辅助的教学设计策略可以通过运用多媒体教学、网络课堂等技术手段，创造出更多互动和参与度高的学习环境。例如，在教授英语词汇时，教师可以通过使用词汇学习软件，让学生通过图像、音频等多种形式对单词进行学习和记忆，提高学生学习的积极性。

科技辅助的教学设计策略可以提供多样化的学习资源和学习途径。传统的课堂教学往往局限于课本和教师的讲解，难以满足学生的个性化学习需求。而科技辅助的教学设计策略可以利用网络资源、学习平台，为学生提供丰富多样的学习资源，使学生可以根据自己的兴趣和学习方式选择适合自己的学习材料。例如，在进行口语练习时，学生可以通过观看英语电影、听英语广播等不同的方式进行听说训练，满足不同的学习需求。

科技辅助的教学设计策略可以提供即时反馈和评估。在传统的课堂教学中，学生的学习成果往往需要等到测试才得以体现。而科技辅助的教学设计策略可以通过使用学习管理系统、在线作业等工具，实现对学生学习过程的实时监控和反馈。教师可以根据学生的学习情况，及时调整教学策略和课程设计，帮助学生更好地掌握知识。

第二节

基于"教—学—评"一体化的高中英语课堂教学设计的原则

一、以学生为中心原则

（一）以学生为中心原则概述

在高中英语课堂教学设计中，以学生为中心原则的核心概念是将学生置于教学的中心位置，关注学生的需求、兴趣和能力，使其在学习中能够更好地发展和成长。以学生为中心原则的应用不仅仅是一种教学方法,更是一种教育理念的体现。

以学生为中心原则要求教师深入了解学生的各方面情况，包括学习习惯、学习兴趣、学习能力等，以便更好地针对学生的个性化需求进行教学设计。通过了解学生的需求，教师可以有针对性地选择教学内容和教学方式，以满足学生的学习兴趣和优势。例如，在进行阅读教学时，可以根据学生的阅读水平和兴趣选择适当的阅读材料，让学生更好地参与教学活动。

以学生为中心原则要求教师关注学生的学习体验和学习成果。教学过程中，教师应该及时给予学生反馈和肯定，鼓励学生积极参与和表现。教师还应该关注学生的学习效果，通过多种评价方式，如考试、作业、课堂表现等，对学生的学习进行全面评价，帮助学生发现自身的不足和进步的方向。这样可以激发学生的学习兴趣和动力，促进他们积极学习。

以学生为中心原则强调教师与学生之间的互动和合作。教师应该激发学生的主动性和创造性，鼓励他们提出问题、思考和交流。教师也应该充分利用学生之间的合作和互助，鼓励学生之间的交流和合作。通过互动和合作，可以促进学生的学习，增强他们的综合能力和团队意识。

（二）以学生为中心原则的应用实例

第一，教师应注重开展多样化的教学活动，激发学生的学习兴趣和主动性。例如，在英语课堂上，可以设计各种富有趣味性的小组活动，让学生进行语言交流和合作，通过合作学习来提高他们的英语口语能力。可以引入不同的教学资源，如影视资料、音频材料等，以满足学生多样化的学习需要，激发他们的学习兴趣。

第二，教师应关注学生的个体差异，因材施教，充分尊重学生的学习特点和学习进程。教师可以通过开展教学评估和诊断，及时了解学生的学习情况和问题所在，从而有针对性地调整教学策略和目标。比如，在教学设计中，可以根据学生的水平和兴趣，提供多种任务和活动的选择，让学生可以根据自己的实际情况进行选择和展示，旨在提高学生的参与度和学习效果。

第三，教师应倡导积极的学习氛围，为学生提供合适的学习环境和支持。在课堂上，教师可以鼓励学生积极参与讨论，激发他们的思维和表达能力。教师应提供良好的学习资源和工具，如教学课件、语言学习网站等，以帮助学生更好地学习和掌握知识。教师还应给予学生及时的反馈和鼓励，指导他们进行自我评价和反思，培养学生的自主学习和自我管理能力。

第四，教师应通过多种方式评价学生的学习成果，关注学生的全面发展。除了传统的考试形式，教师可以采用多元化的评价方式，如口语表达、写作作品、小组展示等，从多个角度综合评价学生的语言能力和综合素质。在评价过程中，教师应注重学生的个人努力和进步，鼓励他们不断探索和尝试，培养他们的学习动力和自信心。

（三）以学生为中心原则对教学设计的影响

在以学生为中心原则的指导下，高中英语课堂教学设计对教学效果产生着重要且深远的影响。教学设计作为教师教学活动的重要组成部分，直接关系教育教学质量和学生的学习效果。在教学设计过程中，教师的角色不再仅仅是知识的传授者，更多的是学生学习的引路人和指导者。因此，设计出符合学生需求和特点、富有启发性和探究性的教学方案显得尤为重要。从实践中可以发现，好的高中英语课堂教学设计对学生的学习态度、学习兴趣、学习动机以及学习成效等方面都会产生积极的影响。

高中英语课堂教学设计在以学生为中心原则的引导下，能够更好地激发学生的学习兴趣。通过根据学生的兴趣、需求和学习特点设计的教学内容和活动，教师可以让学生更加主动地参与学习过程，从而增强他们的学习兴趣。例如，在教学中加入一些有趣的游戏或案例，能够吸引学生的注意力并激发他们的学习兴趣，提高他们的学习主动性。

高中英语课堂教学设计在以学生为中心原则的指导下，能够促进学生的全面发展。在教学设计中，教师应该根据学生的个体差异和发展需求，合理地安排学习任务和活动，充分考虑学生的认知、情感、智能等方面的全方位发展。通过多样化的教学设计，可以帮助学生全面发展各项技能，培养他们的综合素质和能力。

高中英语课堂教学设计在以学生为中心原则的引导下，能够提高教学的真实性。通过将教学内容与学生的生活实际和社会现实相结合，教师可以使学生更好地理解和应用所学知识。例如，在教学中引入一些真实的语境和实用的语言材料，能够帮助学生更好地理解单词、句型的意义和用法，并能够在实际生活中运用所学知识。

高中英语课堂教学设计在以学生为中心原则的指导下，能够实现分层教学。通过对学生的学习水平和能力差异进行合理的分析和判断，教师可以合理地进行分层教学，满足学生不同的学习需求。例如，对于学习能力较强的学生，可以提供更深入、更有挑战性的教学内容和活动；对于学习能力较弱的学生，可以提供更多的辅助材料和个性化的学习指导，帮助他们更好地掌握所学内容。

二、全面发展原则

（一）全面发展原则概述

全面发展原则意味着教师应该关注学生的全面发展，不仅仅是专注于知识的传授，还要注重培养学生的多方面能力。

全面发展原则强调学生的语言能力的发展。在教学设计中，教师应该注重培养学生的听、说、读、写能力。通过多种形式的教学活动，如听力训练、口语表达训练、阅读理解和写作练习等，可以帮助学生全面提高他们的语言能力。

全面发展原则鼓励学生思维能力的培养。教师在课堂教学中应该设置启发性的问题，鼓励学生思考和探索。通过引导学生进行思辨和分析，培养他们的批判性思维和创造性思维能力。这种培养学生思维能力的方式有助于提高他们的学习成绩，并为将来的学习和工作做好准备。

全面发展原则还包括培养学生的社交能力和情感素养。教师应该创造积极的课堂氛围，鼓励学生与他人交流和合作。通过小组讨论、角色扮演和团队项目等活动，可以帮助学生培养他们的合作和沟通能力。同时，教师应该注重学生的情感发展，关注他们的情绪和情感需求，打造一个充满关爱和支持的学习环境。

（二）全面发展原则的应用实例

在设计阅读教学时，教师应该将学生的全面发展放在首位。教师可以选择具有多样性的阅读材料，满足不同学生的需求和兴趣。例如，可以选择文学作品、新闻报道、科学文章等不同类型的阅读材料，以便学生在阅读中获取不同领域的知识和信息。教师还可以设计一些与阅读材料相关的任务，以促进学生的思维能力发展。比如，在阅读过程中，教师可以设置提问、总结归纳、主题分析等任务，让学生在阅读中进行深入思考和分析，以培养他们的逻辑思维能力。

对于口语教学而言，教师同样可以运用全面发展原则来设计课堂教学。在口语教学中，教师可以设置一些情景对话、角色扮演等活动，让学生通过真实场景的模拟，提高他们的语言表达能力和沟通交流能力。教师还可以引导学生谈论一些社会热点话题，培养他们的思辨能力和文化意识。例如，教师可以让学生就环境保护、人工智能等话题展开讨论，让他们在口语表达的过程中开展思辨和探讨，提高他们的综合素养。

在写作教学中，教师也可以运用全面发展原则来设计课堂教学。教师可以鼓励学生进行创造性写作，让学生在写作过程中展示自己的想象力和创造力。教师可以提供一些写作习题，例如写一篇对未来城市的设想，让学生发挥自己的想象力，写出自己对未来的畅想。教师还可以注重教授一些写作技巧和规范，以提高学生的写作能力和语言表达能力。在写作教学中，教师还可以倡导学生展示自己的观点和情感态度，培养其独立思考和积累文化的意识。

三、真实性原则

（一）真实性原则概述

真实性原则要求教学内容与学生的实际生活经验和现实情境相符，以真实的语言材料和真实的语言使用情境为基础，为学生们提供实践语言技能和加深理解的机会。

真实性原则体现了以学生为中心的教学理念。通过以学生为中心的课堂设计，教师可以更好地了解学生的个体差异和需求，有针对性地选择真实的教学材料和情境。只有以学生为中心，根据学生的兴趣、背景和需求来设计教学内容，才能激发他们的学习积极性和主动性。

真实性原则有助于实现学生的全面发展。通过使用真实的语言材料和情境，可以使学生更好地运用所学的英语知识和技能，提高他们的语言交际能力。真实性教学可以帮助学生培养语境意识，培养他们在真实情境中理解和表达的能力，从而提高他们的语言应用能力。

真实性原则可以增强学生对学习内容的兴趣和动机，提高他们的学习质量。学生在真实情境中学习英语，能够直接感受到语言的实际应用和语言对他们日常生活的实际价值。这种直接的应用性和实用性能够激发学生的学习热情，让他们更加主动地投入学习。

（二）真实性原则的应用实例

在高中英语课堂教学中，真实性原则要求教师在设计教学内容和活动时要贴近学生的现实生活，使学习变得具体、实用、有意义。

应用真实性原则可以通过引入真实的语言材料来激发学生的学习兴趣和动力。例如，教师可以选择一些来自现实情境中的对话、广告、新闻报道等材料，让学生在真实场景中学习和运用语言。这样的教学材料可以增加学生对语言学习的兴趣，使他们更加主动地参与课堂活动。

应用真实性原则可以通过结合学生的生活经验来帮助他们更好地理解和运用英语知识。教师可以设计一些与学生日常生活相关的任务和活动，例如让学生设计一个旅行计划，或者进行一次英语演讲比赛等。这样的任务可以让学生将所学的英语知识应用到实际生活中，培养他们运用语言解决实际问题的能力。

应用真实性原则可以通过提供真实的评价和反馈来促进学生的学习。教师可以给予学生有针对性的评价和建议，帮助他们发现并改进自己的问题。例如，教师可以组织学生进行口语对话练习，并根据学生的表现提供具体的反馈和建议，让学生知道自己在哪些方面还需要提高，从而激发他们的学习动力。

应用真实性原则还可以通过创设真实的学习环境来提升学生的语言学习效果。教师可以组织学生参观英语角、进行英语角文章创作、参与英语角角色扮演等活动，让学生在真实的语言环境中与他人进行交流。这样的活动不仅可以提高学生的语言表达能力，还能培养学生的团队合作意识和跨文化交际能力。

（三）真实性原则对教学设计的影响

真实性原则的应用能够帮助教师更好地设计真实而有意义的教学活动。通过将课堂教学内容与学生的生活经验和现实情境相结合，教师可以创造出更具有实际意义的学习环境。例如，在学习英语的过程中，可以引入一些真实的文本材料，如新闻报道、情景对话等，让学生通过真实的语言环境来学习和运用英语，从而提高学习的有效性。

真实性原则的应用能够促进学生的情感参与和学习积极性。当学生感受到教学内容与他们现实生活和个人经验的联系时，他们会更加主动地投入学习。教师可以通过教学设计来激发学生的兴趣和动力，使他们更加积极地参与课堂活动。例如，通过设计一些实践性的活动或者情境，让学生亲身体验英语的应用，从而增强他们的学习兴趣和动力。

真实性原则的应用能够培养学生的批判性思维和解决问题的能力。通过教学设计中的真实性原则，教师可以引导学生主动思考、分析和评判所学知识的真实性和可信度。例如，在学习阅读理解的过程中，教师可以引导学生分析文章中的信息来源、作者观点等，让学生学会用批判性的眼光去理解和评价真实性，从而培养学生的思辨和解决问题的能力。

真实性原则的应用能够提高学生的语言运用能力。通过真实性原则的教学设计，教师可以创造出更多实际语言运用的机会，让学生在真实的情境中运用英语进行交流。例如，在学习口语表达能力时，教师可以设计一些真实场景的对话，让学生在模拟真实情境的同时，提高他们的语言表达能力和交际能力。

四、分层教学原则

（一）分层教学原则概述

在高中英语课堂教学设计中，分层教学原则强调根据学生的不同学习需求和能力水平，把学生分成不同的层次，并对每个层次的学生进行有针对性的教学。分层教学原则旨在促进学生的个性化学习，提高教学效果。

分层教学原则可以满足学生的学习需求。在一个班级中，学生的学习情况各不相同，有些学生可能已经掌握了某个知识点，而有些学生可能还需要更多的练习和指导。通过分层教学，可以更好地满足学生的学习需求，使每个学生在适合自己的学习层次上获得有效的进步。

分层教学原则可以促进学生的全面发展。在传统的课堂教学中，教师通常按照教材的进度来进行教学，而没有考虑到学生的个体差异。这样往往导致部分学生觉得学习进度过慢，而有些学生却跟不上。而通过分层教学，教师可以更好地安排学生的学习进度，帮助每个学生充分发展自己的潜能，达到全面发展的目标。

分层教学原则能够增强教学的真实性。在传统的课堂教学中，教师通常以整体授课的方式进行教学，学生只是被动地接受教师的知识灌输。而分层教学注重学生的主动参与和实践，通过小组合作、讨论和实践活动等方式，让学生在真实的情境中应用所学知识，提高学生的实际能力。

在实际的教学设计中，教师可以通过多种方式来实施分层教学，如根据学生的测试成绩、课堂表现等进行分组，或者根据学生的学习兴趣和学习风格等进行差异化教学。同时，教师还应该及时根据学生的学习进度和实际情况进行灵活调整，确保每个学生都能够获得适合自己的教学内容和方式。

（二）分层教学原则的应用实例

在高中英语课堂教学中，应用分层教学原则是十分重要的。它通过将学生按照不同的学习能力和程度进行分组，使得每个学生都能够在适合自己的学习环境中进行学习。分层教学的应用实例可以从课堂组织、教学资源和评价方式等方面体现。

在课堂组织上，教师可以根据学生的英语水平将学生分为不同的小组。每个小组内的学生水平相当，这样可以保证学生在同一起点上开始学习。教师还可以根据学生的兴趣和学习风格来安排小组合作活动，让学生通过互相合作和交流来提高自己的英语能力。

在教学资源的使用上，分层教学原则可以使得教师更加有针对性地选择教学材料和资源。对于学习能力较强的学生，可以提供一些更具挑战性的材料，以促进他们的进一步发展。而对于学习能力较弱的学生，则可以选择一些简单易懂的材料，让他们逐渐提升自己的英语水平。通过有针对性的资源选择，可以更好地满足学生的学习需求。

在评价方式上，分层教学原则也能够帮助教师更加客观地评价学生的学习情况。对于高水平学生，可以设置一些更高难度的评价指标和任务，以期能够发现他们更深层次的优势和能力。对于基础较弱的学生，可以设定一些更加简单明了的评价标准，让他们在简单的任务中参与评价，激发他们的学习动力。

第三节

基于“教—学—评”一体化的高中英语课堂教学设计实践

一、基于“教—学—评”一体化的高中英语课堂教学目标设计

（一）学科目标设计

学科目标是高中英语教学中的基础，它直接关系教学的有效性和学生的学习成果。学科目标的设计应该从多个方面考虑，既要符合课程标准和学科特点，也要适应学生的认知和发展水平。

在设计学科目标时，要明确所教授的知识和能力的范围。这可以通过分析学科的核心概念和基本技能来实现。例如，在高中英语教学中，核心概念包括词汇、语法等方面，基本技能包括听力、口语交流、阅读和写作等。明确了这些方面，就能够确定学科目标的具体内容。

在设计学科目标时，要考虑学生的认知和发展水平。不同年级的学生具有不同的认知能力和发展水平，因此学科目标应该根据学生的特点进行调整和适应。例如，对于发展水平较低的学生，可以设定相对基础的目标，并提供更多的支持和辅导，帮助他们逐步建立学习信心。对于发展水平较高的学生，则可以设定更具挑战性的目标，鼓励他们进行深入的探究和创新实践。

在设计学科目标时，要考虑到学科的连贯性。学科目标是一个有层次结构的体系，不同年级的目标之间应该有一定的衔接和延续。对于高中英语来说，从高一到高三，学科目标应该逐渐提高，逐步培养学生的综合运用能力，并为他们的升学和未来的职业发展做好准备。

（二）教学目标设计

在“教—学—评”一体化的教学理念下，教学目标的设计要更加具体、明确，以促进学生的全面发展和有效学习。

1. 教学目标设计要与学科目标相衔接

学科目标是指在高中英语教学中应该达到的基本要求和目标。教学目标应该与学科目标一致，以确保教学过程中的内容和方法能够有效地实现学科目标。因此，在设计教学目标时，我们要根据学科目标的要求，确定具体内容和要求。

2. 教学目标设计要注重学生的学习需求和兴趣

每个学生都具有不同的学习需求和兴趣，因此，教学目标的设计应该考虑到学生个体差异性，以满足他们的个性化需求和激发他们的学习兴趣。这意味着教学目标不仅要关注学科知识的传授，还要注重培养学生的学习能力和学习方法，提高他们的综合素质。

3. 教学目标设计要具备可操作性和可测量性

教学目标应该是可实现的，能够在教学过程中具体呈现出来，并且能够通过评价来进行检验。为了实现这一点，我们在设计教学目标时，可以使用明确的动作词，描述学生通常能够做到的具体行为，使教学目标具有可操作性；我们可以为教学目标设定相应的评价标准和评价方式，以便于检验学生是否达到了教学目标。

4. 教学目标设计要考虑到教学过程的连贯性和多元性

教学目标应该是相互衔接的，能够在整个教学过程中起到引导作用，并且能够适应不同的教学环境和资源条件。因此，在设计教学目标时，我们要注意目标之间的递进性和衔接性，使教学目标能够贯穿整个教学过程，实现教与学的有机结合。

（三）评价目标设计

基于“教—学—评”一体化的高中英语课堂教学，评价目标的设定旨在促进学生的学习与发展，并为教师提供有效的评价依据。针对英语教学的特点和学生的需求，我们需要关注以下几个方面的评价目标设计。

考虑到英语学科的特点，需要设计评价目标，以便培养学生的听、说、读、写等综合语言运用能力。评价目标可以包括提高学生的听力理解和口语表达能力，培养学生的阅读和写作能力，以及提高学生的词汇量和语法运用等。通过评价目标的设定，我们可以明确学生需要达到的语言水平，从而给予他们相应的指导和支持。

评价目标的设计需要考虑到学生的学习目标和个体差异。每个学生在英语学习中都有自己的优势和不足，因此，评价目标的设计应该兼顾个体差异。我们可以根据学生的不同能力水平和需求，设定不同层次的评价目标，以便更好地满足学生的学习需求，提高他们的学习动力和成就感。

评价目标的设计应注重学生的学习兴趣和学习策略。英语学习需要学生具有持续的学习动力并合理运用学习策略。因此，评价目标的设计应该倡导学生进行自主学习和合作学习，培养他们的学习兴趣和学习能力。评价目标可以涵盖学生积极参与课堂活动的表现、学习策略的运用程度，以及学习态度和学习习惯的养成等方面。

评价目标的设计还应考虑到教学实际和教学发展的需要。评价目标应该与教学内容和教学方法相适应，以实现教学和评价的有机结合。教师可以通过评价目标的设定，了解学生当前的学习情况，及时调整和优化教学策略，以提高教学质量和学生的学习效果。

二、基于“教—学—评”一体化的高中英语课堂教学方法设计

（一）前置学习法

前置学习法是指通过提前引入相关的预学知识和概念，为学生建立起必要的

认知框架，从而更好地理解和吸收新的知识。这种方法在课堂中能够激发学生的学习兴趣，培养他们的探究精神，并促进他们的批判性思维。

前置学习法可以通过预习的方式，让学生对即将学习的内容有一个大致的了解。教师可以布置相关的阅读任务，要求学生在课前独立阅读和理解相关材料。学生在预习过程中，可以通过查找生词、整理概念等方式，加深对知识的理解和记忆。在课堂上，教师可以通过提问、讨论等方式，引导学生将预习内容与新知识进行对比和联系，激发学生思考的活跃度。

前置学习法可以通过引导学生复习旧知，巩固基础。在学习新的知识之前，复习旧知是必不可少的。教师可以通过复习提纲、概念导图等方式，帮助学生将已学的知识进行系统的回顾和总结。通过这样的复习和巩固，学生可以更好地掌握基础知识，为学习新的知识做好准备。

前置学习法可以通过引入相关的实例和案例，激发学生的学习兴趣和思维深度。学生在课前或课堂中接触到真实的案例，可以更好地理解知识在实际生活中的应用和意义。通过分析和讨论案例，学生可以培养批判性思维，提高解决问题的能力。

（二）互动学习法

互动学习法是一种基于互动性和参与性的教学方法，可以促进学生的积极参与和主动思考。在高中英语课堂中,互动学习法的应用可以激发学生的学习兴趣，提高他们的学习效果。

互动学习法可以通过师生互动来促进学习。在课堂上，教师可以运用各种互动方式与学生进行对话、讨论和交流。例如，教师可以提出问题，鼓励学生积极回答，引导他们自主思考和探索。这种师生互动可以激发学生的思维能力和创造力，并帮助他们更好地理解和掌握英语知识。

互动学习法可以通过学生之间的互动来推动学习。合作学习是互动学习法中的重要组成部分，通过分组合作、小组讨论等方式，学生可以相互交流、互相学习，共同解决问题。这种互动可以促进学生之间的合作意识和团队精神，培养他们的社交能力和沟通能力。

除了师生互动和学生之间的互动，互动学习法还可以通过使用多媒体技术和工具来增强学习效果。例如，在线学习平台可以让学生随时随地进行自主学习，通过在线测试、互动讨论等方式，巩固所学知识并提升英语应用能力。同时，学生也可以利用互联网资源进行自主的学习和研究，在教师的指导下进行信息检索和整理，提高他们的信息获取和处理能力。

（三）评价学习法

评价学习法是一种基于“教—学—评”一体化理念的高中英语课堂教学方法。在评价学习法中，评价被视作学习的一部分，以评价为导向，促进学生的主动参与和深度学习。

评价学习法的设计应符合学生的学习特点和发展需求。学生在高中阶段注重自主学习和探究，因此评价学习法应提供多样化的评价方式，以满足学生的个性化需求。例如，可以采用案例分析、小组讨论、项目展示等形式进行评价，使学生能够通过实际操作和交流活动展示自己的学习成果。

评价学习法的实施倡导师生互动和合作学习。教师在评价学习法中充当引导者和促进者的角色，与学生共同参与评价活动。还可以通过提供具体的评价标准和反馈，引导学生自我评价和互评，促进学生之间的合作学习。教师应鼓励学生提出自己的观点和建议，形成良好的课堂氛围。

在高中英语课堂中，评价学习法的应用可以提升学生的语言能力和学习动机。通过让学生参与评价活动，他们能够在语言运用和表达能力上得到实际的锻炼。在评价过程中，学生能够发现自己的不足之处，并通过教师和同学的反馈进行改进。这种积极的学习体验可以激发学生的学习兴趣和动力，提高他们的学习效果。

三、基于“教—学—评”一体化的高中英语课堂教学形式设计

（一）课堂讲授形式

在基于“教—学—评”一体化的高中英语课堂教学中，课堂讲授形式是一种常见的教学手段。它是教师向学生传授知识、讲解重点内容的主要方式。课堂讲授形式通过教师的讲解和示范，有助于学生理解和掌握英语知识和技能。

为了提高课堂讲授的效果，教师可以采用不同的教学方法和教学工具。首先，教师可以运用多媒体技术，例如使用投影仪来展示教学内容。通过图像、音频和

视频的结合，可以生动形象地呈现课程内容，激发学生的兴趣和注意力。其次，教师可以采用案例分析的方法，将抽象的知识和概念与实际生活中的例子联系起来，让学生更好地理解和应用所学知识。此外，教师还可以设计小组讨论或角色扮演的活动，促进学生之间的互动和合作，培养他们的思维能力和表达能力。

然而仅仅依靠课堂讲授形式可能无法满足学生的个性化学习需求，因此，教师还应该注重引导学生进行自主学习，在课堂中创造多种学习机会。通过布置一定的预习或作业，教师可以引导学生在课堂外探索和发现知识，培养他们的自主学习能力和独立思考能力。此外，可以引入合作学习的方式，让学生在小组中共同学习，互相合作，一起解决问题。这样的学习方式不仅可以促进学生的交流与合作，还可以培养他们的团队精神和解决问题的能力。

（二）学生自主学习形式

自主学习鼓励学生主动参与课堂，发展自主学习的能力。在高中英语课堂中，采取有效的学生自主学习形式，可以促进学生的学习兴趣和动力，提高他们的自主学习能力和终身学习能力。

1. 开展小组合作学习

通过小组活动，学生可以共同讨论、研究课题，互相交流和合作，并且通过合作共享彼此的知识和经验，共同解决问题。这种自主学习形式可以激发学生的创造力和合作精神，培养他们的团队合作能力。

2. 使用信息技术

在现代社会中，信息技术已经融入各个领域，自然包括教育领域。通过使用电子资源、多媒体教学工具和网络学习平台，学生可以主动获取和整理信息，进行自主学习，例如通过互联网搜索和浏览资料，观看教育视频等。这种学生自主学习形式可以提高他们的信息化素养和自主学习能力。

3. 启发式教学

通过引导学生思考和探究，教师可以鼓励学生自主提出问题、发现规律和解决问题。在高中英语课堂中，教师可以设计一些启发性问题，激发学生的思维，培养他们的自主学习能力。通过这种自主学习形式，学生可以更多地尝试主动思考和探索，提高自己的问题解决能力和创新能力。

4. 课外拓展活动

在高中英语课堂中，教师可以组织学生参加一些与英语学习相关的活动，如英语角、英语比赛等。通过这些活动，学生可以自主运用所学的知识和技能，提高他们的语言表达能力和综合能力。这种自主学习形式可以激发学生的学习兴趣，培养他们的主动学习意识和能力。

（三）课堂互动形式

第一，小组讨论。在课堂中，可以将学生分成若干小组，让他们就某个主题展开讨论。这种互动形式可以增加学生的参与度，培养他们的合作意识和团队精神。同时，小组讨论也为学生提供了相互学习和交流的机会，有利于知识的巩固和理解的加深。

第二，角色扮演。通过扮演不同的角色，学生可以更好地理解和运用所学知识。在英语课堂中，可以设计一些情景，让学生扮演不同的角色，进行对话和交流。这种互动形式既能培养学生的语言表达能力，又能激发他们的兴趣和积极性。

第三，案例分析。通过分析真实的案例，学生可以将所学知识应用到实际情境中。在课堂中，教师可以提供一些相关案例，引导学生进行分析和解决问题。这种互动形式能够培养学生的思维能力和解决问题的能力，同时也能增强他们的学习兴趣和动力。

第四，游戏竞赛。通过安排一些有趣的游戏和竞赛活动，可以激发学生的学习动力和积极性。在英语课堂中，可以设计一些口语、听力或写作方面的游戏和竞赛，让学生在愉快的氛围中学习和竞争。这些互动形式能够增加学生对英语学习的兴趣，提高他们的学习效果。

（四）评价反馈形式

在高中英语课堂教学中，评价反馈形式能够帮助教师和学生了解学习效果，及时调整教学策略，提供个性化的指导和支持。

1. 个体评价

这种形式注重对每个学生个体的评价，并根据个体差异制定有针对性的评价标准和指导措施。例如，教师可以根据学生的知识水平、学习能力和兴趣爱好，对其作业、考试进行个别评价，并给予相应的建议和指导。这种个体评价能够帮助学生理解自己的学习情况，发现自身的问题并加以改进，提高学习效果。

2. 小组评价

在英语课堂中，小组合作学习是一种常见的教学形式。学生们分组进行任务合作，彼此交流协作，共同完成学习任务。而小组评价可以在学习过程中起到积极的作用。教师可以要求学生在小组内互相评价，评估小组合作的效果和贡献度。这样的评价反馈可以帮助学生加强合作意识，改进合作方式，促使小组成员更好地相互配合，提高学习效果。

3. 自我评价

学生通过对自身学习情况的评价，自觉发现自己的优势和不足，增加和形成自主学习的能力和习惯。在英语课堂教学中，教师可以引导学生定期进行自我评价，回顾自己在学习过程中的表现，总结自己的学习收获和不足之处。通过自我评价，学生能够更好地分析自己的学习状况，寻找自身的成长路径，为提高自己的英语能力制定明确的学习目标和计划。

4. 多元化的评价方法

除了传统的笔试和口试外，教师还可以采用其他形式的评价方法，如学生展示、小组答辩、项目制作等。这种多元化的评价方法能够更全面地展示学生的学习情况和能力水平，有效反映他们的综合素质和能力发展。

四、基于“教—学—评”一体化的高中英语课堂教学过程设计

（一）教学步骤设计

在基于“教—学—评”一体化的高中英语课堂教学中，教学步骤的设计直接决定了教学能否顺利进行和学习效果能否达成。

教学步骤应该具有循序渐进的特点，适应学生的认知特点和学习规律。起始步骤应该以导入新知识为主，例如通过提问等方式，激发学生的学习兴趣，并预设学习目标。接着，将知识点分解为小的分步骤，逐步推进学生的学习进程。这种循序渐进的教学步骤有助于学生逐步建立知识结构，提高学习效果。

教学步骤设计应注重情感教育和兴趣引导。在每一个教学步骤中，教师可以巧妙地设计情境，创设情感共鸣点，引发学生的兴趣和主动参与。例如，在引入

新知识时，可以通过提出一个问题，让学生猜测答案，从而激发学生的思考和好奇心。教学步骤中的活动设计也应具有一定趣味性，能够吸引学生的注意力，调动学生的积极性，提高学习的效果。

在教学步骤设计中，需要注重学生的实践和巩固环节。通过在每个步骤中设置实践环节，例如小组合作、角色扮演、情景模拟等，可以让学生积极参与到课堂中来，加深对知识的理解和运用。巩固环节的设置则可以通过小结、回顾和总结等方式，巩固学生的学习成果，并帮助学生将所学内容内化为自己的知识。

教学步骤设计需要灵活变通，根据不同的教学情况进行调整。每个班级的学生特点和学习状况可能存在差异，因此教师需要根据实际情况不断进行调整。在实施教学的过程中，教师应时刻观察学生的学习表现，根据学生的反馈情况，适时地对步骤进行调整和优化，确保教学的顺利进行。

（二）教学活动设计

在教学活动设计中，可以采用任务型教学法。通过设置具有一定挑战性和实际应用性的任务，引导学生在实际情境中运用所学知识进行沟通和交流。例如，在学习一个旅游主题的单元时，可以设计这样一个任务：学生分组扮演旅游顾问，为外国游客提供旅游信息和建议。这样的任务设计可以激发学生的学习兴趣，培养他们的团队合作能力和语言运用能力。

为了促进学生的积极参与和主动学习，可以结合互动式教学法进行教学活动设计。例如，通过小组讨论、角色扮演、问题解答等形式，鼓励学生积极表达自己的观点和想法，提高他们的口语表达和交际能力。教师可以扮演引导者的角色，引导学生进行合作探究，激发他们的思维和创造力。这种互动式的教学活动设计可以增加学生的课堂参与度，提高学习效果。

在教学活动设计中，可以充分利用多媒体技术和教学资源。通过使用 PPT、视频、音频等多媒体教具，可以丰富教学内容，使学生更加直观地理解和掌握知识。例如，在进行关于环境保护的主题教学时，可以利用多媒体展示一些有关环境问题的图片和视频，引发学生的思考和讨论。同时，通过网络资源和教学软件，提供更多的学习资源和练习机会，帮助学生深入学习和巩固所学内容。

在教学活动设计中，应该注重个性化教学。每个学生的学习差异是不可避免的，因此，需要根据学生的不同需求和水平，提供个性化的教学活动。例如，可以根据学生的学习兴趣和能力，设计不同难度的任务，让学生在自己的适应范围内进行学习。此外，还可以开展个别辅导，给予学生更多的个性化指导和反馈，帮助他们更好地提高自己的语言能力。

（三）教学评价设计

在基于“教—学—评”一体化的高中英语课堂教学过程中，通过有效的教学评价，我们可以对学生的学习情况有一个全面、客观的了解，并通过进一步指导，提升他们的学习效果。因此，在设计教学评价过程时，需要考虑以下几个方面。

1. 采用多样化的评价方式

传统的评价方法主要侧重于笔试形式，通过考试来评判学生的学习成绩。在基于“教—学—评”一体化的课堂中，我们可以采用更多元化的评价方式，例如口头表达、小组讨论、项目展示等。这样不仅可以更好地反映学生的综合能力，还能够激发学生的学习积极性和主动性。

2. 结合教学目标进行评价

在设计教学评价时，我们需要明确评价的目标是什么，评价内容是否与教学目标相符。例如，如果我们的教学目标是培养学生的口语表达能力，那么评价的重点可以放在口头表达方面的表现上，采用更具针对性的评价指标和评价标准。

3. 结合教学活动和教学方法进行综合评价

教学活动和教学方法一方面可以帮助学生学习和掌握知识技能，另一方面也可以作为评价的依据。例如，在小组讨论活动中，学生的合作能力和思维逻辑能力可以成为评价的重点。通过综合考察学生在不同教学活动中的表现，我们可以更全面、准确地评价学生的学习效果。

4. 及时反馈给学生

在教学评价设计中，我们可以设置反馈环节，及时地向学生反馈他们的学习成果和不足之处，为他们提供进一步的指导和帮助。通过及时的反馈和指导，教师可以帮助学生了解自己的学习状况，发现问题并改进学习方法，从而提高教学效果和学习效率。

>>> 第六章

基于“教—学—评”一体化的高中英语课堂教学策略

第一节

基于“教—学—评”一体化的高中英语课堂教学资源建设策略

一、基于“教—学—评”一体化的高中英语课堂教学资源的类型

（一）多媒体教学资源

多媒体教学资源是一种运用多种媒体技术进行教学的资源形式，广泛应用于高中英语课堂教学中。它以图像、声音、文字等多种形式展现教学内容，以增强学生对知识的理解和记忆。多媒体教学资源具有以下特点。

1. 多媒体教学资源丰富多样

通过使用图片、音频、视频等多种媒体形式，教师可以将抽象的知识转化为直观的形象，使学生更加直观地理解和感知学习内容。例如，通过使用多媒体投影仪展示动画和图片等，可以生动地重现课文故事情节或实验过程，让学生仿佛身临其境。

2. 多媒体教学资源具有灵活性和互动性

教师可以根据学生的学习需求和学习情况，随时调整教学资源的内容和形式，以提高教学效果。多媒体教学资源也可以与学生进行互动，例如通过点击屏幕、回答问题、参与游戏等形式，激发学生的积极参与和思考。

3. 多媒体教学资源便于保存和共享

传统的黑板、书本等教学工具存在易损坏和占用空间较大的问题，而多媒体教学资源则可以储存在电脑或 U 盘中，便于保存和共享。教师可以根据需要随时调取和分享相关资源，提高教学的灵活性和便捷性。

在建设多媒体教学资源时，应当遵循一些原则。首先，要根据课程目标和学生的学习需求精心选择合适的多媒体教学资源。其次，应当注意多媒体教学资源的有效性和可靠性，避免选择内容虚假或陈旧过时的资源。此外，还应关注多媒

体教学资源的操作性和便捷性，保证教师和学生能够无障碍地使用。

针对多媒体教学资源的建设方法，包括利用多媒体软件进行资源制作，如使用 PPT 制作教学课件，还有通过互联网搜索和浏览各类教学资源库，挑选和下载合适的资源。同时，教师也可以通过自己的创作和收集，形成适合自己教学内容和风格的多媒体教学资源。

（二）网络教学资源

网络教学资源是指利用互联网和相关技术进行教学的资源，与传统教学资源相比，具有一定的特点和优势。网络教学资源涉及丰富多样的内容，通过互联网，我们可以访问各种在线教育平台、学术数据库以及优质的教育资源网站，这些资源涵盖了高中英语各个方面的知识点、案例研究、实践教学经验等，为教学提供了广泛的参考和支持。

网络教学资源具有信息时效性强的特点。由于互联网的快速更新和信息传播的迅捷，我们可以及时获取最新的教学资源、学术研究成果以及先进的教学理念。这为教师提供了更新教材、改进教学方法的机会，使得教学更具针对性和前瞻性。

网络教学资源的互动性和个性化特点也是其优势之一。通过网络教学平台，学生可以根据自己的学习需求和学习进度自主选择教学资源，进行个性化学习。同时，网络教学平台提供了丰富的互动功能，如在线讨论、在线测试等，促进学生间的交流与合作，加深学生的学习兴趣和参与度。

在网络教学资源的建设过程中，需要遵循一些原则。首先，资源的选取应该符合教学目标和学生的实际需求，旨在帮助学生对学科知识有全面、系统和深入的理解。其次，教学资源应该具有学术性和权威性，源于可信的出版机构、学术期刊和教育机构等。此外，教学资源的设计应当符合现代教学理念和教学模式，注重培养学生的学习能力、创新思维能力和解决问题的能力。

为了有效地建设网络教学资源，可以采取多种方法。首先，建立和完善学科教学资源库，收集、整理和开发与高中英语教学相关的优质资源，确保资源的全面性和准确性。其次，鼓励教师参与资源的建设，提高他们的资源开发能力和教学设计水平，实现教学资源的本地化和特色化。此外，可积极利用现有的在线教育平台和学习管理系统，为学生提供便捷的学习环境和支持。

（三）实物教学资源

实物教学资源是指在高中英语课堂教学中使用的具体物品或实物对象。这些实物教学资源在教学活动中起到了非常重要的作用，有助于提高学生对知识的理解和记忆，激发学生的学习兴趣和注意力。

实物教学资源应当根据教学内容的特点和学生的学习需求进行选择和运用。例如，在教授生活类话题时，可以准备一些实际的物品，如水果、蔬菜、衣物等，让学生能够亲自触摸和感知，增加他们对生活用品的认识和理解。这种有针对性的实物资源，能够帮助学生更好地理解抽象的课文内容，将知识与实际生活联系起来，提升学习的有效性。

实物教学资源在课堂教学中能够激发学生的兴趣和注意力。相对于单纯的文字或图片，实物教学资源更具有直观性和触觉真实性，能够吸引学生的目光和注意力。学生通过触摸、感知实物，能够更深刻地理解和体验教学内容，激发他们的学习兴趣和积极性。尤其对于那些对英语学习没有特别兴趣的学生，实物教学资源的引入能够为他们带来新鲜感和乐趣，增强他们的学习动力。

实物教学资源可以帮助学生与课文内容进行互动和实践。通过实物的展示和使用，学生可以更多地参与教学，与教师进行对话和互动。例如，在教学某个特定的语言点时，可以使用一些相关的实物道具，让学生在实践中体验和运用所学的知识。这种通过实物进行互动的形式能够增加学生的语言输出和运用能力，提高他们的语言交际水平。

（四）书籍教学资源

书籍教学资源是高中英语课堂教学中常用的一种教学资源类型。在教学中，教师可以通过选择合适的书籍作为教学材料，为学生提供丰富的知识和信息。书籍教学资源的特点主要有以下几个方面。

书籍教学资源具有广泛的适用性。不同学校、不同地区的高中英语教学内容可能存在一定的差异，但是通过选用具有广泛适用性的教材，可以满足不同的教学需求。例如，国家课程标准规定的教材往往具有统一的教学目标和大纲，教师可以按照这些要求进行教学。

书籍教学资源能够提供丰富的语言材料。书籍往往包含有大量的文本和阅读材料，这些内容可以为学生提供丰富的语言输入。通过阅读各种文本，学生能够了解不同的语言表达方式，增加词汇量，提高语言运用能力。

书籍教学资源便于学生自主学习。书籍通常具有较为清晰的章节结构和组织形式，学生可以根据自身的学习进度进行阅读和学习。书籍中的例题和练习题的设置也可以帮助学生进行自测和自我评价，促使学生主动参与学习。

书籍教学资源是经过审核和选择的。教师在选择教材时通常会对其进行严格的甄选，确保教材内容的准确性、科学性和教育价值。书籍教学资源中的案例分析和实例讲解等内容，可以帮助学生将知识应用到实际情境中，提高解决问题的能力。

二、基于“教—学—评”一体化的高中英语课堂教学资源的特点

（一）互动性

互动性能够有效促进学生与教师之间的沟通。在传统的教学模式中，教师往往是知识的传授者，学生则处于被动接受的状态。然而，通过沟通和互动，教师可以更好地了解学生的学习需求，及时解决他们遇到的问题，建立良好的师生关系。而学生也可以通过互动与教师进行反馈交流，就自己的学习情况进行主动的探究和讨论。

互动性有助于学生之间的交流合作。在高中英语课堂中，学生彼此之间的互相合作和讨论可以极大地促进学习效果的提升。通过互动，学生们可以分享自己的学习心得和理解，互相帮助解决问题，激发彼此的思维，增强彼此的学习动力。这种学生之间的互动和合作，不仅可以培养学生的团队协作能力，激发他们的学习兴趣，还可以促进思维的碰撞和创新。

（二）多样性

教学资源的多样性是指教师在教学过程中选择和运用各种不同类型和形式的教学资源。它涵盖了多种多样的教学媒介、工具和方法，能够满足学生的个性化需求，促进学生的主动参与和深度学习。

多样性体现在教学资源的形式上。在高中英语课堂教学中，教师可以选择使用多种不同形式的教学资源，如教材、多媒体课件、教学视频、实物模型等。这些教学资源能够通过视听和触觉等多种感官方式，激发学生的兴趣和好奇心，提

高课堂的互动性和教学效果。

多样性表现在教学资源的内容上。在设计教学资源时，教师应该注重内容的丰富性和多样性。比如，可以选择不同题材和背景的文本材料，涵盖不同领域和专题的学习内容，以满足学生对知识的全面了解和深入探究的需求。教师还可以引入不同的案例分析、实践活动和项目任务等，培养学生的实际应用能力和解决问题的能力。

多样性表现在教学资源的运用方式上。教师可以通过巧妙的设计和创新的教学方法，使同一种教学资源在不同的教学情境中发挥不同的作用。比如，对于一篇关于文化交流的文章，在精读教学情境中，教师可以引导学生进行深入的语言点分析和篇章理解；而在泛读教学情境中，教师可以要求学生快速阅读并提取关键信息，培养他们的快速阅读能力和信息筛选能力。

多样性体现在教学资源的评价和反馈上。教师在使用教学资源时，应该及时关注学生的学习效果和反馈意见，根据学生的不同需求和差异化的学习效果，及时调整和优化教学资源的选择和运用。同时，教师还应该鼓励学生主动参与教学资源的评价，培养他们的自主学习能力和批判思维能力。

（三）灵活性

在高中英语课堂教学资源的建设中，灵活性意味着教学资源的设计和使用具有可调节性和适应性，能够根据教学的具体需求和学生的个体差异做出相应的调整和变化。

灵活性体现在教学资源的组织和安排上。教师可以根据教学进度和教学目标的实际情况，对教学资源进行灵活调整。例如，如果学生对某个知识点掌握不够扎实，教师可以通过增加相关的案例和练习来加强学生的理解和运用。而如果学生已经掌握情况良好，教师可以适当简化教学资源，以便更好地提高学生的学习效率和兴趣。

灵活性体现在教学资源的形式和媒介上。现代技术的快速发展为教学资源的设计和使用提供了更多的可能性。教师可以根据实际情况选择合适的教学媒介，例如利用电子白板、多媒体课件等进行教学，以增加学生的互动参与和学习的乐趣。教师还可以根据学生的需求，灵活选择各种形式的教学资源，如视频、音频、游戏等，以增加学习的多样性和趣味性。

灵活性还体现在教学资源的应用和评估上。教师在使用教学资源时，应该根据学生的学习情况和需求，采用不同的教学方法和策略，以确保学生能够充分理解和掌握教学内容。教师还应该灵活运用不同的评估方式，如课堂小结、个别讨论、作业设计等，以充分了解学生的学习成果，及时调整教学资源和教学方法。

（四）可塑性

可塑性是指教学资源能够根据实际需要进行调整和改变，以适应不同的教学目标、教学内容和教学方法。这种可塑性使得教师能够根据学生的实际情况和学习需求进行灵活的教学设计和调整。

可塑性体现在教学资源的内容上。在设计和选择教学资源时，教师需要考虑不同学生的学习差异和需求，以及不同教学内容的特点。例如，在教学资源的选择上，教师可以根据学生的水平和兴趣选择相应的教材、视频资源、音频资源等。在教学资源的设计上，教师可以根据教学目标和学生的知识背景，调整教学内容的难易程度，以便更好地满足学生的学习需求。

可塑性体现在教学资源的形式上。教学资源可以采用多种形式，如文字、图表、音频、视频等，而这些不同形式的教学资源可以根据具体的教学需求和情境进行选择和调整。例如，在教学例题的设计上，教师可以通过使用图表等直观的形式来帮助学生更好地理解和掌握知识点。在学习任务的设计上，教师可以通过视频资源来引入新的学习内容，激发学生的学习兴趣和积极性。

可塑性体现在教学资源的使用方法上。教学资源的使用方法可以根据教师的教学理念和学生的学习特点有所调整。例如，在进行教学资源的导入环节时，教师可以通过提出问题和引发讨论等互动形式，激发学生的思维和学习兴趣。在进行教学资源的实际操作环节时，教师可以根据学生的学习能力和实际情况，提供示范、引导和提示，以帮助学生顺利完成学习任务。

可塑性还体现在教学资源的评价和反馈上。教学资源的评价和反馈可以根据学生的表现和学习效果进行调整和改进。教师可以通过课堂讨论、小组合作和个别作业等多种方式来评价学生对教学资源的理解和应用程度，并及时提供反馈和指导，以便学生能够及时调整学习策略，提高学习效果。

三、基于“教—学—评”一体化的高中英语课堂教学资源建设的原则

（一）学生中心原则

学生中心原则是指课堂教学资源建设应以学生的需求和发展为中心。在高中英语课堂教学中，学生是课堂的主体，他们的学习能力、兴趣和特点需要得到充分的关注和照顾。因此，在教学资源的建设中，应当确保资源的设计和选择能够充分满足学生的需求，并能够激发他们的学习兴趣。

1. 教学资源的设计应注重学生的学习特点和兴趣

不同学生的兴趣和学习方式各异，因此，教学资源应该多样化，以适应不同学生的需求。例如，对于喜欢听力训练的学生，教师可以提供丰富的听力材料和练习；对于喜欢阅读的学生，可以提供大量的阅读材料和题目。通过理解和尊重学生的兴趣，教师能够调动学生的积极性，提高他们的学习主动性。

2. 教学资源的选择应该突出学生的主体地位

在课堂教学中，学生应被赋予更多的决策权和参与权，使他们能够更积极地参与教学活动。因此，教学资源的选择应更关注学生自主学习和合作学习的设计。例如，可以提供一些开放性的问题，让学生根据自己的理解和知识进行探究，或者设置小组合作活动，让学生共同解决问题。通过这样的设计，学生能够在实际操作中充分发挥自己的主体作用，促进其自主学习和思考能力的发展。

3. 教学资源的建设还应当注重学生的学习程度和需求

每个学生的学习程度和发展需求各不相同，课堂教学资源的设计应尽可能考虑到不同学生的差异性。例如，对于学习成绩较好的学生，可以提供一些拓展性的教学资源，以满足他们对知识的更深入追求；对于学习成绩不太好的学生，应提供一些针对性的教学资源，帮助他们克服学习困难。通过个性化的教学资源设计，我们能够满足学生不同层次的学习需求，促进其全面发展。

（二）教学目标导向原则

在高中英语课堂教学资源的建设过程中，教学目标导向是一项至关重要的原则。教学目标是教师的指导思想和学生的学习目标的具体体现，它直接影响教学资源的选择和设计。而教学目标导向原则要求我们在设计和选择教学资源时，紧

密围绕教学目标来展开，确保资源的针对性和有效性。

教学目标导向要求将学生的学习需求和发展目标置于教学资源建设的核心位置。在课堂教学中，学生是教学的主体，他们的学习需求和发展目标应该得到重视和满足。因此，在设计和选择教学资源时，我们要理解学生的背景、兴趣和学习能力，确保资源的针对性和适应性。

教学目标导向要求设置明确的、可操作的学习目标，并通过教学资源来实现这些目标。在制定学习目标时，我们应该确保目标具有明确的指向性、具体的操作性和可衡量性，这样才能够为学生提供清晰的学习导向和评价依据。在选择教学资源时，要找到与目标紧密关联的资源，确保资源内容和相关活动能够帮助学生达成学习目标。

教学目标导向要求注重教学资源的多样性和灵活性。在设计和选择教学资源时，应该充分考虑学生的差异性和多样性，为不同的学生提供适当的教学资源。同时也要注重教学资源的灵活性，让教学资源能够根据不同的教学环境和需求进行调整和变化，以更好地适应教学实际情况。

教学目标导向要求将评价反馈作为教学资源建设的重要环节。通过对学生的学习情况进行评价，可以及时发现问题和不足，并进行相应的改进和调整。因此，在教学资源的设计和选择过程中，要考虑如何利用评价工具和方式来对学生的学习进行监测和评估，从而进一步优化教学资源的使用效果。

（三）教学内容适应原则

在构建高中英语课堂教学资源时，教师应当根据学生的实际需求和学科特点，对教学内容进行合理的调整和优化，使之更加适应学生的学习水平和兴趣，以促进学生的学习效果和教学质量的提升。

1. 教学内容应该符合学生的学习需求

高中英语学科的学习目标是培养学生的语言能力和综合素养，因此教学内容应该以学生的学习需求为导向，注重培养学生的语言运用能力和交际能力。教师可以通过分析学生的学习差异，制订个性化的教学计划，因材施教，满足不同学生的学习需求。

2. 教学内容应该有针对性和实用性

高中英语学科的内容繁多，教师在设计教学资源时应当选择具有代表性和实用性的教学内容。教师可以通过引入真实案例、实际语境等方式，将抽象的知识与学生的日常生活和兴趣相结合，使学生更容易理解和掌握教学内容。同时，教师可以根据学生的学习水平和教学进度，适当调整教学内容的难度，确保教学内容的可操作性和有效性。

3. 教学内容应具有层次性和发展性

高中英语学科的知识体系是由浅入深、由简单到复杂的，教师在设计教学资源时应当注意将教学内容分层级进行组织和安排。教师可以通过设计一系列有序的学习任务、练习和活动，将教学内容逐步进行展开和推进，引导学生由易到难、由简到繁地进行学习，增强和提高学生的学习兴趣和积极性。

4. 教学内容应与教材和学校教育目标相一致

作为基于“教—学—评”一体化的高中英语课堂教学资源建设的重要原则，教学内容的选择和安排应与教材的内容和要求相一致，同时也应与学校教育目标相契合。教师应当充分了解并研究教材和学校的教育目标，确保教学内容的合理性和有效性。

（四）教学过程控制原则

在基于“教—学—评”一体化的高中英语课堂教学资源建设中，教学过程控制的原则旨在保证教学的高效性和有效性，确保学生能够获得最佳的学习效果。

在教学过程的控制中，应当注重引导和激发学生的学习兴趣和积极性。教师应设计富有挑战性和实践性的教学活动以及启发性的问题，以激发学生的思考和探索欲望。通过培养学生的自主学习能力和团队合作精神，教师能够更好地控制教学过程和质量。

教学过程控制原则中的个性化教学是不可忽视的。不同学生在学习习惯、能力和兴趣方面存在差异，因此，教师应该关注每个学生的个体差异，并根据其特点制定相应的教学策略。通过对学生进行个别指导和差异化教学，教师可以更好地控制教学过程，使每个学生都能够充分发展自己的潜力。

教学过程控制原则中探究性学习是重要的内容。教师应该提供适宜的学习环境和资源，鼓励学生主动探索、实践和发现。通过组织和引导学生进行实践性的学习活动，教师能够更好地调整学习过程，使学生能够更深入地理解和应用所学知识。

在教学过程控制原则中，反馈机制扮演着重要角色。教师应该定期进行教学评估，及时了解学生的学习情况和困难，以便进行及时的调整和改进。通过及时的反馈和评价，教师能够更好地掌握教学过程，确保教学的有效性和学生的不断进步。

四、基于“教—学—评”一体化的高中英语课堂教学资源建设的方法

（一）建设资源库

为了有效地支持基于“教—学—评”一体化的高中英语课堂教学，建设一个全面丰富的资源库是至关重要的。资源库是指集成了各种教学资源的一个集合，包括教材、课件、教学素材、多媒体资源等。在建设资源库时，需要考虑以下几个方面。

1. 资源的多样性和全面性

这意味着我们应该收集和整理多种不同类型和形式的资源，涵盖各个教学领域。例如，除了传统的教材和课件之外，还应该考虑引入音频、视频、互动教学软件等多媒体资源，以满足不同学生的学习需求。

2. 资源的更新速度

教学资源是一个动态的概念，需要不断地进行更新和补充。因此，需要建立一个有效的机制，定期审核资源库中的资源，以保证其准确性和时效性。同时，借助互联网等新技术手段，我们可以快速获取最新的教学资源，并将其整合到资源库中。

3. 资源的分类和组织

资源的分类和组织是保证资源库能够高效利用和检索的关键。我们可以按照教学内容、学习目标、教学方法等不同维度对资源进行分类，同时为每个资源添加详细的描述和标签，方便教师和学生根据自己的需求进行查找和选择。

4. 资源的共享和交流

建设资源库的过程中，应该鼓励教师和学生积极共享自己制作和整理的教学资源，以及对资源的评价和反馈。这样，不仅可以丰富资源库的内容，还可以促进教师和学生之间的交流和合作。

（二）利用互联网资源

在基于“教—学—评”一体化的高中英语课堂教学中，利用互联网资源成为不可忽视的关键环节。互联网资源的广泛性和丰富性为教学提供了丰富的素材和多样的方式。

1. 充分利用各类教育网站和平台的教学资源

教育网站和平台提供了大量的教学视频、教材、课件等资源，覆盖了各个学科和年级的教学需要。教师可以通过检索和筛选功能，找到符合自己教学目标和内容的资源，将其引入课堂。例如，根据学生的学习特点和需求，教师可以选择相关的英语学习网站来提供学习材料和练习题，让学生在学校和家庭都能够方便地进行课外学习。

2. 利用社交媒体和在线协作平台

通过建立教师与学生之间，学生与学生之间的互联平台，可以促使学生在互联网上建立起合作学习的网络社区。例如，在学习英语语法时，教师可以引导学生通过在线协作平台，共同解决问题、讨论策略，并互相评价，促进彼此的学习进步。这种利用互联网资源的方式不仅能够满足学生的学习需求，还可以增强学生的主动学习能力和团队合作能力。

3. 注重资源的质量和教学的引导

互联网上的信息纷繁而复杂，教师需要通过精挑细选来找到合适的资源。选择的标准包括内容的准确性、信息的可靠性以及与教学目标的契合度。在利用互联网资源时，教师应给予学生明确的任务和指导，引导学生对资源进行有效的利用和评估。例如，在使用在线词典进行单词查询时，教师可以要求学生根据词性和词义等进行分析，并以书面形式反馈学习成果。

4. 不断探索、分享和更新互联网资源

在利用互联网资源的过程中，教师应该持续地更新自己的知识和技能，不断学习并适应新的教学方式和技术。同时，教师还应该积极参与教育网站和社交媒体的交流和分享，与其他教师一起分享自己的教学心得和资源，从中获取更多的启发和帮助。

（三）优化教学设计

在基于“教—学—评”一体化的高中英语课堂教学资源建设中，通过合理、科学的教学设计，可以有效提高教学质量，促进学生的有效学习。

在优化教学设计时，需要充分考虑学生的实际情况和需求。了解学生的学习差异性、兴趣爱好及学习目标，有助于我们根据学生的特点来调整教学内容和教学方法。例如，有些学生可能对文化类的课文感兴趣，而有些学生则对实用英语更感兴趣。因此，在设计教学资源时，可以根据学生的喜好和需求，选择相应的课文材料和教学活动，以激发学生的学习兴趣。

在优化教学设计时，需要合理安排教学进度和内容。在教学设计中，要充分考虑学生的学习能力和学习进度，避免过于简单或过于复杂的内容。可以根据学生的前置知识和学习进度，适度提高难度，培养学生的学习兴趣和挑战精神。同时，还要合理安排教学时间，确保每个教学环节的时间均衡分配，课堂时间得到充分利用，使学生能够更多地参与教学活动。

在优化教学设计时，需要注重教学环节的多样性和活跃性。通过设计不同类型的教学活动和教学方法，可以满足学生的多样化学习需求，并激发他们的积极参与和思考。例如，可以采用小组合作学习、角色扮演、讨论交流等方式，让学生在活动中主动思考、合作共享，并培养他们的综合能力和创新思维。

在优化教学设计时，需要关注教学评价和反馈。通过及时、有效的教学评价，可以了解学生的学习情况，发现问题和不足，并及时调整教学策略。同时，给予学生积极的反馈和鼓励，提高他们的学习动力和自信心。因此，在教学设计中，要合理规划教学评价的形式和内容，关注学生个体的发展进程，为他们提供有效的支持和引导。

（四）教师专业发展

随着教育环境和教学要求的不断变化，教师的专业素养和教学水平需要不断地提升和更新。

1. 教师应加强自身的学习和研究

教师需要不断学习前沿的教育理论、教学方法以及相关的学科知识。他们可以通过参加教育培训班、学术研讨会以及阅读相关教育专业书籍和期刊等途径，不断提升自己的专业素养。教师也可以加入学科教研组或专业交流平台，与其他同行一起分享和交流教学经验，在集体的智慧中共同成长。

2. 教师应积极参与教学实践和反思

只有经历实际教学的过程，教师才能真正感受到学生的需求和教学的挑战。因此，教师需要时刻关注自己的教学实践，及时反思并调整教学策略。教师可以通过观察学生的学习状况、收集学生的反馈意见以及与同事交流来改进自己的教学方式和教学设计。

3. 教师应关注教育研究和教学资源的更新

随着科技的发展和社会的进步，教育领域也在不断变革和更新。教师需要不断关注和研究最新的教育研究成果和教学资源，将其融入自己的教学实践中。教师可以利用互联网资源、教育平台和数字化教学工具等，寻找并使用最新的教学资源，为自己的教学提供丰富多样的支持和帮助。

4. 教师应积极参与教学评估和反馈

教学评估是教师专业发展的重要环节，通过评估结果可以对教学过程和效果进行全面的审视和改进。教师可以利用各种教学评估工具和方法，如课堂观察、学生问卷调查等，了解学生的学习情况和教学效果，并根据评估结果进行有针对性的调整和改进。此外，教师还可以通过与同事的交流和专业学习小组的讨论，获得更多的反馈和建议，促进自身的教学能力的提高发展。

第二节

基于“教—学—评”一体化的高中英语课堂教学环境建设策略

一、基于“教—学—评”一体化的高中英语课堂教学环境的类型

（一）传统的教学环境类型

在传统的高中英语课堂教学中，教学环境主要具有以下几种特点。

传统的教学环境以教师为中心，强调知识的传授和学生的被动接受。教师通

常站在讲台上，向学生讲授课程内容，学生则坐在教室的座位上，听课并做笔记。

传统的教学环境注重书本知识的灌输，大量的课堂时间被用于教师的讲解和学生的背诵练习。在这种环境下，学生的主动性和创造性受到限制，缺乏与他人合作和交流的机会。课堂上往往呈现出一种单调的和以考试为导向的氛围。

传统的教学环境存在着一种严格的纪律要求，学生需要遵守教师的指示和课堂规则，缺乏自主学习的空间和自由发挥的机会。教师的权威性较大，学生的发言权和表达能力受到限制，课堂氛围相对沉闷。

传统的教学环境也存在一些优点。课堂秩序相对稳定，学生易于集中注意力，教师可以有序地传授知识，并且学生在接受教师讲解的同时也能比较容易地获得相关的背景知识。传统的教学环境在某些侧重考试的教学和评价体系中仍然具有一定的适应性和必要性。

传统的教学环境类型在高中英语课堂中曾经起到一定的作用，但也存在一些局限性。随着教育理念和方法的不断进步，传统的教学环境已经无法满足当前学生的学习需求。因此，有必要转变教学环境，构建更加开放、互动和学生主导的教育场景。

（二）“教—学—评”一体化教学环境类型

在传统的教学环境下，教师通常会将教学、学习和评价分隔开来，他们扮演着传授知识和评估学生能力的角色。然而，在基于“教—学—评”一体化的高中英语课堂教学环境中，这种分隔被打破了。教师在这种环境中不仅仅是知识的传授者，还是学生学习过程的引导者和学习成果的评价者。

这种教学环境的特点之一是教学、学习和评价的紧密结合。教师将教学设计与学生的学习需求相结合，通过创造多样化的学习活动，为学生提供丰富的学习机会。同时，教师还会利用各种评价手段来了解学生的学习成果和困难，从而及时调整教学策略和教学内容。

基于“教—学—评”一体化的教学环境强调学生主动参与和学习。在这种环境中，学生被视为学习的主体，他们积极参与课堂活动，并通过各种交流和合作的方式来实现共同学习。这种以学生为中心的教学模式有助于激发学生的学习兴趣和主动性，培养他们的合作能力和创造力。

基于“教—学—评”一体化的高中英语课堂教学环境还强调教师的引导和反馈。教师在这种环境中扮演着引导学生学习和提供即时反馈的角色，通过引导学生思考和探索，帮助他们建构知识和解决问题。教师还会提供及时的反馈，帮助学生发现自己的不足并进一步学习和提高。

（三）对比分析

从师生互动角度来看，传统的教学环境呈现出明显的单向传授特点。教师主导教学过程，学生被动接受知识。而在“教—学—评”一体化教学环境中，教师与学生之间的互动更加平等和密切。教师不仅是知识的传递者，还是学生学习的引导者和解决问题的指导者。学生在课堂中扮演着积极的角色，可以提问、讨论，并热情参与教学活动。

在传统的教学环境中，学生的参与程度相对较低，教师主导课堂，学生等待被要求回答问题。而在“教—学—评”一体化教学环境中，学生被充分鼓励和激发，他们能够根据自身的兴趣和需求主动加入学习过程。通过小组讨论、合作学习等形式，学生可以充分发挥自己的思维和创造力，积极参与探究知识和解决问题的过程。

评价方式也是传统教学环境和“教—学—评”一体化教学环境的重要差异之一。在传统的教学环境中，评价主要侧重于对学生知识掌握程度的考核，通常采用笔试、口试等形式进行。而在“教—学—评”一体化教学环境中，评价更加注重学生综合能力的培养和发展。教师通过观察学生在课堂上的表现、学习报告、小组项目等多种方式来评价学生的学习情况。这样的评价方式更加综合和全面，能够更好地激发学生的学习动力和兴趣。

二、“基于“教—学—评”一体化的高中英语课堂教学环境的特点

（一）教学互动特点

在基于“教—学—评”一体化的高中英语课堂教学环境中，教学互动指的是教师与学生之间的相互交流与合作，通过教学互动，促进学生的积极参与和主动学习。

1. 鼓励学生参与课堂活动

在这种教学环境中，教师不再是单纯的知识传授者，而是引导者和激发者。他们通过提问、讨论和探究等方式，激发学生的思维、兴趣和动力，使得学生积

极参与课堂教学活动。通过互动，学生可以自主地思考和表达自己的观点，从而更好地理解和掌握知识。

2. 促进师生之间的良好关系

在"教—学—评"一体化的教学环境中，师生之间的关系是平等互信的。教师在教学中不再是单方面的命令者，而是与学生共同探讨和学习的伙伴。通过互动，教师可以更好地了解学生的需求和困惑，根据学生的特点和兴趣，提供个性化的教学指导。这种积极的师生关系有助于激发学生的学习兴趣和自信心，提高学生的学习效果。

3. 培养学生的合作能力和交流能力

在课堂教学互动中，学生需要与同学进行交流、合作和讨论。通过与同学的互动，学生可以学会倾听他人的观点、尊重他人的意见，并能够合作解决问题、共同探索知识。这种合作与交流能力对学生综合素质的提升具有重要意义，也符合现代社会对个体综合能力的要求。

（二）教学评价特点

"教—学—评"一体化的高中英语课堂教学环境中,教学评价具有鲜明的特点。教学评价是对学生学习情况进行客观、全面和准确的评估，以便教师和学生能够及时了解学习进展并采取相应的策略。在这一教学环境中，教学评价具有以下几个特点。

1. 强调个性化和综合评价

在传统的教学环境中，评价往往只注重学生知识掌握的程度，而忽视了学生个性、创造力和实际应用能力的发展。在"教—学—评"一体化的教学环境中，教学评价更加关注学生的个体差异和发展需求，因而采取个性化的评价方法，全面考查学生的知识、能力和素养。

2. 注重过程和目标的结合

传统的教学评价往往只关注学生的学习成绩，而忽视学习的过程和学习者本身的发展。在"教—学—评"一体化的教学环境中，教学评价将过程和目标结合起来。教师通过观察学生的学习过程、听取他们的言语表达、了解他们的思维逻辑，全面评价学生的学习情况。这样的综合评价能够更好地帮助教师了解学生在学习中遇到的困难和问题，并有针对性地进行教育教学。

3. 倡导师生互动和自主学习

在传统的教学评价中，评价结果往往由教师独立进行，学生只负责接受评价结果。而在“教—学—评”一体化的教学环境中，教学评价强调师生互动和学生的自主性。教师通过与学生的互动，了解学生的学习需求和学习反馈，并根据这些反馈进行相应的教学调整。同时，教师也鼓励学生主动参与评价过程，培养其自主学习的能力。

（三）教学反馈特点

教学反馈是指教师对学生学习成果和学习过程进行观察、评价并及时给予回馈的过程。与传统教学环境相比，教学反馈的特点在于其高度的个性化和实时性。

教学反馈在个性化方面具有独特性。在传统教学环境中，教师通常只能给出整体性的评价，对于每个学生的差异性和特点了解不够深入。在“教—学—评”一体化教学环境下，教师可以通过多种方式获取学生的个性化数据，并据此进行有针对性的反馈。例如，教师可以利用多种手段，包括学习笔记、作业完成情况、错题本等，记录学生的学习过程，从而更好地了解每个学生的学习特点和需求，并给予个性化的指导和建议。

教学反馈具有实时性的特点。在传统教学中，学生通常需要等待一段时间才能得到关于自己学习的评价和反馈，这样会导致学生无法及时调整学习策略和改进学习方法。而在“教—学—评”一体化教学环境中，教学反馈可以通过实时的反馈渠道实现。例如，在课堂上，教师可以利用即时评价工具对学生的回答和大量作业进行实时评估和反馈，通过这种方式，学生可以立即了解自己的学习效果，及时调整和改进学习策略。

教学反馈还具有持续性的特点。在“教—学—评”一体化教学环境中，教师的反馈不局限于特定的课堂时间，而是贯穿于整个学习过程。教师可以与学生进行定期的学习反馈，关注学生的学习进展和困难，给予持续的指导和鼓励。学生也可以通过个人学习平台和教师的在线咨询获得持续的反馈和建议，使得学习变得更加动态和有效。

三、基于“教—学—评”一体化的高中英语课堂教学环境建设的原则

（一）教学目标明确性原则

通过确立明确的教学目标，可以为教师和学生提供清晰的学习目标和评价标准。

明确的教学目标可以帮助教师在课堂教学中准确引导学生的学习方向。在教学过程中，教师应当清晰地传达课程目标，使学生能够理解和掌握所学知识的重点和要点。这样，教师可以根据教学目标有针对性地设计教学活动和选择合适的教学资源，提高教学效果。

明确的教学目标对学生具有重要意义。学生通过明确的教学目标，可以了解到自己需要学习和掌握的知识和技能。他们可以根据教学目标有针对性地制订学习计划和学习策略，提高学习效率。明确的教学目标也可以为学生提供明确的评价标准，使他们能够更好地自我调控学习进程，及时发现并纠正学习中的问题。

在教学目标的设定上，需要注意几个方面。首先，教学目标应当具有主次之分：明确哪些是核心目标，重点突出；哪些是附属目标，相对次要。这有助于教师合理安排教学时间和资源，使教学过程更加高效。其次，教学目标应当具备可操作性，即教学目标要明确具体，可在课堂教学中转化为具体的教学活动和学生的表现。最后，教学目标应当具有与学生现实生活相联系的实用性，这样能够增强学生学习的动机，促使他们积极投入学习。

（二）教学内容一体化原则

教学内容一体化要求将教学内容与学生的实际需求紧密结合，以培养学生全面发展的能力为目标，实现教学的全面性和整体性。

教学内容一体化要求将不同单元、不同知识点之间的内在联系和逻辑关系进行明确和展示，以帮助学生理解和掌握知识。例如，在教授语法知识时，可以将知识与实际语境相结合，让学生在真实的语言运用中感知语法的作用和规律，从而提高学习效果。

教学内容一体化要求将学科知识与现实生活相融合。这意味着教师应该根据学生的兴趣爱好、生活经验和实际需求，选择与之相关联的教学内容。例如，在

教授阅读技巧时，可以选择与学生生活经验紧密相关的文本材料，让学生能够更好地提升自己的阅读能力。

教学内容一体化要求将不同学科之间的知识进行融合。这有助于培养学生的综合运用能力和跨学科思维能力。例如，在教授写作技巧时，可以引入文学作品或历史事件，让学生结合不同学科的知识进行创作和思考，从而提高他们的综合素养。

教学内容一体化还要求教师注重培养学生的创新意识和实践能力。这意味着教学内容应该着重培养学生的创造力和解决问题的能力。教师可以通过开展项目式学习或探究式学习等形式，让学生自主探索和实践，培养他们的创新思维和实际应用能力。

（三）学生主体性原则

学生主体性原则是指在高中英语课堂教学环境建设中，注重培养学生的主体地位和主动参与学习的能力。根据学生的兴趣爱好、特长和个性差异，创设积极互动的学习环境，激发学生的学习动力和自主学习的意识。

1. 注重学生的需求和兴趣

教师应调动学生的积极性和主动性，引导学生在学习过程中发挥自身的优势和特长。通过了解学生的兴趣爱好，教师可以设置与学生关注领域相关的教学任务和活动，让学生在学习中找到乐趣和动力。例如，在英语课堂中可以引入英文歌曲、戏剧表演等活动，培养学生的学习兴趣，激发学生学习英语的热情。

2. 重视学生的参与和合作

高中英语课堂应该鼓励学生与教师以及其他同学进行积极的互动和合作。教师可以设计一些小组合作活动，让学生在集体中互相协作、互相学习。通过小组活动，学生可以相互激励、相互补充，培养自己的交流能力、团队精神和合作意识。例如，教师可以安排小组讨论或角色扮演等活动，让学生共同解决问题、分享观点，增强他们的主体参与性。

3. 尊重学生的思维方式和学习节奏

每个学生的学习方式和节奏都是不同的，教师应该根据学生的实际情况，采用差异化的教学方法和策略，满足学生个体的发展需求。例如，教师可以提供多样化的学习资源和教材，让学生在适应自己节奏的同时更好地掌握知识和技能。

4. 鼓励学生自主学习和探究

教师应该引导学生主动思考、自主解决问题，并培养学生的自主学习能力和批判性思维。通过培养学生的独立思考和分析问题的能力，激发学生的创造力和创新精神。例如，在教学中可以引入案例分析和研究报告等形式，让学生主动探究问题，并提出自己的见解和解决方案。

（四）环境优化原则

环境优化原则是指在高中英语课堂教学环境的建设中，通过各种措施和手段，不断创造和优化具有积极影响力的教学环境，旨在提升学生的学习效果和教学质量。

1. 舒适宜人的环境布置

为了使学生能够更好地投入学习，教室的布置应该舒适宜人。在教室的座位设置上，要保证每个学生都能够坐得舒服，不会因为座位不适而影响学习的效果。此外，教室内的温度、光照等环境因素也需要得到合理调节，以确保学生在舒适的环境中学习。

2. 清晰明了的口号悬挂

在教室的墙壁上悬挂一些与英语学习相关的标语，可以起到提醒和激励学生的作用。这些标语可以包括“学英语，走向世界”“努力学习，取得成功”等，通过这些标语的展示，不仅可以引导学生端正的学习态度，还可以激发学生的学习热情，帮助他们更好地投入课堂教学。

3. 提供丰富的学习资源

为了激发学生的学习积极性，教师应该提供丰富多样的学习资源。可以在教室中设立一个小型的英语角，供学生自由借阅英语杂志、读物等学习资料，也可以制作一些与课堂内容相关的多媒体资源，如 PPT、录音等，方便学生在课后进行复习和巩固。通过提供这些学习资源，可以激发学生的学习兴趣，提高他们的学习效果。

4. 激发学生的合作学习氛围

在高中英语课堂教学环境中，要营造一个积极活跃、合作共进的学习氛围。为了实现这一目标，教师可以设计一些小组活动、合作任务等，让学生在小组中相互学习、交流，培养他们的合作意识和团队精神。同时，教师还可以通过定期组织学生演讲、展示等活动，鼓励学生主动分享自己的学习成果和经验，激发全体学生的学习动力。

四、基于“教—学—评”一体化的高中英语课堂教学环境的建设方法

（一）建设有效的教学互动环境

有效的教学互动环境是“教—学—评”一体化教学环境中至关重要的一部分。在这个环境中，教师和学生之间保持着积极的互动，促进了知识的交流和共享。

1. 创设宽松和融洽的教学氛围

课堂氛围的温和与和谐对于学生的学习情绪和参与度起着不可或缺的积极作用。教师应该通过积极的情感表达、鼓励和赞赏，营造学生愿意放开自己、表达自己的环境。教师还可以引入一些趣味性和互动性强的教学活动，例如小组讨论、角色扮演等，以激发学生的兴趣和主动参与。

2. 鼓励学生的积极提问和思辨能力的发展

教师应该倡导学生习惯性地思考和质疑，而不仅仅是被动地接受教育。在课堂上，教师可以设计一些问题引导学生思考，鼓励他们提出不同的观点和见解。鼓励学生在小组或全班的讨论中发表自己的意见，促进他们的交流和合作。

3. 注重互动的多样性和灵活性

教师可以采用不同的教学方法和教学资源，以满足学生不同的学习需求和学习风格。例如，可以通过展示视频、图片、音频等多媒体资源，引发学生的兴趣和好奇心。教师还可以引入一些游戏化的活动，如竞赛、团队合作等，激发学生的积极性和主动性。

4. 及时给予学生反馈

学生在互动中提出的问题和意见应得到及时的回应和反馈。教师可以给予学生肯定和鼓励，同时指出他们的不足并提出改进的建议。此外，教师还可以通过布置作业、小测验等形式，帮助学生巩固和检验所学知识，并提供个性化的指导和建议。

（二）建设有效的教学评价环境

有效的评价环境能够促进学生的学习动力，提高教学效果，并帮助教师准确获取学生的学习情况。建设有效的教学评价环境有以下几个关键点。

1. 评价方式的多样性

教师可以选择不同的评价方式，如作业评价、考试评价、课堂表现评价等，全面地了解学生的学习情况。教师还可以结合学生的个体差异，采用多元化的评价手段，如口头评价、书面评价、小组互评等，以充分发挥每个学生的优势。

2. 评价标准的明确性

在评价过程中，教师应当制定一套明确的评价标准，包括评价内容、评价要求和评价标准等。这样可以使评价结果更加客观和公正，并帮助学生清晰地了解自己学习的进步和不足之处。明确的评价标准也有助于教师进行教学反思和改进，提高教学质量。

3. 及时反馈

教师应当及时给予学生反馈，让他们知道自己在学习中的表现如何，并提供必要的建议和指导。通过及时反馈，学生可以及时调整学习策略，进一步提高学习效果。同时，教师也可以通过反馈了解学生对教学内容和方法的接受程度，从而有针对性地进行教学调整。

4. 积极鼓励和支持

教师应当积极鼓励学生在评价过程中展示自己的优势，并给予适当的赞赏和肯定。同时，教师还应当提供必要的支持和帮助，帮助学生克服困难，提高学习能力。

（三）建设有效的教学反馈环境

在高中英语课堂教学中，教学反馈环境的良好建设，对于学生的学习效果和教师的教学改进都具有积极的影响。

为了建设有效的教学反馈环境，教师应该确保及时准确地提供反馈信息。在课堂中，教师可以采用多种方式提供反馈，包括口头反馈、书面反馈和个性化反馈等。口头反馈可以通过及时纠正学生的错误或给予肯定来实现，而书面反馈可以通过批改学生的作业、试卷等方式进行。教师还可以根据学生的差异性，为每个学生提供个性化的反馈，以满足他们的学习需求。

为了建设有效的教学反馈环境，教师应该鼓励学生参与教学反馈过程。学生的主动参与可以促进他们对自己学习情况的认知，并培养他们的自我评价能力。为了实现这一点，教师可以设置小组讨论、互评、自评等活动，引导学生主动参与课堂反馈，在交流互动中加深对知识的理解和应用。

为了建设有效的教学反馈环境，教师可以通过引入技术手段来实现。现代技术的发展为教师提供了更多的选择，如使用电子学习平台、在线问卷调查等方式，可以更全面、详细地收集学生的反馈信息，帮助教师了解学生的学习情况，及时做出相应的调整和改进。

为了建设有效的教学反馈环境，需要教师充分尊重学生的意见和建议。教师应该积极倾听学生的反馈意见，鼓励学生表达自己的观点和想法。只有在学生感受到被尊重和被理解的情况下，他们才会更主动地参与课堂反馈，从而进一步提高学习效果。

第三节

基于“教—学—评”一体化的高中英语课堂学生能力培养策略

一、“教—学—评”一体化在高中英语课堂的应用

在高中英语课堂中，“教—学—评”一体化的应用不仅能够提高教学效果，更可以有针对性地培养学生的自主学习能力、合作学习能力、探究学习能力和创新思维能力。

“教—学—评”一体化在高中英语课堂中的应用使得学生具备了更强的自主学习能力。通过给予学生自主选择学习任务的权利，激发了学生的学习积极性和主动性。例如，在一个课堂中，教师根据学生的不同兴趣和学习能力，设置了几

个不同难度的学习任务，学生可以自主选择自己感兴趣并适合自己的任务进行学习。这样一来，学生在学习的过程中能够更加自主地掌握知识，并提高学习效果。

“教—学—评”一体化的应用在高中英语课堂中能够培养学生的合作学习能力。通过给学生提供合作学习的机会，可以促进学生之间的互动和协作。例如，在一个小组活动中，学生需要共同合作完成一个项目或任务，在这个过程中，他们需要相互交流和分享观点和想法。这种合作学习的方式能够培养学生的团队合作精神，并且通过相互间的交流和探讨，学生可以更加深入地理解和掌握教学内容。

“教—学—评”一体化能够培养学生的探究学习能力。教师在课堂教学中可以引导学生进行开放性的问题探究，鼓励他们提出问题、思考问题，从而培养学生的探究精神和自主学习能力。例如，在一个英语听力的课堂中，教师可以引导学生提出一系列问题，让他们通过听力材料和自己的思考来解决问题，这样学生就不再只是被动接受知识，而是主动参与探究过程。

“教—学—评”一体化的应用还能够培养学生的创新思维能力。通过给学生提供开放性的学习任务和项目，可以激发学生的创新思维和创造能力。例如，在一个写作的课堂中，教师可以要求学生根据自己的兴趣和想法来创作一个故事或文章。这样一来，学生可以发挥自己的想象力和创造力，培养自己的创新思维能力，并且在写作过程中不断提高自己的语言表达能力。

二、学生自主学习能力培养策略

（一）“教—学—评”一体化在自主学习能力培养中的作用

在培养高中英语课堂学生的自主学习能力中，“教—学—评”一体化发挥着重要的作用。“教—学—评”一体化作为一种综合性的教学评价方式，不仅关注学生的学习成绩，更注重学生的学习过程和能力的发展。通过“教—学—评”一体化，可以促进学生在学习过程中主动思考、自我调控和独立解决问题的能力的提高。

1.“教—学—评”一体化可以激发学生的自主学习动机

通过设定明确的学习目标和评价标准，学生能够清晰地知道自己被期望达到的水平，并对自己的学习进行评价和反思。这种自我评价和反思的过程可以增强学生的学习动力，使他们主动参与学习，培养自主学习的意识和责任感。

2.“教—学—评”一体化可以提供个性化的学习支持

教师在教学评价的过程中，不仅仅是对学生的成绩进行评价，更注重对学生的学习过程进行观察和指导。在评价过程中，教师可以发现学生的学习困难和问题，并根据学生的实际情况，提供相应的学习支持和辅导。这种个性化的学习支持可以帮助学生建立起自主学习的信心和能力，从而改善他们的学习效果。

3.“教—学—评”一体化可以培养学生的自我学习管理能力

在这种评价方式下，学生需要参与课堂学习活动的规划和组织，了解自己的学习情况，并制定合适的学习策略。通过自我学习管理的实践，学生可以逐渐提高自己的学习规划和时间管理能力，培养自主学习的能力和习惯。

4.“教—学—评”一体化可以培养学生的批判思维和创新能力

在评价过程中，教师会鼓励学生提出自己的见解和观点，并进行合理的论证和分析。这种批判思维的培养可以帮助学生对学习内容进行深入思考和理解，促使他们形成独立思考和创新思维的能力。

（二）高中英语课堂自主学习能力的培养方法

为了帮助学生提高自主学习能力，教师可以采取以下几种方法。

第一，创造积极的学习氛围。教师可以通过激发学生的学习兴趣和热情，引导学生积极主动地参与课堂活动。例如，教师可以设计一些富有趣味性和挑战性的任务，鼓励学生主动探索和解决问题。

第二，提供合适的学习资源。教师应当为学生提供丰富多样、易于获取的学习资源，包括教材、参考书籍、网络资料等。通过使用这些资源，学生可以主动地拓宽知识面和提高学习能力。

第三，引导学生制订学习计划。教师可以教育学生如何合理规划学习时间，如何安排学习任务，并提供必要的指导和帮助。学生制订自己的学习计划，有助于提高学习效率和培养自主学习能力。

第四，鼓励学生独立思考和表达。在课堂教学中，教师应注重培养学生的独立思考能力和创造性思维能力。通过提问、讨论和研究等活动，激发学生的思维潜力，促使他们勇于提出自己的观点和见解。

第五，倡导小组合作学习。小组合作学习有助于培养学生的自主学习能力。教师可以组织学生参与小组合作活动，让他们共同解决问题、交流思想并互相学习，从而提高学生的自主学习能力和合作学习能力。

三、学生合作学习能力培养策略

（一）“教—学—评”一体化在合作学习能力培养中的作用

“教—学—评”一体化为学生提供了一个全面评价的平台，能够更准确地了解学生个体的合作学习表现。通过多维度的评价指标，教师能够深入了解学生在合作学习中的贡献程度、协作能力以及思考能力等方面的表现，进而有针对性地制定合作学习培养策略。

“教—学—评”一体化能够激发学生的积极性和主动性，促进他们更积极地参与合作学习活动。传统的评价方法往往只重视学生的个体表现，导致部分学生缺乏动力和兴趣参与合作学习。而“教—学—评”一体化的特点在于强调全局性的评价，注重学生在合作学习过程中的互动和协作。这样的评价方式使学生更加意识到自己在合作学习中的重要性，从而更积极主动地发挥自己的优势，促进合作学习效果的提升。

“教—学—评”一体化能够为学生提供具体的改进建议和个性化发展方向。通过对学生合作学习过程的详细记录和分析，教师可以引导学生发现自己的优势和不足，并结合评价结果给予相应的培养策略和建议。这种精准的个性化指导不仅能够帮助学生更好地发展合作学习能力，还能够提升学生的自信心和学习动力。

（二）高中英语课堂合作学习能力的培养方法

1. 教师可以采用小组合作学习的方式进行教学

小组合作学习是一种以小组为单位进行学习、讨论和解决问题的方式。教师可以将学生分成小组，每个小组由四到五名学生组成，并为每个小组指定一个组长和一个记录员。在课堂中，教师可以提供一些合作解决问题的任务，如小组讨论、任务分工和合作完成课堂作业等。通过小组合作学习，学生能够互相交流、共同学习，培养合作与沟通能力。

2. 教师可以鼓励学生进行配对合作学习

配对合作学习是指将学生分成两人一组，并分配给他们学习任务。在配对合作学习中，每个学生都对对方负有责任，需要相互协作、互相帮助完成学习任务。通过与同伴之间的互动和合作，学生能够提高解决问题的能力，培养团队合作的意识。

3. 教师还可以采用角色合作学习的方法

角色合作学习是指给学生分配不同的角色，并为学生提供相应的角色任务。比如，一个学生可以扮演组织者的角色，一个学生可以扮演记录员的角色，一个学生可以扮演讨论者的角色。通过扮演不同的角色，学生能够主动参与合作学习，培养自己的合作和领导能力。

4. 教师可以引导学生进行跨学科、跨年级的合作学习

通过跨学科、跨年级的合作学习，学生能够从不同的角度和层面去思考和解决问题，培养了批判性思维和创新能力。在教学中，教师可以组织学生跨班级、跨年级进行合作学习，让学生共同参与项目研究、实践活动、文化交流等活动，提升合作学习能力。

（三）合作学习与自主学习的结合

在高中英语课堂教学中，合作学习与自主学习是两个重要的学习方式。合作学习强调学生之间的互动和合作，通过组织学生在小组中进行讨论、合作完成任务和项目，培养学生的团队合作能力和社交技能。而自主学习则注重学生个体的学习能力，通过给予学生自主选择、自主思考和自主探究的机会，培养学生的学习兴趣和学习动力。

在实践中，将合作学习与自主学习相结合可以取得更好的教学效果。首先，合作学习可以促进学生之间的相互学习和知识共享。在小组合作的过程中，学生可以互相交流观点和经验，从而丰富彼此的知识储备。同时，通过与其他同学的互动和合作，学生也可以更好地发展社交技能和培养团队合作意识。而自主学习则可以激发学生的学习兴趣和主动性。通过给予学生自主选择学习内容的权利，他们可以更好地调动自己的学习积极性，主动探索感兴趣的领域，提高学习效果。

合作学习与自主学习相结合可以培养学生的问题解决能力和创新思维能力。合作学习中，学生面临各种问题和任务，需要通过合作与讨论找到解决方案。在这个过程中，他们不仅能够提升自己的问题解决能力，还能够从他人的观点和思维方式中获得启发。而自主学习则要求学生在探究和思考的过程中形成自己独特

的创新思维。通过自主选择学习路径和展开个性化的学习项目，学生可以培养自己的创新意识和创造性思维。

合作学习与自主学习的结合还可以培养学生的批判性思维和反思能力。在合作学习中，学生需要不仅要听取他人的观点，也要发表自己的观点，并对他人观点进行评价和批判。通过这一过程，学生可以培养自己的批判性思维，提高评价和分析问题的能力。而自主学习则要求学生不断反思自己的学习过程和学习成果，从中发现不足并进行改进。通过反思，学生可以提高自己的学习效果和学习能力。

四、学生探究学习能力与创新思维能力培养策略

（一）“教—学—评”一体化在探究学习能力与创新思维能力培养中的作用

“教—学—评”一体化能够激发学生学习的主动性和积极性。在教学过程中，教师可以通过评价的方式，鼓励学生自主探究和开展创新。例如，在进行实验探究活动时，教师可以通过评价的方式，给予学生鼓励和肯定，激励他们在实验中积极思考和探索。这样一来，学生会感受到自己的努力和付出得到了认可，进而更加积极地投入学习。

“教—学—评”一体化可以帮助学生发展自我评价和反思的能力。通过对学生的学习过程和学习成果进行评价，学生可以更加清晰地了解自己的学习情况。例如，在进行项目研究时，教师可以要求学生对自己的研究成果进行评价，并对学习过程中的困难和收获进行反思。这样一来，学生不仅能够认识到自己的优势和不足，还能够形成自主学习的意识，进一步提高自己的探究学习能力和创新思维能力。

“教—学—评”一体化还强调个性化教学，充分考虑学生的个体差异和学习特点。通过评价结果和反馈指导，教师可以为学生提供个性化的学习支持和指导，帮助学生找到适合自己的学习方法和策略，从而更有效地提升探究学习能力和创新思维能力。

（二）高中英语课堂探究学习能力与创新思维能力的培养方法

在高中英语课堂教学中，为了培养学生的探究学习能力与创新思维能力，教

师可以采用以下方法。

教师可以设计一系列的探究性学习任务，引导学生主动参与课堂探究。例如，教师可以提供一个问题，让学生根据自己的知识和经验进行思考，然后组织小组讨论，共同探索问题的解决方法。通过这样的探究和讨论，学生不仅可以主动参与学习，还能培养自己的分析、推理和解决问题的能力。

教师可以引导学生进行独立的创新性思维训练。例如，教师可以给学生提供一个课外阅读任务，要求学生根据所学知识和自己的理解进行创新性的思考和表达。在这个过程中，学生需要灵活运用所学的知识，加入自己的观点和思考，创造性地解决问题。通过这样的训练，学生的创新思维能力得到了锻炼和提高。

教师可以组织学生进行合作学习，共同完成探究性任务和创新性思维训练。例如，教师可以将学生分成小组，每个小组负责解决一个具体的问题或完成一个创新性的任务。在小组合作中，学生需要相互沟通、交流和合作，共同提出问题、思考解决办法，并最终取得成果。通过这样的合作学习，学生不仅加强了合作能力，而且培养了探究学习和创新思维的能力。

第四节

基于“教—学—评”一体化的高中英语课堂教学评价策略

一、形成性评价与终结性评价相结合

“教—学—评”一体化作为一种综合性评价方法，包括了形成性评价和终结性评价两个层面，每个层面都有其独特的内涵与目标。形成性评价关注学生在学习过程中的不断进步和发展，注重评价的连续性与动态性。而终结性评价则侧重于对整个学习阶段的总结和评估，以考试成绩或其他终结性的评价方式来判断学生的学习成就。

形成性评价强调评价的过程和个性化。它强调的是学生在学习过程中的实际表现和能力提升，不仅仅看重学生是否达到了某个目标，更关注学生在实际操作中的技能掌握和困难克服能力。教师通过多种评价方法和工具，如观察记录、小组讨论、项目作业等，来收集学生的实际表现数据，从而全面了解学生的学习情况。这样的评价方式更贴近学生的实际学习需求和发展进程，能够及时发现学生的问题和差距，并有针对性地给予指导和帮助。

终结性评价注重学生的学习成果和能力的总结和检验。它强调学生在学习阶段结束时所取得的成绩和效果，通过考试、项目报告等形式来评估学生的学习成就。终结性评价在一定程度上可以量化和比较学生的学习成果，对学生的分数和排名起到了参考作用。终结性评价也有其局限性，它只能反映学生在某一个时间点上的学习效果，无法全面了解学生的学习过程和发展变化。因此，为了更准确地评价学生的学习，终结性评价应该与形成性评价相结合，综合考虑学生在学习过程中的表现和学习成果。

形成性评价和终结性评价相互促进，形成了一种动态的评价体系。形成性评价通过不断收集和反馈学生的学习数据，为终结性评价提供了基础和依据。而终结性评价则向学生传达了学习的总结和反思，以及对未来学习的期望和目标。两者相结合，使得教学评价具有更强的有效性和指导性。因此，在实际教学中，教师应充分利用形成性评价和终结性评价的优势，将两者结合起来，形成一种有机的评价体系。

形成性评价和终结性评价作为“教—学—评”一体化的两个层面，各自拥有不同的内涵和目标。形成性评价注重学生学习过程的连续性和个性化，强调对学生的实际表现和能力提升的评价。而终结性评价侧重于总结和评估学生在学习阶段结束时的学习成就和能力水平。二者相互补充，形成了一种动态的评价体系，为学生的学习提供有效的指导和反馈。在实际教学中，教师应合理结合两种评价方法，促进学生的全面发展和学业成就。

二、定性评价与定量评价相结合

定性评价注重对学生思维、态度和情感等方面的描述和观察。通过定性评价，教师可以深入了解学生的学习动态，捕捉学生在学习过程中呈现出来的个体差异和特点。定性评价主要采用观察、访谈、案例分析等方法，通过详细的描述和分析来获取信息。例如，教师可以通过观察学生的表现、听取学生的自述或考察学生在小组合作中的行为来进行定性评价。这样的评价方式能够直观地反映学生的学习情况，有助于发现问题和提供有效的反馈。

定量评价注重对学生学习成绩和表现进行量化分析。通过定量评价，教师可以使用分数、等级或百分比等具体的数值来表示学生的学习水平和成绩。定量评价主要采用测验、考试和问卷调查等方法，通过对学生的答题情况和评分进行统计和分析来获取信息。这种评价方式能够客观地反映学生的学习成绩，有助于教师进行比较和总结。

定性评价和定量评价在评价方式上有所不同，但它们并不是孤立的评价方式，而是相互联系的。定性评价可以为定量评价提供补充和支持。通过对学生学习情况的观察和描述，教师可以获得初步的印象和理解，为后续的定量评价提供参考依据。定量评价也可以为定性评价提供数据支持。通过对学生的学习成绩和表现进行统计和分析，教师可以深入挖掘学生的学习特点和问题，为定性评价提供更加客观和具体的依据。

三、自我评价与他人评价相结合

在高中英语“教—学—评”一体化中，自我评价与他人评价是两个重要的评价维度。自我评价是指学生对自己的学习过程和学习成果进行评价，而他人评价则指他人对学生学习过程和学习成果的评价。这两种评价方式互为补充，共同构建了全面而准确的评价体系。

自我评价能够培养学生的学习自觉性和自我管理能力。通过自我评价，学生对自己的学习情况进行反思和总结，深入了解自己的优势和不足，从而有针对性地调整学习策略和方法。这种自我调控的过程，使学生逐渐养成了对自己学习过程主动管理和掌控的能力，提高了学习效果和学习动力。

他人评价能够帮助学生客观了解自己的学习水平和潜力。在“教—学—评”一体化中，教师扮演着重要的角色，他们能够准确地评价学生的学习表现并给予及时的反馈。通过他人评价，学生能够了解自己在学习上的不足之处和需要改进的地方。他人评价还能提供外界的视角和建设性的意见，帮助学生发掘潜在问题并进行有针对性的改进。

自我评价与他人评价相结合,能够促进学生之间的合作与互助。在"教—学—评"一体化的课堂中，学生之间的互动合作至关重要。通过自我评价和他人评价的过程，学生可以分享自己的学习经验以及解决问题的方法，借助他人的经验和意见，共同提高学习效果。这种合作和互助的氛围不仅有助于学生的个人发展，更有助于形成积极的学习氛围和团队合作模式。

四、"教—学—评"一体化对高中英语课堂教学评价效果的影响

（一）提升了高中英语课堂教学的形成性评价水平

在传统教学中，形成性评价主要依靠教师的主观判断和简单的考试成绩，很难全面了解学生的学习情况。而"教—学—评"一体化通过多种评价手段，如课堂观察、作业批改、小组合作等，能够全面收集学生的学习表现和思维过程，更准确地了解学生的学习情况，有助于教师及时调整教学策略，提高教学效果。

（二）为高中英语课堂教学设计提供了指导和参考

在传统教学中，教学设计主要以知识点和教学目标为主导，缺乏对学生学习过程和能力培养的关注。而"教—学—评"一体化强调学生主动地参与学习和评价,要求教学设计注重培养学生的综合能力和学习兴趣。教师可以通过设置合适的任务和活动，促进学生的主动学习和自主评价，提高他们的学习动机和学习效果。

（三）对高中英语课堂教学效果产生了积极的影响

通过终结性评价的结果，教师能够了解学生在知识掌握和能力发展方面的成果，为后续教学提供依据。同时，定性评价和定量评价相结合，能够更客观地评价学生的学习成绩和学习态度。此外，自我评价和他人评价的结合，能够帮助学生更好地认知自己，及时发现不足，形成良性互动。

>>> 第七章

基于“教—学—评”一体化的高中英语课堂教学实践

第一节

基于“教—学—评”一体化的高中英语课堂听力教学实践

一、基于“教—学—评”一体化的高中英语课堂听力教学的特点

（一）“教—学—评”一体化在听力教学中的体现

在高中英语课堂听力教学中，采用“教—学—评”一体化的教学模式，能够有效提升教学的效果和学生的学习成效。这种教学模式的核心在于紧密结合教学内容、学习过程和评估手段，使其相互渗透、互为支撑。在听力教学中，这种一体化的特点进一步得到体现。

在教学环节中，教师需要通过设计合理的教学活动，激发学生的兴趣和积极性。基于“教—学—评”一体化的理念，教师可以通过引入多样化的教学资源和学习工具，如录音、视频、图片等，来丰富教学内容，激发学生的学习兴趣。此外，教师可以结合实际情境，打造真实的语言环境，让学生参与实际的听力任务，提高他们的听力技能。

在学习环节中，学生扮演着主体的角色，积极主动地参与听力练习。通过教师的指导和组织，学生可以分析和理解听力材料中的信息，培养自己的听力捕捉和理解能力。同时，教师可以引导学生进行听力策略训练，教授他们一些有效的听力技巧，如预测、推测、听写等，帮助他们更好地应对听力考试。

评估环节在听力教学中起到了重要的作用。通过将评估与教学有机结合，教师可以及时了解学生的听力掌握情况，发现他们的不足和问题。基于“教—学—评”一体化的思路，教师在评价学生的听力水平时，不仅要关注学生的得分，更注重对学生听力策略的运用能力和语言应用能力的评估。通过评估的结果，教师可以及时调整教学策略，针对学生的不足进行有针对性的指导和辅导。

（二）基于“教—学—评”一体化的高中英语听力教学特色

基于“教—学—评”一体化的高中英语听力教学呈现一些鲜明的特点。这种教学模式注重将教学、学习和评价有机地结合在一起，形成一个完整的教学闭环。教师在课堂上通过有针对性的教学设计和教学策略，引导学生主动参与听力训练和理解，同时根据学生的表现进行针对性评价和反馈。这样的教学模式能够最大限度地提高学生的学习效果，并加深他们对教材内容的理解和掌握。

“教—学—评”一体化的听力教学注重培养学生的听力技能和策略。通过引导学生使用合适的听力策略，如预测、推断、主旨把握等，帮助他们更好地理解听力材料。同时，在教学过程中，教师还注重培养学生的听力注意力、信息处理能力和反应速度,以提高他们的听力水平。这种注重听力技能和策略培养的特点，有助于学生能够在实际听力场景中更加自信和流利地应对各种听力任务。

基于“教—学—评”一体化的高中英语听力教学注重教师与学生之间的互动和合作。教师通过精心设计的听力任务和教学活动，鼓励学生之间进行合作与互助，提倡探究性学习和自主学习，培养学生的团队合作精神和思辨能力。同时，在教学中，教师也与学生保持良好的互动和沟通，及时给予他们指导和支持，激发他们的学习兴趣和潜能。

基于“教—学—评”一体化的高中英语听力教学特色还表现在教学资源的充分性和多样性上。教师在教学过程中运用多种教学资源和媒体，如录音材料、视频片段、网络资源等，丰富了听力教学的内容和形式。同时，教师还注重选用与学生学习需求和实际背景相关的教材和素材，让学生更易于理解和接受。这样丰富又多样的教学资源能够激发学生的学习兴趣，并为学生提供更广阔的学习空间。

二、基于“教—学—评”一体化的高中英语课堂听力教学的目标

（一）高中英语听力教学目标概述

在高中英语听力教学中，明确教学目标是确保教学有效进行的关键。高中阶段的英语听力教学主要旨在提高学生的听力水平，使其能够准确理解和应用所听到的英语信息。为了更好地理解高中阶段英语听力教学的目标，可以从三个方面进行探讨。

1. 培养学生的听力理解能力

随着英语教育改革的深入推进，教师越来越重视培养学生的综合语言运用能力，其中听力理解能力占据着重要地位。高中英语听力教学目标要求学生能够准确听懂口语对话、讲解和演讲等各种语言材料，并能够运用所学的语言知识进行思考和表达，以提高他们的听力理解水平。

2. 培养学生的听力应用能力

英语听力教学的目标不仅仅是让学生理解所听到的英语，更重要的是培养他们能够灵活运用所听到的知识和信息。高中英语听力教学要求学生能够在实际的语境中运用所听到的语言知识，例如进行口语交流和写作等。因此，目标的设定应该注重培养学生的听力应用能力，使他们能够在实际的沟通和交际中运用所学的知识。

3. 培养学生的听力评价能力

在现代英语教育中，听力评价作为学生语言能力评估的重要组成部分，具有重要的意义。高中英语听力教学要求学生能够对所听到的信息进行准确的理解和分析，并进行适当的评价和反思。因此，在设定听力教学目标时，应该加强对学生听力评价能力的培养，使他们能够全面提升自己的听力水平。

（二）基于“教—学—评”一体化的高中英语听力教学目标设定

在高中英语听力教学中，基于“教—学—评”一体化的目标设定成为一种受广泛关注的方法。它强调将教学环节与评价环节有机结合，以更好地实现有效的听力教学。基于“教—学—评”一体化的听力教学目标设定需要具备以下几个方面的特点。

1. 设定明确的听力目标

听力目标应该具有明确的内容和要求，以便学生和教师都能清晰地了解需要达到的水平和要求。例如，在初级阶段，学生可以通过听力课程提高基本听力技能，如听懂简单的对话和简短的文章。而在高级阶段，学生需要能够理解复杂的学术演讲和较长的听力材料。因此，在制定听力目标时，需要根据学生的英语水平和课程要求，明确不同阶段的具体目标。

2. 将听力目标与教学内容有机结合

听力目标的设定应该与具体的教学内容相匹配，以便更好地实现目标的达成。

例如，在学习某一主题时，可以根据主题内容设定相应的听力目标，如针对旅行主题的听力目标可以设定为能够听懂与旅行相关的对话、新闻报道等。通过将听力目标与教学内容相结合，学生可以更加有针对性地进行听力训练，提高听力的学习效果和能力。

3. 注重教学和评价的有机结合

在设定听力目标的同时，需要明确评价学生达成目标的标准和方式。可以使用各种形式的评价方法，如听力测验、口头测试、听力实践任务等，来评估学生的听力水平。通过及时的评价，教师可以对学生的听力表现进行监控和识别，为下一步的教学提供有针对性的指导。

4. 有针对性的教学方法

根据不同的目标，教师可以采用不同的教学方法来帮助学生达成目标。例如，在提高听力速度和准确性方面，可以采用反复听材料和听力操练等方法来进行教学。而在提高听力理解能力方面，可以通过讲解听力材料的背景和重点信息来帮助学生更好地理解听力内容。

三、基于“教—学—评”一体化的高中英语课堂听力教学的原则

（一）听力教学原则概述

1. 语言输入的多样性

教师可以通过使用不同来源的听力材料，如录音、视频、音频和真实对话等，来提供多样的语言输入。这样可以帮助学生更好地适应各种听力场景，同时也提供了更多的语言素材供学生练习和应用。

2. 语言输出的培养

在听力教学过程中，教师应该注重培养学生的语言输出能力，例如通过角色扮演、小组讨论和口语表达等活动，让学生主动参与语言交流。这样可以增强学生的听力策略和沟通能力，帮助他们更好地理解和运用所听到的语言。

3. 教学内容的层次性和系统性

教师在设计听力教学内容时，应该遵循由浅入深、由易到难的原则，逐步引导学生适应不同难度的听力材料。这样可以避免学生对过于困难的听力材料感到挫败，同时也能够培养学生的听力技巧和策略。

4. 注重情感因素的培养

学习英语听力并不仅仅是掌握语言知识和技能，还需要培养学生对英语学习的兴趣和积极的学习态度。因此，教师应该通过生动有趣的听力材料和活动，将学习与乐趣相结合，激发学生的学习动力和兴趣。

（二）基于“教—学—评”一体化的高中英语听力教学原则

在高中英语课堂中进行听力教学时，基于“教—学—评”一体化的原则被广泛应用。这一原则体现了教学的整体性和有机性，着眼于教学过程的全面发展，注重教学设计与评估的有机结合。

基于“教—学—评”一体化的听力教学原则强调教学的计划性和系统性。教师在课堂上需要精心设计教学内容、教学步骤和教学目标，并在教学过程中不断评估学生的听力水平和学习情况。这种具有较强的计划性和系统性的教学设计有助于学生逐步提高听力技能，同时也能更准确地评估学生的听力表现。

基于“教—学—评”一体化的听力教学原则注重个体差异和差异化教学。每个学生的听力水平和学习需求都不尽相同，因此教师在教学过程中应该注意区分不同学生之间的差异，并采取差异化的教学策略和方法。例如，对于听力水平较高的学生，可以提供更有挑战性的听力材料和任务；对于听力水平较低的学生，可以提供更简单和更具有针对性的听力练习。

基于“教—学—评”一体化的听力教学原则还强调互动性和合作性。课堂上，教师应该鼓励学生积极参与听力活动，提供适当的互动环境，让学生在与他人合作的过程中共同解决听力难题。通过互动和合作，学生不仅能够更好地理解听力材料，还能提高听力策略的灵活运用和交流能力。

基于“教—学—评”一体化的听力教学原则倡导情感教育和情感导入。教师在教学过程中应该注重激发学生的学习兴趣和积极态度，创设开放和积极的学习氛围。通过情感导入，教师能够更好地激发学生与听力材料的情感共鸣，提高学生的主动参与和情感投入，从而更好地理解和应对听力挑战。

（三）教学原则在实际教学中的应用和实践

针对听力教学的特点，需要注意激发学生的学习兴趣和培养积极的学习态度。这些可以通过多样化的教学活动和引入真实的听力素材以及营造轻松愉快的教学氛围来实现。例如可以设置情境任务，让学生在听力中扮演角色，增加他们与听力材料的互动，从而增强他们的听力效果。

为了提高学生的听力技能，可以采用分层次和全面性的教学设计。在教学过程中，可以将听力材料分为不同的难度级别，并根据学生的听力能力有针对性地设置难度递增的听力任务。在设计教学活动时，也可以融入其他技能的训练，如词汇、语法和语音等，以促进学生综合语言能力的发展。

在实际教学中，还应注重培养学生的听力策略。听力策略是学生在听力过程中使用的一系列技巧和方法。通过教授各种听力策略，可以帮助学生提高他们的听力解码能力，并指导他们如何进行有效的听力练习。例如，可以教授学生如何预测听力内容、如何利用上下文推测词义等，这些策略将有助于学生更好地理解听力材料。

四、基于“教—学—评”一体化的高中英语课堂听力教学的方法

（一）高中英语听力教学方法的分类和理解

听力教学方法的分类是指将各种听力教学方法按照一定的标准进行归类和梳理，以便教师在教学过程中选择和运用合适的听力教学方法。针对高中英语课堂听力教学的需要，下面将介绍几种常见的听力教学方法，并对其进行简要的理解和分析。

1. 循序渐进的听力教学方法

这种方法主要通过逐步增加听力材料的难度和复杂程度来帮助学生逐步提高听力技能。教师可以根据学生的水平来选择适当的听力材料，并提供有针对性的指导和训练，使学生在逐渐增加难度的情况下逐步提升听力能力。

2. 情境引导的听力教学方法

这种方法强调将听力教学与实际语言运用情境相结合，通过模拟真实的语言环境，帮助学生更好地理解和应用所听到的语言。在教学中，可以设计各种生活场景或实际情境，如购物、旅游、工作等，让学生在模拟的情境中进行听力训练，增强其听力能力和语言应用能力。

3. 多媒体辅助的听力教学方法

随着科技的发展，多媒体技术在教育领域中的应用已经越来越普遍。在听力

教学中，教师可以利用多媒体设备和资源，如录音、视频和互动软件等，为学生创造一个丰富多样的听力学习环境。通过多媒体的辅助，可以提供更真实和生动的听力材料，激发学生的兴趣，促进他们的参与和互动。

4. 任务型听力教学方法

任务型听力教学注重学生的主动参与和实际应用，通过给学生开展一系列有具体目的和特定任务的听力活动，培养他们的听力技能和语言运用能力。教师可以设计各种听力任务，如听取信息、填表格、回答问题等，让学生在听的过程中不仅能够理解语言，还能够运用所听到的信息进行一定的交际和操作。

对于以上所介绍的听力教学方法，每一种都有其适用的场景和特点。在实际教学中，教师应根据学生的实际情况和教学目标来选择合适的听力教学方法。同时，教师还可以根据不同学生的个体差异和学习需求进行差异化的教学设计，以保证每个学生都能够获得有效的训练和提高。通过合理运用听力教学方法，可以更好地促进学生的听力能力发展，提高他们的语言综合能力。

（二）基于“教—学—评”一体化的高中英语听力教学方法选择

在高中英语课堂听力教学中，通过基于“教—学—评”一体化的方法选择，可以更好地促进学生的听力能力发展，提高教学的效果。

针对高中英语听力教学的特点，需要选择以教师为主导，学生为主体，形成良好互动的听力教学方法。在教学环节中，教师应当充分发挥自身的教学经验和专业知识，以身作则，引导学生积极主动参与听力活动。多利用多媒体技术和教学工具等资源，通过视听材料和实践任务的设计，激发学生的学习兴趣，提高听力学习的效果。

在方法选择的过程中，要重视学生的个体差异，采用针对性强的听力教学方法。不同学生在听力能力的起点、听力策略的选择等方面存在差异，因此，在教学中要根据学生的不同需求和水平，制订个性化的听力教学计划。教师可以通过预测性练习、前置活动、梳理重点和巩固拓展等方式，使学生在听力过程中感知自己的进步，激发学习的动力，提高听力学习的效果。

在方法选择的过程中，应当充分发挥评估的作用，将评估作为一个重要环节融入听力教学。通过“教—学—评”一体化的循环，可以及时获取学生的听力表现情况，了解他们的听力困难点和问题，并针对性地进行反馈和指导。通过教师的评估和学生的自我评估，促使学生反思自己的听力过程，提高对听力技巧和策略的理解和运用能力，从而改善听力水平。

（三）针对不同学生的个性化听力教学方法的设计与实施

不同的学生具有不同的学习方式、学习能力和学习需求，因此，应当采用个性化的听力教学方法，以满足每位学生的听力学习需求。在这一部分中，我们将探讨如何设计和实施个性化听力教学方法。

在个性化听力教学方法实施中，可以采用分层教学的方法。这种方法将学生分为不同的能力层次，然后根据每个层次的学生的实际情况，采用不同的教学策略和教学资源。例如，对于听力较强的学生，可以提供更高难度的听力材料，引导他们面对更大的挑战。而对于听力较弱的学生，则可以提供更简单易懂的听力练习，以帮助他们逐步提高听力能力。

在个性化听力教学方法实施中，关注学生的学习兴趣非常重要。通过了解每位学生的兴趣爱好和喜好，可以针对性地选择适合他们的听力材料。例如，喜欢音乐的学生可以通过音乐欣赏的方式进行听力训练，喜欢科技的学生可以通过科技相关的听力材料来激发他们的学习动力和兴趣。这样一来，学生在听力学习中将更加积极主动，从而提高学习效果。

在个性化听力教学方法实施中，教师的角色需要灵活变化。教师既是知识的传授者，又是学生学习的指导者和引导者。在个性化听力教学中，教师可以针对学生的个体差异，灵活调整教学方法和资源，以满足学生的需求。例如，对于学习能力较强的学生，教师可以放手让其自主学习和探索，在适当的时机给予指导和反馈；而对于学习能力较弱的学生，教师则需要提供更多的支持，例如提供额外的练习材料、示范和激励。

第二节

基于“教—学—评”一体化的高中英语课堂口语教学实践

一、基于“教—学—评”一体化的高中英语课堂口语教学的目标

（一）高中英语口语教学的总体目标

高中英语口语教学的总体目标是培养学生的口语表达能力，使其具备流利、准确、自然的口语交际能力。口语教学的总目标是通过提供真实的语言环境和有效的教学手段，帮助学生掌握语音语调、词汇语法和交际策略等语言要素，使其能够在日常生活和学习中有效地运用口语进行交流。

1. 使学生能够准确地发音，并掌握正确的语音语调

在进行口语教学时，教师应注重纠正学生的发音错误，指导学生正确运用语音规则。通过大量的听力训练和模仿，提高学生对语音语调的敏感度，使其能够准确地模仿并运用。

2. 帮助学生扩大词汇量，并提高词汇的运用能力

词汇是口语表达的基础，学生掌握了丰富的词汇，才能更好地表达自己的思想和意见。在口语教学过程中，教师可以通过各种方式，如词汇游戏和词汇拓展等，激发学生学习词汇的兴趣，并帮助他们运用所学词汇进行实际的口语交流。

3. 培养学生的交际能力和交际策略

口语交流不仅仅指说出正确的单词和句子，更重要的是在真实的交际环境中能有效地表达自己的意思，理解他人的意思。在口语教学中，教师可以通过情景模拟和角色扮演等活动，帮助学生学会运用各种交际策略，如问答、请求、邀请等，提高他们的交际能力。

（二）高中英语口语教学的阶段性目标

高中英语口语教学的阶段性目标是指在教学过程中，根据学生的语言水平和发展需求，设定不同阶段的目标，以逐步提高学生的口语表达能力和交流能力。具体而言，高中口语教学的阶段性目标可以分为初级阶段、中级阶段和高级阶段。

在初级阶段，主要目标是帮助学生掌握基本的口语表达技巧和词汇，培养他们的基本交流能力。这一阶段的教学着重于提升学生的听力理解能力，让他们能够听懂简单的口语对话和日常用语，并进行简单的口头表达。教师可以通过丰富的听力训练和口语练习，帮助学生建立起对语音、语调和句子结构等的准确感知。

进入中级阶段后，口语教学的目标是培养学生的口头表达能力和思维逻辑能力。学生需要学习更加复杂的口语表达方式，包括辩论、演讲、交际和讨论等技巧。这个阶段的口语教学应该注重培养学生的思辨能力、逻辑思维和批判性思维，让他们能够清晰地表达自己的观点和论证思路。

高级阶段的口语教学目标是培养学生的高级口语表达能力和跨文化交际能力。学生需要学习更加高级的口语技巧，包括口译和跨文化交际等。这个阶段的教学应该注重培养学生的语言运用能力，让他们能够灵活运用语言进行跨文化交流，并在国际交流中展现自己的才华和魅力。

（三）“教—学—评”一体化对高中英语口语教学目标的影响

“教—学—评”一体化是一种综合教育评价模式，它将教学和评价相结合，使教学过程与评价过程互相渗透、互为补充。在高中英语口语教学中，采用“教—学—评”一体化可以对口语教学目标产生积极的影响。

通过“教—学—评”一体化，可以更好地明确口语教学的目标。传统的口语教学目标通常以提高语言表达能力为主，但难以具体化和量化。而通过“教—学—评”一体化，可以明确将口语教学目标分解为几个阶段性目标，如提高学生的发音准确性、增强听力理解能力、提升口语流利度等。明确的目标可以更好地指导教师对教学内容和教学方法的选择，使口语教学更具有针对性和有效性。

“教—学—评”一体化为口语教学的目标分解和评价提供了科学的支持。在口语教学中，通过“教—学—评”一体化，可以有针对性地进行教学内容和教学方法的选择。在教学过程中，教师可以根据学生的实际口语水平和学习需求，有针对性地进行教学，帮助学生提高相应的口语能力。评价也是重要的一环，通过对学生口语能力的评价，可以及时发现学生存在的问题并进行调整和改进，为后续的教学提供有效的反馈。

"教—学—评"一体化可以提高学生的主动参与和积极学习的意识。在传统的口语教学中，学生往往只是被动接受教师的指导和讲解，缺乏主动性和参与性。而通过"教—学—评"一体化，教师可以利用多种教学方法和评价工具，激发学生的兴趣和积极性，引导学生主动参与口语教学。这种积极的学习态度对于提高口语能力和培养学生的自主学习能力非常重要。

二、基于"教—学—评"一体化的高中英语课堂口语教学的原则

（一）以学生为主体的原则

在高中英语口语课堂的教学中，以学生为主体的原则表现为教师应该将学生作为学习的主体，使他们成为课堂的中心。教师应该从学生的实际情况出发，关注他们的需求和兴趣，从而激发他们的学习动力和主动性。

以学生为主体的原则要求教师要充分了解学生的背景、兴趣和学习风格。教师可以通过调查问卷和个别访谈等方式，了解学生的口语水平、兴趣爱好以及面临的困难和需求。只有真正了解学生，教师才能更好地根据学生的特点和需求制定教学目标和教学计划。

以学生为主体的原则强调学生在学习中的积极参与和主动探究。教师应该创设良好的学习环境，鼓励学生积极提问、讨论和思考。在口语教学中，可以采用小组讨论和角色扮演等形式，让学生互动合作，培养他们的口语表达能力和沟通交流能力。教师还可以引导学生参与实际的口语交际活动，如辩论、演讲比赛等，促使学生在真实的语境下运用所学知识，并从中获得成就感。

以学生为主体的原则要求教师要给予学生充分的自主权和选择权。教师可以提供多样化的学习资源和活动，让学生根据自己的兴趣和学习目标进行选择。例如，教师可以提供多种话题供学生选择，让他们根据自己的兴趣选择感兴趣的话题进行口语练习。教师还可以鼓励学生制订学习计划，让他们在教师指导下有机会参与课堂管理和组织。

（二）以实际应用为宗旨的原则

在高中英语口语教学中，纸上谈兵往往无法真正提高学生的口语能力。只有真实的语境和实际的应用才能使学生在交流中逐渐提高口语表达的能力。

实际应用可以帮助学生更好地理解和掌握口语表达的技巧和策略。通过实际应用的情境，学生能够亲自体验和感受到口语交流的重要性和规则，从而更加深刻地理解和掌握口语表达的技巧。例如，在课堂上模拟各类真实场景，如购物、旅行、面试等，让学生通过角色扮演来进行口语练习和表达，这样可以帮助他们更好地运用所学的词汇和语法知识，提升口语水平。

实际应用可以培养学生的语言运用能力。通过实际应用，学生将面对各种与日常生活相关的情境，需要根据情况作出适当的回应和表达。这样的练习不仅能够帮助学生提高思维的灵活性和应对问题的能力，还能够培养他们的语言运用能力。例如，通过讨论一些真实的话题，或者进行一些真实的情境对话，使学生能够准确、流利地用英语进行表达，从而达到提高口语能力的目标。

实际应用能够增强学生的自信心。在实际应用中，学生面对的是真实的对话和交流，他们需要在这样的交流场景中展示自己的口语能力。当学生能够成功地应对一些实际问题，并能够与他人进行有效的交流时，他们会逐渐建立起自信心，从而更加主动地参与口语教学。

（三）以提高学生英语口语能力为目标的原则

在高中英语口语课堂中，通过口语教学，学生能够在真实的语境中运用所学知识，有效地表达自己的想法和观点。因此，我们需要遵循一些原则，确保这一目标的达成。

培养学生的口语表达能力需要注重真实的语言应用。在课堂上，教师应该提供丰富多样的口语表达机会，创造真实的语境，让学生在交流中不断练习和运用所学的口语技巧。教师可以通过讨论、角色扮演和小组合作等活动，让学生主动参与，并在实践中提升口语能力。

口语教学应该注重语言的实际应用。学生需要学会在具体的语境中灵活运用口语技巧，包括对话、演讲、辩论等。教师可以设计具体的任务，如情景模拟和口语演讲比赛等，让学生充分发挥所学的口语知识，并将其运用到实际生活中。通过这种方式，学生能够提高口语交际的能力，并更加自信地运用所学知识。

口语教学要以提高学生的口语水平为导向，教师可以采用个性化的教学策略。不同学生的口语能力和学习风格存在差异，因此需要根据学生的特点来设置合适的口语训练内容和任务。教师可以针对每个学生的需求进行个性化指导，提供有针对性的口语练习，从而促进学生个人的口语发展。

口语教学应该融入“教—学—评”一体化的模式。在教学过程中，教师需要及时对学生的口语表达进行评价和反馈。这种评价应该具有指导性，帮助学生发现自己的口语问题并加以改进。同时，教师还需要与学生进行沟通，了解他们的学习需求和困惑，以便更好地调整教学方法和内容，提高口语教学效果。

（四）“教—学—评”一体化在高中英语口语教学原则中的体现

“教—学—评”一体化是一种综合性的教学评价模式，它将课堂教学、学生学习和评价相互联系，形成了一个有机的整体。在口语教学中，这种一体化的教学评价模式发挥着重要作用，体现了口语教学的原则和目标。

采用“教—学—评”一体化的口语教学中，教师的教学方式更加灵活多样。教师可以利用各种教学资源和支持性材料，设计多样化的口语教学活动。例如，教师可以通过现实情境模拟和角色扮演等方式，激发学生的参与积极性。通过评价环节的设置，教师可以及时反馈学生的表现，帮助他们发现不足并加以改进。

“教—学—评”一体化的口语教学注重实际应用。在课堂中，学生不仅仅是被动的知识接收者，更是主动参与者和实践者。通过丰富多样的口语练习活动，学生能够将所学的知识运用到实际生活中，提高口语交际能力。例如，学生可以通过模拟真实对话或实际情境来练习口语表达和交流。

“教—学—评”一体化的口语教学以提高学生口语能力为中心。教师通过教学的各个环节，不仅重视学生的知识掌握，更注重培养学生的口语运用能力。在口语教学中，教师应该注重培养学生的口语表达能力、语音语调准确性、流利性以及交际策略等方面的能力。评价环节可以帮助教师及时了解学生的表现，根据评价结果进行针对性的指导和训练，提高学生口语水平。

三、基于“教—学—评”一体化的高中英语课堂口语教学的实践

（一）高中英语口语教学的实践现状

在现今的高中英语口语教学实践中，我们可以明显观察到一些重要的变化。首先，随着社会的高速发展和信息技术的飞速进步，高中口语教学正面临着许多挑战和机遇。其一，学生对于口语的需求越来越迫切，因为口语技能已被广泛认为是培养学生综合语言能力的重要组成部分。其二，随着全球化的趋势，国际交流日益频繁，培养学生的口语表达能力已成为高中教育的必然要求。其三，高中口语教学的教学方法和教材资源也在不断更新和改进，许多学校引入基于“教—学—评”一体化的教学模式，注重教学、学习和评价的有机结合。这种模式强调学生实际应用能力的培养，通过与学生进行多样化的交流与互动，促进学生口语表达能力的提高。同时，教材资源也得到了丰富和多元化的拓展，提供了更多实践场景和真实对话，以激发学生的学习兴趣和提高口语表达的自信。

（二）对高中英语口语教学实践的反思与提升

对于高中英语口语教学的内容，需要更加注重语境的真实性和贴近实际生活的情境模拟。在教学中，可以引入更多具有真实性的语言素材，如真实的对话录音、生活场景中的口语对话等，以帮助学生更好地理解和掌握口语表达。同时，也应该注重培养学生在真实语境下的运用能力，通过角色扮演、情境对话等活动，提供更多机会让学生进行口语实践。

对于教学方法的选择，应当注重多样性和个性化。在高中英语口语教学中，每个学生的学习特点和口语能力都存在差异，因此，应该根据学生的个性化需求，采用不同的教学方法。例如，对于口语表达能力较弱的学生，可以采用针对性强的口语训练活动，如准备小组讨论和辩论赛等，以激发学生的兴趣和自信。而对于口语能力较强的学生，则可以引导他们参与更具挑战性的口语表达任务，如主持人模拟和题目扩写等，以提升他们的口语水平。

对于口语教学的评估，需要更加注重全面性和个性化。传统的口语评估往往只注重语法准确度和发音流利度，而忽视了口语交际能力和语言运用的灵活性。因此，可以引入更灵活多样的口语评估方式，如录音评估和演讲比赛等，以全面考查学生口语能力的发展情况。另外，也应该充分考虑学生的个体差异，

根据每个学生的特点和需求，量身定制评估标准和评价方法，使其更加贴近学生实际情况。

对于口语教学的实践，应当注重语境的真实性和贴近实际生活的情境模拟，采用多样化和个性化的教学方法，以及全面性和针对性的口语评估方式。通过这些努力，可以进一步提升高中英语口语教学的效果和质量，使学生在口语表达方面取得更加显著的进步。

第三节

基于“教—学—评”一体化的高中英语课堂阅读教学实践

一、基于“教—学—评”一体化的高中英语课堂阅读教学的特点

（一）高中英语阅读教学中的教学一体化概念

在高中英语阅读教学中，教学一体化是指将教学、学习和评价有机地结合起来，形成一个统一的整体。教学一体化的概念强调了教学过程中各个环节之间的相互关联和相互支持。它不再将教学、学习和评价视为单独的步骤，而是将它们视为一个不可分割的整体，相互促进、相互渗透。

教学一体化的核心思想是将课堂教学、学生学习和评价过程紧密结合在一起。在高中英语阅读教学中，教学一体化要求教师将阅读教学作为一个整体来构建和设计课堂活动。教师需要认识到阅读教学不仅要注重学生的知识与技能的培养，还要关注学生的思维能力、情感态度以及语言运用能力的发展。因此，教师在设计阅读教学活动时需要综合考虑学生的认知水平、兴趣爱好和实际应用能力等方面的因素，力求使阅读教学能够真正适应学生的学习需求和发展需求。

教学一体化要求学生在学习过程中充分发挥主动性和积极性。学生需要与教师进行积极的互动和合作，表达自己的观点和想法，并且能够借助各种学习资源

和工具进行自主学习。在阅读教学中，学生应被引导去发现问题和解决问题，并把所学知识和技能应用到实际情境中去。这不仅可以提高学生的学习兴趣和主动性，还可以帮助学生更好地理解和运用所学的知识。

（二）高中英语阅读教学的特点

1. 培养学生的阅读能力

阅读是学生掌握语言的重要途径之一，因此，高中英语阅读教学强调培养学生的阅读技巧和理解能力。教师常常引导学生运用各种方法和策略来解读文章，理解作者的意图，由此提高学生的语言理解和表达能力。

2. 培养学生的批判思维

在阅读过程中，学生不仅需要理解文章的字面意思，还需要深入分析和评价文章的观点、逻辑和结构。通过展开批判性思维，学生能够从不同的角度思考问题，培养独立思考和判断的能力，提高综合分析问题能力。

3. 培养学生的语言运用能力

阅读与写作、听力和口语密切相关，通过阅读学习，学生可以积累丰富的词汇和语法知识，并运用于写作和口语表达中。因此，在高中英语阅读教学中，教师会通过提供大量的阅读材料和实践机会，帮助学生提高语言运用能力和表达能力。

4. 培养学生的跨文化意识

在全球化背景下，学生需要具备跨文化交际的能力。通过阅读不同题材和风格的文章，学生能够了解和体验不同文化的思维方式、价值观念和社会习惯。因此，高中英语阅读教学强调培养学生的跨文化意识，使他们能够更好地适应多元文化的环境。

（三）"教—学—评"一体化在高中英语阅读教学中的体现

教学一体化使得教师的角色发生了转变。在传统英语阅读教学中，教师主要扮演传授知识的角色，注重对知识点的讲解。而在"教—学—评"一体化的教学模式中，教师更多地充当指导者和促进者的角色。教师将注意力放在学生的学习过程中，根据学生的学习情况和需要，调整教学策略，提供个性化的指导和支持，使得学生能够主动参与、积极思考并取得进步。

学生在"教—学—评"一体化的教学模式中扮演着更为积极的角色。传统的英语阅读教学中，学生往往被动地接受教师的讲解，缺乏主动参与和思考的机会。在“教—学—评”一体化的教学中，学生被鼓励和引导去主动探索、思考和表达。他们通过与教师和其他同学的互动、合作和讨论，建构自己的阅读理解和思考能力，在实践中不断提高学习效果。

评价在高中英语阅读教学中发挥着重要的作用。在传统的阅读教学中，评价往往是以考试为主的，注重结果却忽视过程。而在“教—学—评”一体化的教学中，评价成为促进学生学习和教学持续改进的重要手段。评价以学生的学习表现为基础，注重对学生的学习过程、学习策略和学习成果的全面评估，帮助学生认识自己的不足并使得教学更具有针对性和有效性。

“教—学—评”一体化的高中英语阅读教学模式体现了教学过程的整体性，促进了教师和学生的共同发展。在这一模式下，教师的角色由传统的知识灌输者转变为指导者和促进者，学生由被动接受者转变为积极主动的学习者，评价成为学习和教学改进的重要手段。通过教、学、评的有机结合，高中英语阅读教学能够更好地满足学生的学习需求，提高学生的真实阅读能力和语言运用能力。

二、基于“教—学—评”一体化的高中英语课堂阅读教学的目标

（一）高中英语阅读教学的总体目标

高中英语的阅读教学是整个英语教学中不可或缺的重要环节。通过系统的阅读教学，可以培养学生扎实的阅读能力，提升他们的语言理解与应用能力。具体来说，高中英语阅读教学的总体目标可以从以下几个方面进行阐述。

1. 培养学生的阅读理解能力

学生需要通过对不同类型的英文书籍、文章等阅读材料的认真阅读和理解，逐步提高自身对于内容的解读和推理能力。通过有针对性的教学，帮助学生学会运用各种阅读技巧和策略，如扫读、略读、细读和判断推理等，进一步提升他们的阅读理解水平。

2. 培养学生的词汇积累能力

阅读是词汇积累的有效途径之一。在教学中，教师可以通过合理的词汇教学安排，引导学生从上下文中推测词义，培养他们自主学习和使用词汇的能力。也可以通过设计丰富多样的词汇学习活动，激发学生的学习兴趣，提高他们的词汇水平。

3. 提高学生的阅读速度和阅读技巧

随着学习阶段的不断提高，学生需要具备快速获取信息、快速阅读和筛选信息的能力。教师可以通过帮助学生掌握针对不同类型文本的阅读技巧，比如预测、略读、寻读等，使他们能够在有限的时间内更快速地完成阅读任务。

4. 培养学生的阅读兴趣和阅读习惯

教师可以通过引导学生选择适合自己水平的阅读材料，激发学生的兴趣，增强他们主动参与阅读的意愿。同时，培养学生良好的阅读习惯，如定期阅读、做读书笔记、分享阅读心得等，有利于他们的持续性阅读和自主学习能力的培养。

（二）高中英语阅读教学的具体目标

1. 提升学生的阅读理解能力

高中英语阅读教学的首要目标是提升学生的阅读理解能力。通过系统的训练，学生将培养快速而准确地理解文章信息的能力。他们将能够提取主要观点、辨别作者意图、深入理解语境等，从而加深对所读文章的理解。

2. 培养学生的阅读策略

阅读策略是学生在阅读过程中运用的技巧和方法。高中英语阅读教学的具体目标之一是培养学生的阅读策略，使他们能够有效地应对不同类型的阅读材料。学生将学会使用预测、推断和归纳等策略，以提高理解文章的能力。

3. 扩大学生的词汇量

高中英语课程的阅读教学还旨在通过增加学生的阅读量来扩大他们的词汇量。学生将有机会接触更多的单词和词汇搭配，从而提高他们在理解文章时的词汇运用能力。通过多样化的阅读材料，学生将学会使用词汇的上下文来推测单词的意义。

4. 培养学生的批判思维能力

高中英语阅读教学的具体目标之一是培养学生的批判思维能力。学生将学会对所读文章进行评估和分析，提出自己的见解和观点。他们还将学会评价文章的可靠性、辨别事实与观点，以及思考作者的立场和目的。

在高中英语阅读教学中，通过提升学生的阅读理解能力、培养阅读策略、扩大词汇量和发展批判思维能力，能够培养学生全面的英语阅读能力。这些具体目标将有助于学生更好地理解和运用所读文章的信息。

（三）"教—学—评"一体化对高中英语阅读教学目标的影响

在高中英语阅读教学中，实施"教—学—评"一体化是一种重要的教学模式，它对英语阅读教学的目标产生着深远的影响。

在"教—学—评"一体化下，教学目标的确立更加明确和具体。传统的阅读教学中，教师往往只注重学生对课文内容的理解，忽视了其他方面能力的培养。而"教—学—评"一体化将教学与评估贯穿在整个教学过程中，教师将会更加关注学生的阅读技巧、解题能力以及语言运用等方面的发展。因此，通过"教—学—评"一体化的实施，教学目标可以更加明确，更加具体。

"教—学—评"一体化促进了学生主体参与阅读教学。在传统的阅读教学中，教师往往扮演着主导角色，学生只是被动接受教师的知识输入。而通过"教—学—评"一体化，教师将鼓励学生积极主动地参与教学过程，培养学生的自主学习能力和团队协作精神。学生在教学过程中可以根据教师的指导和要求，自主地选择合适的阅读材料，展开自己的阅读，并通过评估的方式获得反馈。这样一来，学生在阅读教学中的主动性和参与度得到了提升。

"教—学—评"一体化有助于培养学生的实践能力。在传统的阅读教学中，学生只停留在理论知识的学习上，没有机会将所学知识应用到实际中。而通过"教—学—评"一体化，教师可以设计各种实践活动，如角色扮演、情境模拟、项目研究等，引导学生将阅读中所学的知识和技能应用到实际情境中。这样一来，不仅提高了学生的英语实践能力，还激发了学生对英语阅读的兴趣和主动性。

三、基于"教—学—评"一体化的高中英语课堂阅读教学的原则

（一）阅读教学的基本原则

在高中英语课堂的阅读教学中，有一些基本的原则需要我们牢记和遵循。这些原则旨在提供有效和系统的指导，保证学生能够在阅读过程中逐步提高他们的阅读能力和理解力。

1. 个性化原则

每个学生都有自己独特的学习方式和发展需要。因此，教师需要了解学生的个体差异，根据学生不同的学习程度和需求，设计相应的教学策略和活动，以促进学生思维和理解能力的全面发展。

2. 合作学习原则

阅读是一项个体活动，但通过与他人合作阅读和讨论，学生们可以共同探索和理解文本，相互激发思维和观点，从而提升自己的阅读水平。因此，在教学中，教师应该鼓励学生进行小组合作学习，组织讨论和分享，提供机会让学生共同思考和解决问题。

3. 情感环境原则

学生在阅读过程中需要积极投入和产生情感共鸣，这有助于提升他们的阅读兴趣和对文本的理解。因此，教师需要创造积极、鼓励和支持的学习氛围，激发学生对阅读的兴趣，同时关注学生情感体验的培养，使他们能够体会到阅读的乐趣和价值。

4. 多元化原则

阅读材料的选择应该多样化，包括不同类型、不同主题、不同文体的文本。这有助于扩大学生的阅读领域，培养他们对各种文本的理解和分析能力。同时，教师还可以使用多种形式的教学策略和资源，如视听资料、互联网资源、游戏等，激发学生的兴趣，培养他们的学习策略和能力。

在“教—学—评”一体化的高中英语课堂教学中，这些基本原则得到了进一步的升华和应用。通过教学设计的整合、实施的协同和评价的反馈，教师能够更好地贯彻以上原则，并实现更有意义和有效的阅读教学。

（二）“教—学—评”一体化对阅读教学原则的升华

在高中英语课堂阅读教学中，“教—学—评”一体化是一种重要的教学模式，它对阅读教学原则的升华起到了积极的促进作用。

“教—学—评”一体化强调学生的学习主体性，注重培养学生的阅读能力和自主学习能力。对应到阅读教学的原则上，这意味着教师应该尊重学生的个体差异，根据学生的阅读水平和兴趣特点，提供不同层次的阅读材料和任务，使每个学生都能够参与阅读教学活动。

“教—学—评”一体化要求教学目标的合理设置和评价标准的明确制定。换言之，阅读教学的目标和评价标准必须与教学内容和教学方法相适应。在具体的阅读教学中，教师应该明确指导学生，在阅读过程中培养学生的阅读理解能力、阅读策略和批判性思维能力。同时，教师还应该及时反馈和评价学生的学习成果，以便灵活调整教学策略和方法，进一步提高学生的阅读水平。

“教—学—评”一体化要求充分利用多种教学资源和教学手段。随着科技的发展，教师可以借助多媒体、互联网和其他教育技术手段，为学生提供更为丰富多样的阅读材料和资源。通过使用这些教学资源和手段，教师可以创设浸入式的阅读环境，激发学生的学习兴趣和阅读动机，从而提升教学效果。

教—学—评”一体化对阅读教学原则的升华为我们提供了更科学有效的教学指导。教师需要根据这一教学模式的要求，灵活运用不同的教学原则，确保学生在阅读教学中能够获得持久和全面的发展。只有这样，我们才能真正实现高中英语课堂阅读教学的目标，培养出具备优秀阅读能力的学生。

（三）阅读教学原则在具体教学中的应用

1. 注重学生的实际需求和兴趣

在教学中，我们要注重挖掘学生的兴趣和需求，激发他们的阅读热情。可以通过选取与他们生活经验相关、具有趣味性的阅读材料来引导和鼓励学生进行阅读，从而提高他们的主动参与性和积极性。

2. 注重培养学生的阅读策略

通过帮助学生掌握有效的阅读策略，可以提高他们的阅读理解能力和阅读速度。教师可以引导学生使用画线、做笔记、提疑问等策略，在阅读过程中思考和总结有关内容，从而更好地理解和记忆所读材料。

3. 注重培养学生的批判性思维

教师可以通过引导学生分析、评价和解读阅读材料，培养他们的批判思维和思考能力。例如，教师可以提出一些问题，要求学生从不同的角度进行思考和讨论，激发他们对文本的深层理解和思考能力的提高。

4. 注重多元化的教学方法和手段

在阅读教学中，教师要善于运用各种教学手段和方法，满足学生的不同学习需求。可以结合讲解、讨论、小组合作等多种方式来引导学生进行阅读实践，促进他们的互动和合作，提高学习效果。

5. 注重评价的多样性和及时性

在阅读教学中，教师应该及时对学生的阅读进行评价，并提供适当的反馈和指导。可以通过布置阅读任务、作业、口头表达等方式来评价学生的阅读能力，并及时给予肯定和建议，激励他们积极参与和进一步提高。

阅读教学原则在具体教学中的应用是多方面的。教师应该根据学生的实际需求和兴趣来设计具体的阅读教学活动，培养学生的阅读策略和批判性思维，灵活运用多样化的教学手段和方法，并及时评价学生的阅读成果。通过合理运用这些原则，可以提高学生的阅读能力和学习成果，实现课堂阅读教学的有效展开。

（四）阅读教学原则与教学目标的关系

在高中英语课堂的阅读教学中，教学目标是实现学生全面发展和提高英语阅读能力的重要指导。而阅读教学原则是为达成这一目标所制定的行动准则，两者密切关联，相互促进，共同推动学生阅读能力的提高。

阅读教学的原则要与教学目标保持一致。教学目标是对学生知识和能力发展的预期结果的描述。而阅读教学原则是教师在教学过程中的指导原则和方法。只有确保阅读教学原则与教学目标的一致性，才能有效地推动学生阅读能力的发展。

阅读教学的原则与教学目标密切关联。阅读教学的目标旨在培养学生的阅读技能、阅读策略和阅读理解能力。因此，阅读教学原则应体现培养这些能力的方法和策略。例如，鼓励学生使用不同的阅读策略，如预测、推理、归纳和总结等，以提高他们的阅读理解能力。同时，阅读教学原则还应重视培养学生的批判性思维和创新能力，以应对不同类型的阅读素材和语言难度。

阅读教学的原则应紧密结合教学目标的具体内容。不同的教学目标需要采取不同的教学方法和策略。例如，如果教学目标是提高学生的阅读速度和准确性，那么教学原则可能涉及使用计时器进行定时阅读训练，或者采用语音记录进行自我纠正。而如果教学目标是培养学生的批判性阅读能力，那么教学原则可能强调学生的互动和讨论，以及鼓励学生提出自己的观点和想法。

四、基于“教—学—评”一体化的高中英语课堂阅读教学实践

（一）“教—学—评”一体化在高中英语阅读教学实践中的应用

在高中英语阅读教学中，“教—学—评”一体化是一种重要的教学模式，它将教学和评价融为一体，为学生提供了更全面、深入、个性化的学习体验。在阅读教学实践中，“教—学—评”一体化的应用可以起到积极的作用。

“教—学—评”一体化可以促进学生的主动参与和深度思考。通过以问题为导向的教学方式，教师可以引导学生主动思考，并通过引导性提问来激发学生的思考和解决问题的能力。同时，教师可以根据学生的回答情况进行实时的评价，及时发现和纠正学生的错误，帮助他们深入理解课文的内容和意义。

“教—学—评”一体化可以提高学生的学习兴趣和参与度。在阅读教学实践中，教师可以通过多样化的教学手段和活动，让学生积极参与阅读活动。例如，教师可以设计一些有趣的小组合作活动，如角色扮演和小组讨论等，让学生互相合作、相互交流，从而提高他们对课文的理解和识记。

“教—学—评”一体化可以帮助教师更好地了解学生的学习情况和学习需求。通过及时的评价和反馈，教师可以准确地了解学生在阅读教学中的掌握情况和困难点，从而有针对性地调整教学策略，帮助学生克服困难，提高学习效果。同时，教师也可以根据学生的评价结果，及时调整教学内容和教学方式，以适应不同学生的学习需求和能力水平。

“教—学—评”一体化在高中英语阅读教学中的应用具有重要意义。它不仅可以促进学生主动参与和深度思考，提高学习兴趣和积极性，还可以帮助教师更全面地了解学生的学习情况和需求。因此，在阅读教学实践中，我们应该充分利用“教—学—评”一体化的教学模式，为学生提供更好的英语阅读教育。

（二）高中英语阅读教学方法和技巧

教师要注重培养学生的阅读兴趣，可以通过选择有趣且具有挑战性的文章来激发学生的兴趣，促使学生主动地阅读。教师要注重提高学生的阅读速度与准确性,可以采用“快读”训练和词汇训练等方式来帮助学生提高阅读速度和准确性。同时，教师还应引导学生利用上下文语境和词根词缀的知识来解读生词，帮助学生更好地理解文章。

教师应积极引导学生进行阅读策略的训练。阅读策略包括预测、推测、总结和批判性思考等。通过培养学生运用这些策略的能力，可以帮助学生更好地理解和分析文章内容，提高阅读的深度和广度。同时，教师还应鼓励学生建立自主学习的习惯，提倡学生在阅读过程中主动思考和解决问题，培养学生的自主学习与创造性思维能力。

高中英语阅读教学过程中，教师还应注重培养学生的阅读修养。阅读修养包括对不同文体和风格的识别与理解，对背景知识的积累，对作者意图和篇章结构的判断等。通过培养学生的阅读修养,可以帮助学生更好地理解和欣赏文学作品，并提升他们的综合语言能力。

在实施高中英语阅读教学方法和技巧时，教师应根据学生的实际情况和学习需求进行个性化的指导和培养。教师按照每位学生的阅读水平和兴趣爱好，灵活选择合适的教学方法和策略，提高学生的阅读理解能力和阅读兴趣。

（三）高中英语阅读教学实践的效果评估

1. 评估目标的设定

在进行高中英语阅读教学实践的效果评估时，首先需要明确评估的目标和标准。评估目标的设定应当与课程目标和学生的实际需求相一致。通过设定明确的评估目标，可以确保评估的准确性和有效性。例如，评估目标可以包括学生在理解文章主旨、提取关键信息和运用阅读策略等方面的能力。

2. 评估工具的选择

选择合适的评估工具是进行阅读教学实践效果评估的重要步骤。评估工具可以包括测试题目、综合评价材料、阅读教学观察表等。根据评估目标的设定，可以选择相应的评估工具来收集学生的阅读表现和反馈信息。

3. 评估方式的设计

评估方式的设计是保证评估过程的科学性和公正性的关键因素。在设计评估方式时，可以采用多样化的方式，例如笔试、口试、作文等，以及课堂观察、学习档案评价等方式。通过结合不同的评估方式，可以全面地了解学生在阅读教学实践中的表现和成长。

4. 评估结果的反馈与调整

评估的最终目的是给予学生有效的反馈，帮助他们改进阅读能力。通过评估结果的分析和反馈,教师可以针对学生的不足之处给予相应的指导和支持。同时，教师也可以通过评估结果的反馈来调整教学策略和方法，进一步提高阅读教学的效果。

第四节

基于“教—学—评”一体化的高中英语课堂写作教学实践

一、基于“教—学—评”一体化的高中英语课堂写作教学的特点

（一）高中英语课堂写作教学中的“教—学—评”一体化

在高中英语课堂的写作教学中，“教—学—评”一体化是一个重要的教学模式。它强调教学的连贯性和评价的综合性，为学生提供了一个全面提升写作能力的机会。

“教—学—评”一体化注重教学的整体规划和组织。教师在设计课堂教学活动时，将教学、学习和评价有机地结合在一起，确保学生能够全面地进行写作实践。这种一体化的设计模式能够激发学生的学习兴趣，并提供一个有序的学习框架，使学生能够逐渐掌握写作的基本要领。

“教—学—评”一体化强调学生的主体地位。在这种模式下，学生成为课堂的主角，他们在教师的指导下，积极参与写作活动。教师通过提供指导、鼓励以及评价的及时反馈，帮助学生逐步提高写作能力。同时，学生也有机会通过互相交流与反馈来共同进步。这种学生高度参与课堂的学习方式，不仅能够促进学生的写作兴趣，还能够培养他们的自主学习能力和合作精神。

“教—学—评”一体化注重评价的全面性与公正性。在教学中，评价不仅仅是对学生写作成果的检验，还包括对学生写作过程的引导和反馈。通过及时的评价，教师可以发现学生的不足之处，并针对性地提供指导和帮助。同时，这种评价方式也能够激发学生的写作动力，促使他们不断完善自己的写作技能。

（二）基于“教—学—评”一体化的高中英语课堂写作教学特点

其一，注重教学目标的整体性和层次性。在“教—学—评”一体化的教学过

程中，教师首先明确教学目标，并合理组织教学内容、方法和评价手段，使得教学不再是孤立的教师讲、学生听，而是注重教学目标的层次性和整体性。通过触发学生的写作兴趣、提高写作能力和表达水平实现教学目标的全面提升。

其二，注重学生的主体地位和能动性。在传统的英语写作教学中，教师往往扮演着知识传授者的角色，而学生则是被动接受者。而在“教—学—评”一体化的教学中，教师从教学设计开始就注重激发学生的主体意识和写作能动性。通过灵活运用各种教学方法，如讲解、示范、引导和互动等，鼓励学生积极参与文本分析、写作实践和评价反思，从而提高学生的写作水平和综合能力。

其三，注重实践与评价的紧密结合。传统的英语写作教学常常缺乏实践环节和及时有效的评价，导致学生对所学知识和技能的应用能力欠缺。而在“教—学—评”一体化的教学中，实践与评价被紧密结合，形成了一个不断循环的写作教学闭环。教师通过设计真实的写作任务，引导学生进行实际的写作实践，并通过及时的评价反馈和指导，帮助学生发现问题和改进写作策略，从而不断提高学生的写作能力。

（三）“教—学—评”一体化在高中英语写作教学中的应用

“教—学—评”一体化理念的引入，为英语写作教学注入了新的活力和创新。将“教—学—评”一体化应用于高中英语写作教学过程中，可以发挥重要作用。

通过“教—学—评”一体化的方式，可以促进学生主动参与写作教学活动。在过去传统的写作教学中，教师往往是唯一的知识传授者和评价者，学生被动接受教师的指导和评价。然而，在基于“教—学—评”一体化的写作教学中，教师扮演的是指导者和合作者的角色，学生充分参与写作教学，通过合作交流、讨论、反思等方式提升自己的写作能力。

基于“教—学—评”一体化的写作教学强调个性化指导。每位学生的写作能力和需求都有所不同，传统的教学方式难以满足学生个体差异的需求。而在“教—学—评”一体化的写作教学中，教师能够更加细致地了解每个学生的写作水平，从而有针对性地进行指导和评价。教师可以通过一对一的指导和小组合作等方式，根据学生的实际情况提供有针对性的支持和反馈，激发学生的写作潜能。

基于“教—学—评”一体化的写作教学注重提升学生的自主学习能力。写作是一项需要积累和实践的技能，而传统的教学方式往往重视知识的传授，而忽视了学生的自主能动性。而在“教—学—评”一体化的写作教学中，学生通过参与教学和评价的过程，能够逐步培养自主学习的意识和能力。他们不仅仅是知识的接受者，更是写作过程的主体，通过自主学习，他们能够发展出更好的写作策略和技巧。

“教—学—评”一体化的写作教学还能够有效提高学生的学习兴趣和动力。传统的写作教学通常以教师的要求和评价为中心，学生往往感到压力较大，缺乏学习的兴趣和动力。而基于“教—学—评”一体化的教学方式强调学生的主体地位，让学生在写作过程中能够感受到自己的成长和进步，增强学习的积极性和主动性。

二、基于“教—学—评”一体化的高中英语课堂写作教学的目标

（一）培养高中生英语写作能力的目标

在高中英语课堂中，写作能力的培养不仅要求学生具备丰富的词汇和语法知识，还需要他们掌握一定的写作技巧和策略。

1. 培养学生的写作表达能力

通过不断的练习和指导，教师希望学生能够流利地用英语表达自己的思想和观点。为了达到这个目标，教师需注重培养学生的词汇量和语法运用能力，让他们能够准确地选择和使用合适的词汇和句型，提高写作的准确性和流畅度。

2. 培养学生的写作思维能力

写作不仅仅是简单地将自己的想法写下来，还需要学生具备一定的逻辑思维能力和组织能力。教师将着重培养学生的逻辑思维能力，帮助他们能够合理地组织文章结构，把观点和论据有机地连接起来。教师也会引导学生养成良好的写作习惯，如提前准备、构思大纲和草稿等，以提高写作的质量和效率。

3. 培养学生的阅读与写作能力的结合

在写作教学过程中，教师会引导学生积极参与阅读活动，如阅读优秀范文、欣赏和模仿优秀作品等。通过读好的文章，学生可以借鉴其中的写作技巧和写作风格，提高自己的写作水平。同时，教师也会将阅读与写作进行结合，如设置以写作为目的的阅读等，让学生在实践中不断提升自己的写作能力。

4. 全面提高学生的英语写作能力

通过培养学生的写作表达能力、写作思维能力以及阅读与写作的结合，教师希望学生能够在高中阶段成为具备一定写作能力的英语学习者，为他们今后的学习和工作打下坚实的基础。教师也希望通过写作教学的实践研究，不断完善教学内容和改进教学方法，提高写作教学的效果和质量。

（二）提升高中生英语写作素质的目标

在高中英语写作教学中，提升学生的写作素质是一个重要的目标。通过有效的教学方法和策略，可以帮助学生培养出色的英语写作能力，并提高他们的写作水平。

1. 培养学生英语的书面表达能力

写作是语言的重要组成部分，通过写作学生可以运用所学的英语知识和语法规则，将自己的思想和观点清晰地表达出来。因此，我们的目标是帮助学生学会使用正确的语法、词汇和句式，培养他们的词汇积累能力和句子构建能力，使他们能够准确地传达自己的想法和意义。

2. 培养学生的逻辑思维能力

在写作过程中，学生需要有清晰的逻辑思路，能够合理地组织和安排自己的文章结构。我们的目标是让学生学会分析问题、归纳总结、论证观点等思考技巧，培养他们的逻辑思维和分析能力，使他们的文章条理清晰、层次分明。

3. 培养学生的创新思维能力

写作不仅仅是简单地表达观点，还需要学生发挥自己的想象力和创造力，展示独特的思考和见解。我们的目标是培养学生的创新思维能力，鼓励他们大胆表达自己的想法，积极探索和尝试不同的写作风格和技巧，使他们能够创作出富有个性和特色的英语作品。

4. 培养学生的自我评价和反思能力

学生在写作过程中，需要不断检查和修正自己的作品，发现问题并改进。我们的目标是培养学生的自我评价和反思能力，使他们能够独立地分析自己的写作作品，发现不足之处，并在反思的基础上不断提高自己的写作水平。

提升高中生英语写作素质的目标是培养学生的语言表达能力、逻辑思维能力、创新思维能力和自我评价反思能力。通过有针对性的教学设计和实践，我们可以帮助学生全面提高他们的英语写作素质，为他们将来的学习和工作打下坚实的基础。

（三）高中英语写作教学的长远目标

在高中英语写作教学中，应该设定明确的长远目标，以更好地促进学生的写作能力提升和写作素质的培养。这些目标既包括学科性的要求，也包括个体发展和社会需求方面的考量。

1. 培养学生的创新思维和表达能力

通过英语写作的实践，学生可以逐渐习得有效的思考和表达技巧，培养独立思考能力、逻辑思维能力、批判性思维能力和创造性思维能力。他们将通过写作表达自己的观点和想法，培养自己的个性和独特性，促进自我认知和自我成长。

2. 提升学生的跨文化交际能力

随着全球化的发展，跨文化交际的能力尤为重要。在英语写作教学中，教师应该注重培养学生的跨文化意识和跨文化沟通技巧。通过写作，学生可以了解和接触不同的文化背景、观点和价值观，进而提高自己的跨文化理解和交际能力，更好地适应多元化社会的发展需求。

3. 培养学生的批判性思维和信息处理能力

在信息时代，学生面临着海量信息和各种观点的冲击。在写作教学中，教师需要引导学生通过写作来思考、分析和评估信息的真实性、可靠性和适用性。他们需要学会对信息进行合理的筛选和组织，培养批判性思维能力和信息处理能力，以提升他们的写作水平和解决问题的能力。

4. 培养学生的社会责任感和公民意识

英语写作不仅仅是为了个人的发展，更是为了促进社会的进步和繁荣。教师应该引导学生通过写作表达对社会问题、环境问题、人权问题等的关注和思考，培养他们的社会责任感、公民意识和参与社会的能力。通过写作，学生可以成为社会的积极参与者和改变者，为社会贡献自己的力量。

三、基于“教—学—评”一体化的高中英语课堂写作教学的原则

（一）以学生为主体的原则

在高中英语写作教学中，以学生为主体的原则的核心理念是将学生置于学习的中心地位，让学生成为课堂的主体，从而激发他们的学习兴趣，提高他们的学习参与度和自主学习能力。

以学生为主体的原则要求教师在设计课堂活动时注重激发学生的兴趣和主动性。教师应该选择与学生兴趣相关的话题和素材，通过多样化的教学方法和资源，给学生提供丰富的学习体验。例如，可以通过引导学生进行小组讨论、个人写作等方式，让学生在轻松愉快的学习氛围中更好地参与课堂，并形成自主学习的习惯。

以学生为主体的原则要求教师尊重学生的个体差异，注重个性化的教学。每个学生在写作能力、学习风格和思维方式等方面都存在差异。因此，教师需要了解每个学生的特点和需求，并根据学生的个体差异提供有针对性的指导和支持。例如，对于写作能力较弱的学生，教师可以采用渐进式教学方法，逐步提高他们的写作能力；对于写作能力较强的学生，教师可以提供更高层次的挑战，促进他们更深入的思考和发展表达能力。

以学生为主体的原则要求教师促进学生的自主学习和自我评价能力的发展。教师可以引导学生自主查找资料、选择写作话题、规划写作步骤等，培养学生的自主学习能力和解决问题的能力。同时，教师还可以鼓励学生反思和评价自己的写作成果，帮助他们发现自己的优点和不足，并制订下一步的学习计划。

（二）以实践为导向的原则

在高中英语课堂写作教学中，实践是培养学生写作能力的关键，它通过将学生置于真实的写作情境中，使他们能够亲身体验和实践写作技能。这种以实践为导向的原则可以提供一种更具体、更有实际意义的写作教学方式，让学生更加主动地参与和探索。

以实践为导向的原则要求教师设计并组织各种写作任务和活动，让学生通过实际的写作实践来提高写作技能。例如，让学生撰写实际应用场景下的英语作文，如书信、文章、演讲稿等。通过这种实践性的写作任务，学生可以运用所学的语言知识和写作技巧，培养写作能力，加强对语言的理解和运用。

以实践为导向的原则要求教师创造一个真实的写作情境，让学生在具体的情境中感受到写作的实际应用价值。例如，组织学生参与写作比赛和写作展览等活动，让学生亲自体验作品被他人欣赏、赏识的喜悦和成就感。这样的实践性情境可以激发学生的积极性和主动性，增强他们对写作的兴趣和投入度。

以实践为导向的原则还要求教师提供必要的支持和指导，帮助学生在实践中发现问题、思考问题并解决问题。例如，在学生进行写作实践时，教师可以给予他们必要的反馈和建议，帮助他们发现自己写作过程中存在的不足之处，并提供相应的指导和帮助。这样的支持和指导可以帮助学生更好地理解写作技巧和规则，克服困难，不断提升自己的写作水平。

（三）认知发展的原则

在高中英语写作教学中，认知发展的原则强调的是学生的思维能力和认知水平的提升，以促进他们在写作过程中的思考和表达能力的发展。

教师应该关注学生的思维过程，并引导他们通过多样的学习活动来激发思维。例如，在写作教学中，可以采用思维导图和问题引导等方式，帮助学生在构思阶段拓展思维，丰富观点。教师还可以通过举例和引用名人名言等方式，培养学生的引用和运用知识的能力，提升他们的审美和思辨能力。

针对学生在写作中可能遇到的认知难题，教师需要灵活运用不同的教学策略来引导学生克服困难。比如，针对学生对于写作范围把握不准的问题，教师可以引导他们进行文本分析，帮助他们理清写作要点，明确写作的目标和范围。对于学生在组织和推理方面的认知困惑，教师可以通过提供模板和范文、开展合作学习等方式，帮助学生领会写作的逻辑和结构，提升他们的组织和推理能力。

通过多样的评估方式，教师可以对学生的认知发展进行全面的了解和评价。除了传统的作文评估外，教师还可以采用口头表达、写作日志和小组讨论等方式，收集学生在写作中的思考过程和成果，帮助他们自我反思和改进。教师还可以通过开展写作项目和写作展示活动，给学生提供多样化的写作机会，鼓励他们持续不断地提升写作能力。

教师要积极关注学生的个体差异，根据学生的不同需求和能力水平来设计和实施教学。在认知发展的原则下，教师要注重个性化教学，制订不同的辅导计划和策略，满足学生的学习需要。这样可以减少学生的焦虑感和挫折感，提升他们的学习兴趣和积极性，促进写作能力的全面提升。

（四）个体差异的原则

个体差异是指学生在学习和写作过程中具有不同的认知能力、学习风格、兴趣爱好和个人经验等方面的差异。在高中英语课堂写作教学中，应充分考虑和尊重学生的个体差异，满足每个学生的学习需求和发展潜能。

在个体差异的原则下，教师应采用灵活多样的教学方法和策略，以匹配不同学生的学习风格和习惯。对于视觉型学生，教师可以利用表格、图片或视频等视觉辅助材料来呈现知识；对于听觉型学生，教师可以采用讲解、讨论或朗读等方式来传递信息；对于动手型学生，教师可以设计实验、操作或实践活动来增强学生的参与感和体验感。

个体差异的原则要求教师关注学生的实际写作需求和能力水平。不同学生具有不同的写作能力和需求，有的学生可能对基础写作知识还不够熟悉，需要更多的练习和指导；而有些学生可能已经具备较高水平的写作能力，需要更深入、更具拓展性的写作任务和挑战。因此，教师应根据学生的个体情况，有针对性地设计写作任务和反馈方式，以促进每个学生的进步和成长。

个体差异的原则还要求教师充分发挥学生的主体作用。教师应鼓励学生在写作过程中发挥自主性和创造性，给予他们足够的自主选择权和决策权。例如，在写作课堂中，教师可以组织学生进行写作小组活动，让学生在团队合作中相互学习和促进；同时，教师可以为学生提供帮助和指导，引导他们独立思考和解决问题。通过发挥学生的主体作用，可以更好地激发学生的学习热情和写作创造力。

四、基于“教—学—评”一体化的高中英语课堂写作教学实践

（一）基于“教—学—评”一体化的高中英语课堂写作实践教学的形式

1. 实践探究

在高中英语课堂的写作教学中，实践探究是一种重要的形式。通过让学生积极参与写作任务，他们能够亲身体验和实践写作的过程，掌握写作技巧和策略。例如，教师可以组织学生进行自由写作或者小组合作写作活动，让他们在实际的写作任务中发现问题、总结经验，并进行反思和改进。

2. 仿真模拟

通过模拟真实的写作场景和情境，学生可以更好地理解写作的目的和要求，并且能够有效地运用所学的写作知识和技巧。例如，教师可以组织学生进行模拟写作考试，让他们在限定的时间内完成一篇作文，并进行自我评估和互评。通过这种方式，学生能够在真实的压力和限制下提高自己的写作能力。

3. 实地考察

实地考察是一种非常有价值的实践教学形式。通过走出教室，去实地观察和调研，学生可以获取更多的素材和信息，丰富自己的写作内容。例如，学生可以参观博物馆、图书馆或者进行社区调研，以了解更多相关主题的细节。通过亲身参与和观察，学生能够更深入地理解写作主题，并且能够将所获得的信息运用到写作中。

4. 多媒体技术应用

随着科技的发展，多媒体技术在教育领域中得到广泛应用，写作教学也不例外。通过使用多媒体技术，教师可以以生动有趣的方式呈现写作教学内容，激发学生的学习兴趣和积极性。例如，教师可以使用电子白板、投影仪或者视频资源来展示优秀的写作范文、写作技巧等。这样，学生可以通过观看和参考实例，更好地理解写作要点和技巧，从而提升自己的写作水平。

5. 个性化写作指导

实践教学中的个性化写作指导也是一项重要的举措。教师应根据学生的个体差异和特点，提供针对性的写作指导和帮助。例如，教师可以根据学生的写作水平和需求，分成不同的写作小组，针对不同的问题进行指导。学生在小组内可以相互交流和互助，共同解决写作难题，从而提高写作能力。

在高中英语课堂的写作教学中，应灵活运用以上所述的实践教学形式，使学生在实践中掌握写作技能，提高写作水平。这些实践教学形式不仅能够培养学生的写作能力，还能够增强他们的学习动力和兴趣，提高学习效果。在具体的教学实践中，教师应根据学生的实际情况和课程目标，适时采用合适的实践教学形式，为学生提供良好的写作教学环境。

（二）基于“教—学—评”一体化的高中英语课堂写作实践教学的方法

在高中英语课堂写作教学中，实践教学是一种重要的教学方法。通过实践教学，学生能够亲自动手进行写作实践，从而深入理解写作的过程和技巧。例如，以下四种是有效的实践教学方法。

1. 引导学生进行模仿写作

模仿写作是一种常用的写作教学方法，它通过让学生模仿优秀范文进行写作，帮助他们学会选取合适的语言结构和表达方式。教师可以提供一些优秀的写作样本，然后引导学生分析样本的特点和结构，帮助他们理解如何运用到写作中。通过模仿写作，学生能够提高写作的准确性和流畅性。

2. 合作写作

合作写作是指学生之间共同合作完成一篇作文的写作过程。在合作写作中，学生可以相互交流思路和意见，共同解决写作中的问题。这种方法能够培养学生的合作意识和团队合作能力，提高他们的写作水平。教师可以在课堂上组织学生进行小组合作写作，让每个小组成员都能够参与写作过程，并对作文进行互相批改和讨论。

3. 写作工作坊

写作工作坊是一种开放性的写作教学方式，它提供了一个让学生自由发挥创意的空间。在写作工作坊中，学生可以根据自己的兴趣和主题进行写作实践，教师则扮演着指导和引导的角色。教师可以提供一些写作技巧和指导，同时也要鼓励学生尝试不同的写作方式和风格。通过写作工作坊，学生能够培养创造性思维和表达能力，提高写作的独特性和个性化。

4. 写作实践与实际情境相结合

学生在实际情境中进行写作实践，能够更好地将所学到的知识应用到实际中。例如，学生可以针对某一具体话题进行写作，或者根据某一实际情境进行情景再现式的写作。这种方法能够激发学生的兴趣和动力，增强他们的实际应用能力。

（三）基于“教—学—评”一体化的高中英语课堂写作实践教学的效果

在基于“教—学—评”一体化的高中英语课堂写作教学中，通过实践教学，学生能够将所学的写作理论知识应用于实际写作任务中，并通过不断的实践和反思来提高自己的写作水平。实践教学的效果可从以下四个关键方面探讨。

1. 实践教学能够提高学生的写作能力

通过实际应用，学生在写作过程中将面临不同的挑战和困难。他们需要根据所学的写作原则和方法来解决问题，并逐步提高自己的表达能力和逻辑思维能力。实践教学让学生能够在实际写作任务中不断尝试，积累经验，不断改进自己的写作技巧和风格。

2. 实践教学能够培养学生的写作意识和写作习惯

通过实践教学，学生将逐渐形成良好的写作习惯，并能够主动思考和反思自己的写作过程。他们能够意识到写作是一个长期的、反复强化的过程，需要不断地修改和完善。实践教学能够帮助学生养成主动学习和实践的习惯，从而提高他们的写作素养和自主学习能力。

3. 实践教学能够增强学生的学科意识和合作意识

在实践教学中，学生需要在团队中协同合作完成写作任务。他们需要相互交流和讨论，共同解决问题，形成有效的合作模式。通过实践教学，学生能够培养跨学科思维和团队合作的能力，提高解决问题的能力和拓展创新思维。

4. 实践教学能够激发学生的学习动机和兴趣

通过实际应用和实践活动，学生能够感受到写作的实际意义和应用场景，从而激发起他们学习写作的兴趣和动力。实践教学能够使学生更加主动地参与课堂，增强他们对学习的投入感和主人翁意识。

第五节

基于“教—学—评”一体化的高中英语课堂翻译教学实践

一、基于“教—学—评”一体化的高中英语课堂翻译教学的特点

（一）基于学生中心

在基于学生中心的教学模式下，教师将学生置于教学的核心位置，以满足学生的学习需求和发展需求。通过注重学生的主体性和主动性，教师能够更好地引导学生参与翻译教学。这样的特点在高中英语课堂翻译教学中具有显著的优势。

1. 基于学生中心能够激发学生的学习动力

在传统的教学模式下，教师通常是课堂中的主导者，学生相对被动。而在基于学生中心的教学模式中，学生成为学习的主体，他们的学习兴趣、学习目标和学习方式得到了更多的关注。这种关注能够激发学生的自主学习能力，使他们更

加主动地参与翻译教学，从而提高学习的效果。

2. 基于学生中心能够促进学生的综合能力发展

在高中英语课堂翻译教学中，学生不仅需要具备翻译的理论知识，还需要具备一定的语言能力和文化背景知识。通过将学生置于教学的核心位置，教师能够更好地了解学生的特点,因材施教。通过个性化的教学方式和教学资源的供给，培养学生的语言表达能力和跨文化交际能力等综合素养，促进他们综合能力的发展。

3. 基于学生中心能够培养学生的合作意识和团队精神

在高中英语课堂翻译教学中，学生常常需要进行合作与协作，共同解决翻译难题。基于学生中心的教学模式能够提供合作学习的机会，通过小组讨论和角色扮演等方式，培养学生的合作意识和团队精神。这种合作学习的方式，不仅有利于学生之间的相互促进与交流，还能够培养学生解决问题的能力和自主学习的能力。

（二）基于情境教学

情境教学强调将语言学习与真实场景相结合，通过真实的语境，帮助学生理解和运用翻译技巧和策略。

1. 情境教学注重培养学生的实际应用能力

在高中英语课堂翻译教学中，学生需要掌握并运用各种翻译技巧和策略。而仅仅学习理论知识是远远不够的，还需要在实际情境中进行应用。因此，基于情境教学的特点可以帮助学生更好地将所学的翻译知识应用到实际场景中，提高实际应用能力。

2. 情境教学注重培养学生的语言感知和理解能力

高中英语课堂翻译教学需要学生具备较强的语言感知和理解能力，能够准确地理解英文原文，并将其翻译成准确、通顺的中文。基于情境教学的特点，可以通过组织真实、具体的情境和场景，帮助学生更好地理解英文原文，把握其中的语义和语境，并在翻译过程中准确表达出来。

3. 情境教学注重培养学生的合作与交流能力

高中英语课堂翻译教学强调学生之间的合作与交流，旨在让学生在共同合作的过程中相互学习、交流，提高翻译能力。基于情境教学的特点可以通过组织小组合作和角色扮演等活动，鼓励学生间的合作与交流，让学生在合作中互相借鉴、互相学习，共同提高自己的翻译水平。

4. 情境教学注重培养学生的创新思维能力

高中英语课堂翻译教学不仅仅将英文原文机械地翻译成中文，还需要学生具备一定的创造性思维能力，能够针对不同的情境和语言要求，灵活运用翻译技巧和策略。基于情境教学的特点可以激发学生的创新思维能力，通过让学生在实际情境中面对各种翻译难题，鼓励他们寻找并提出创新的解决方案，培养他们的创造性思维能力。

（三）基于评价反馈的特点

在高中英语课堂翻译教学中，评价反馈不仅是课堂教学的一项重要环节，同时也是提高学生翻译能力的有效手段。基于评价反馈的特点，可以在教学过程中采用多种形式的评价方式，以便全面了解学生的学习情况，并为他们提供个性化的指导和支持。

基于评价反馈的特点可以促进学生在翻译教学中的主动参与。通过及时的评价反馈，学生能够快速了解自己的翻译水平和问题所在，从而激发他们对学习的主动性和积极性。教师可以通过针对性的评价，指导学生避免常见的翻译错误，帮助他们改善翻译的准确度和流畅度。

基于评价反馈的特点可以提供个性化的学习指导。每位学生在翻译能力上的差异是不可避免的，因此教师在评价反馈中需要充分考虑学生的个体差异，为他们提供适应其能力水平和学习风格的指导。例如，在评价中发现某些学生在词汇积累方面存在困难，教师可以针对性地设计词汇练习，帮助他们克服这一难点。

基于评价反馈的特点可以激发学生的学习动力和自信心。通过正向的评价反馈，学生能够感受到自己在翻译能力上的进步和成就，进而积极投入学习。教师可以通过鼓励和赞扬，增强学生的学习动力，培养他们对翻译的自信心，帮助他们更好地应对翻译任务和挑战。

基于评价反馈的特点可以促进教学的不断改进和提高。评价反馈不仅对学生起到指导作用，也对教师和教学方法的改进起到反思和促进作用。教师可以通过评价反馈了解教学效果和学生的学习需求，及时调整教学策略和方法，使课堂教学更加合适且有效。

二、基于“教—学—评”一体化的高中英语课堂翻译教学的目标

（一）培养学生的跨文化交际能力

在全球化的背景下，跨文化交际能力已成为现代社会中不可或缺的能力之一。在高中英语课堂翻译教学中，培养学生的跨文化交际能力具有重要意义。

通过翻译教学，可以帮助学生了解不同语言和文化之间的差异。翻译是一种语言和文化的桥梁，通过翻译教学，学生可以接触来自不同文化背景的文字材料，并深入理解其背后的文化内涵。通过比较不同语言之间的表达方式和习惯用法，学生可以提高对文化差异的敏感度，对不同文化之间的交际模式有更深入的认识。

通过翻译教学，可以激发学生的跨文化思维能力。在翻译过程中，学生需要运用自己所学的语言知识和文化背景，将源语言的信息准确传达到目标语言中。这要求学生具备跨文化思维能力，能够将不同文化之间的概念和观念进行转换和融合。通过不断的翻译实践，学生可以逐渐培养跨文化思维的能力，提高对语言和文化的理解与掌握。

通过翻译教学，可以促进学生的跨文化交际能力在实际中的应用。在现实生活中，学生需要与来自不同文化背景的人进行交流和合作，而跨文化交际能力可以帮助他们更好地理解和适应不同文化环境。通过翻译教学，学生可以接触到各种真实的翻译场景，例如商务会议和国际交流等，从而锻炼自己的跨文化交际能力，并将其应用于实际情境中。

（二）培养学生的翻译思维能力

在高中英语课堂的翻译教学中，翻译思维能力的培养是通过让学生进行翻译实践和思维训练来实现的。

教师可以引导学生通过不断的翻译练习来提升他们的翻译思维能力。例如，可以选取一些适合学生水平的短文进行翻译，让学生在课堂上进行口译或笔译的实践。通过这样的实践，学生可以锻炼和提高他们的翻译能力，同时也增进了他们对不同语言之间差异的认识。

教师可以通过有针对性的思维训练来培养学生的翻译思维能力。比如，可以给学生一些翻译难度较高的句子或段落，让他们实施逐句翻译、逐段翻译甚至逐篇翻译。在进行翻译的同时，教师可以针对学生遇到的问题进行解答和指导，帮

助学生理解和掌握不同语言之间的差异和表达方式。

教师还可以通过引导学生运用不同的翻译策略来培养他们的翻译思维能力。例如，对于一些无法直接翻译的词语或句子，教师可以鼓励学生灵活运用转换策略，采用意译、同义译、辞译等方式进行翻译。在进行翻译时，学生需要不断思考和分析，选择最合适的翻译策略，这样可以提升他们的翻译思维能力。

三、基于“教—学—评”一体化的高中英语课堂翻译教学的原则

（一）可行性原则

可行性原则是指在高中英语课堂翻译教学中，教师必须根据学生的实际情况和具体需求，确定教学目标和教学方法的可行性，即教师需要了解学生的翻译基础和水平，以及他们的学习兴趣、学习方式和学习能力等因素，合理地安排教学内容和教学活动。

在确定教学目标时，教师应该考虑到学生的实际水平，不仅要注重培养学生的翻译技能，还要注重提高他们的翻译策略和思考能力。教师可以通过评估学生的翻译水平，了解他们的薄弱点和需求，然后有针对性地设定教学目标，确保目标的可达性和学生的动力。

在确定教学方法时，教师应该根据学生的学习方式和学习能力，选择适合他们的教学方法。教师可以运用多种教学手段，如讲解、讨论、演示、实践等，激发学生的兴趣、培养学生的学习能力和提高学生的主动性。在教学过程中，教师可以通过小组合作、角色扮演等活动，让学生在实际情境中进行翻译练习，从而提高他们的实际操作能力和解决问题的能力。

在教学内容的选择上，教师应该尽量贴近学生的生活和兴趣。例如，可以选取一些与学生生活经验相关的文章或材料进行翻译练习，以增加学生的参与度和学习的主动性。同时，教师还可以根据学生的需要和兴趣，引入一些实例分析和案例研究，在实际操作中帮助学生理解和掌握翻译技巧和策略，进一步提高他们的翻译能力。

（二）适应性原则

适应性原则是指在高中英语课堂翻译教学中，教学内容和教学方法应该适应

学生的认知水平、学习兴趣和学习能力。这一原则的核心是以学生为中心，关注每个学生的个体差异，确保课堂教学能够更好地适应学生的学习需求，提高学习效果。

适应性原则要求教师在教学设计和内容选择上根据学生的实际情况进行灵活调整。教师在选择课文和教学材料时，要考虑到学生的年龄、学习经验、文化背景等因素，以便更好地适应学生的认知水平。例如，在选择课文时，可以从学生已有的知识和兴趣出发，选择一些贴近学生实际生活和感兴趣的话题，以激发学生的学习积极性和主动性。

适应性原则要求教师在教学方法和教学策略上灵活运用多种方式。教师可以根据学生的学习特点和学习风格，采用不同的教学方法，如讲授、讨论、小组合作等，以适应学生的学习习惯和学习需求。教师还可以利用多媒体技术和网络资源等，为学生提供丰富多样的学习资源，帮助学生更好地理解和运用翻译技巧。

适应性原则还要求教师充分关注学生的学习进程和学习反馈。教师可以通过课堂讨论、个别指导等方式，及时了解学生的学习情况，发现学生的学习困难和问题，并根据学生的需要进行有针对性的调整和辅导。教师还可以通过课后作业、测验等形式，及时评估学生的学习成果，为下一堂课的教学调整提供参考依据。

（三）互动性原则

互动性原则是高中英语课堂翻译教学中的重要原则之一。在教学活动中，教师与学生之间应建立起积极互动的关系，通过合作、讨论和互动的方式来促进学生的学习和思考。互动性原则的实施，旨在打破传统的教师主导式教学模式，激发学生的学习兴趣，提高学习效果。

为了贯彻互动性原则，在翻译教学过程中，教师应尽可能地鼓励学生参与课堂讨论和互动环节。首先，教师可以采用各种启发式问题来引导学生思考，并鼓励他们自由发表自己的观点。例如，通过提问“你对这个翻译案例有什么不同的看法”或者“你认为课文中的翻译是否符合翻译的准则”等问题，激发学生的发散性思维，培养他们独立思考的能力。

为了贯彻互动性原则，在翻译教学过程中，教师可以组织小组讨论或合作活动，让学生进行相互交流和合作。例如，将学生分成若干小组，让每个小组选择一个翻译案例，并进行讨论和分析。每个小组可以根据自己的观点和理解，对案例进行解读和翻译，然后在课堂上展示自己的成果。这种互动式的学习方式，可以增强学生的合作能力和沟通能力，培养他们的团队合作精神。

为了贯彻互动性原则，在翻译教学过程中，教师还可以设计一些互动游戏和角色扮演活动，使学生能够在轻松、愉快的氛围中参与教学活动。例如，教师可以出示一些关于翻译难点的图片或语句，让学生通过互相交流和讨论的方式来解决问题，并给予奖励。这样的活动既能激发学生的学习兴趣，又能提高他们的翻译能力和解决问题的能力。

（四）创新性原则

在高中英语课堂的翻译教学中，创新性原则要求教师在设计教学内容和教学方法时，要突破传统的翻译教学模式，注重创造性思维的培养，激发学生的学习兴趣和积极性。具体而言，创新性原则需要从以下几个方面来体现。

教师可以运用多种多样的教学资源和教学活动来创新翻译教学。通过利用多媒体技术、网络资源和实践活动等，教师可以让学生在较为真实的语言环境中进行翻译实践，提升他们的翻译能力和技巧。教师还可以设计一些有趣的游戏和小组合作活动，激发学生的学习兴趣，并培养他们的团队合作精神。

创新性原则要求教师注重培养学生独立思考和创新的能力。在课堂上，教师可以引导学生从不同的角度思考翻译问题，鼓励他们提出新的观点和解决方法。通过引导学生进行信息收集和分析，培养他们的批判性思维和创新意识，以便他们能够在翻译实践中灵活运用所学知识，收获创新性的翻译成果。

创新性原则强调教师要注重培养学生的跨文化意识和跨文化交际能力。在翻译教学中，教师应当引导学生了解不同文化背景下的语言差异和相关的翻译技巧，培养他们跨越语言和文化障碍进行准确传达的能力。教师还可以通过组织学生参加跨文化交流活动、开展多样化的文化体验等方式，培养学生的跨文化交际能力，使他们能够在实际的翻译活动中充分发挥自己的创造力和应用能力。

四、基于"教—学—评"一体化的高中英语课堂翻译教学实践

（一）教学内容的设计与选择

在进行高中英语课堂翻译教学时，通过科学合理的教学内容设计，能够帮助学生更好地理解和掌握翻译的基本知识和技能。而教学内容的选择则直接影响到学生的学习兴趣和学习效果。

教学内容的设计应该注重翻译教学的特点。针对高中英语翻译教学，教师应该选择那些符合学生认知和学科特点的内容进行教学。例如，选择一些与学生生活经验密切相关的文章，可以使学生更容易理解和接受翻译教学的内容。

教学内容的设计应该考虑到学生的学习层次和能力水平。根据学生的实际情况，将教学内容分为不同的难易程度，遵循由浅入深的原则进行渐进式教学。这样可以确保学生在学习的过程中有所拓展，同时也能够激发学生的学习兴趣。

教学内容的设计还应该注意培养学生的实际应用能力。除了传授基本的翻译知识和技巧，还应该通过实际案例分析、角色扮演、实地考察等方式，让学生学会在真实情境中进行翻译，并提供及时的反馈和指导。这样可以培养学生的实践能力，提升他们的翻译水平。

在教学内容的选择上，教师应该使用多样化教学资源，以丰富学生的知识面。可以选择一些经典的文学作品、新闻报道、科技文献等作为翻译教学的内容，引发学生对不同领域的兴趣，并让他们学会将翻译技能应用于不同的文本类型中。

（二）教学方法的运用

在高中英语课堂的翻译教学中，合理的教学方法能够帮助学生更好地理解和应用翻译知识，提高他们的翻译能力。以下是四种有效的教学方法的运用，可以促进学生在翻译教学中的学习。

1. 合作学习法

合作学习法通过小组合作的形式，让学生相互合作进行翻译活动。在这一过程中，学生可以互相讨论、交流和解决问题，共同完成翻译任务。这种方法不仅能够培养学生的合作意识和团队精神，还能够激发学生的学习兴趣和积极性，提高他们的参与度和学习效果。

2. 案例教学法

案例教学法通过引入实际的案例或场景，让学生在具体的语境中进行翻译实践。教师可以选取一些典型的翻译案例，并对其进行分析和讨论，引导学生注重语言和文化的背景知识，理解翻译的具体过程和策略。这种方法能够培养学生的实际操作能力和解决问题的能力，使他们在实践中不断提高翻译的质量和准确性。

3. 投影教学法

投影教学法是通过投影仪等工具，将翻译过程中的关键点和技巧呈现给学生，以便他们更加清晰地理解和掌握。教师可以呈现一些翻译实例，详细解释其中的翻译方法和策略，配以图片和表格等辅助材料，让学生直观地理解和掌握翻译的要领和技巧。这种方法能够提高学生的学习效率和记忆效果，使他们更加自信和熟练地运用所学知识进行翻译。

4. 模拟教学法

模拟教学法是通过模拟真实的翻译场景，让学生在模拟的情境中进行翻译实践。教师可以设置一些角色扮演的情境，让学生扮演翻译者、客户或编辑等角色，进行实际的翻译交流和合作。这种方法能够培养学生的应变能力和实际操作能力，让他们在真实的情境中不断提高翻译的质量和效果。

教学方法的运用对于高中英语课堂的翻译教学具有重要意义。合理选择和灵活运用各种教学方法，能够使学生在翻译教学中更加积极主动地参与和学习，提高他们的翻译能力和实际运用能力。教师在运用教学方法时要注意因材施教，根据学生的特点和需求，量身定制教学方案，创造良好的教学环境，为学生提供更好的学习体验和学习成果。

（三）教学评价的构建与实施

在高中英语课堂的翻译教学中，通过科学、有效的评价，可以有效地检验学生的翻译能力和翻译水平，为教师提供参考，同时也可以激发学生的学习动力，促进他们的进步和发展。因此，在翻译教学实践中，教学评价的构建与实施是必不可少的。

1. 明确评价目标

评价目标应该与翻译教学的特点相契合，并与学生的学习需求相匹配。评价目标可以包括翻译准确性、语言流畅度、语言表达能力、文化意识等方面。在确定评价目标的基础上，可以进一步制定评价标准和评价体系，以保证评价的科学性和客观性。

2. 灵活运用多种评价方法

在翻译教学中，可以采用多种评价方法，如口头评价、书面评价、实际翻译任务评价等。口头评价可以通过教师与学生的面对面交流来进行，它可以及时展示学生的翻译过程和思维逻辑，为之后的教学调整提供依据。书面评价可以通过作业、测试等形式来进行，它可以更全面地评估学生的翻译学习成果。实际翻译任务评价可以通过模拟真实场景的翻译任务来进行，它可以考察学生在实际应用中的翻译能力和应变能力。

3. 注重及时反馈和指导

评价应该及时进行，让学生能够及时了解自己的翻译水平和不足之处。同时，评价结果应该包括具体的反馈和指导，帮助学生分析问题，找到改进的方向。这样，学生就可以在评价的基础上进行自我调整和提高，从而逐渐提升翻译能力。

参考文献

[1] 杨云，王飞涛．英语学科核心素养视域下的高中英语课堂教学策略研究［M］．重庆：重庆大学出版社，2021.

[2] 田美红．指向思维品质提升的高中英语读写结合教学研究［M］．汕头：汕头大学出版社，2022.

[3] 唐晓澐．高中英语教学纵横谈［M］．上海：上海交通大学出版社，2021.

[4] 李秀英，崔克榜，王丹．高中英语课堂教学探索与创新［M］．长春：吉林人民出版社，2021.

[5] 黄少华．新时代高中英语教学的研究与探索［M］．长春：吉林人民出版社，2020.

[6] 王万元．核心素养视角下高中英语读写教学［M］．芜湖：安徽师范大学出版社，2021.

[7] 曾燕文．走向深度学习：教—学—评一体化下高中英语单元整体教学［M］．长春：东北师范大学出版社，2022.

[8] 刘红，刘英，潘幸．英语核心素养与英语教学［M］．长春：吉林人民出版社，2021.

[9] 杨从梅，吴近昕．高中英语单元整体教—学—评一体化探究与实践［M］．成都：西南交通大学出版社，2023.

[10] 谢耀红，战明华，赵志敏．高中英语课堂与教学模式研究［M］．长春：吉林文史出版社，2022.

[11] 何亚男，应晓球. 落实学科核心素养在课堂：高中英语阅读教学 [M]. 上海：上海教育出版社，2021.

[12] 吴美丽. 高中英语高效课堂建构与教学研究 [M]. 延吉：延边大学出版社，2020.

[13] 孙丙华. 国际视野下的高中英语教学 [M]. 长春：吉林人民出版社，2020.

[14] 白雪. 高中英语高效课堂教学模式的构建 [M]. 天津：天津人民出版社，2021.

[15] 何冰，陈雪莲，王慧娟. 语言学应用与英语课堂教学研究 [M]. 郑州：黄河水利出版社，2020.